KB080125

무릎 꿇지 않는 베트남-중국

천년전쟁

무릎 꿇지 않는 베트남-중국

천년전쟁

오정환

머리말

우리는 베트남을 잘 모릅니다. 그저 베트남이 남쪽의 더운 나라이고 그곳 사람들은 아주 억세서 미국을 이겼으며, 요즘 우리나라 기업들이 그곳에 많이 진출했다는 정도에서 크게 벗어나지 않을 것입니다. 아마도 그들의 문화는 우리보다 뒤떨어졌고 중국에 사실상 종속돼 살아왔을 것이라고 예단하는 사람들도 있을 것입니다.

MBC 동남아시아 특파원으로 일한 덕에 베트남 역사를 깊게 접할 기회들을 얻었습니다. 한발 한발 그 안으로 들어가면서 저는 생각지도 못했던 놀라운 이야기들을 발견했습니다. 베트남 역사의 역동성은 『삼국지』처럼 잠시도 늦춰지지 않는 흥미진진함으로 제 마음을 사로잡았습니다. 더구나 그것이 소설이 아닌 살아있는 사람들의 피와 땀으로 이루어졌다는 점에서 감동의 깊이가 달랐습니다.

베트남의 역사는 중국 통일왕조들과의 생존 투쟁이 무엇보다 가장 큰 줄기를 이룹니다. 전한(前漢)의 팽창 야욕에 식민지로 전락했던 베트남은 무려 천년 만에 불타는 바익당강 위에서 독립을 쟁취했습니다. 중국을 다시 통일한 송(宋)이 침략해 왔지만 격전 끝에 이를 저지했으며, 인류역사상 최강이었던 몽골이 세 차례나 국력을 기울여 쳐들어왔을 때 베트남은 멸망 직전까지 가면서도 결코 포기하지 않고 적을 몰아냈습니다. 또한 자신들을 식민지로 삼은 명(明)을 게릴라전으로 20년 만에 축출했고, 프랑스의 침략으로 마지막 왕조가 무너질 때까지 장장 천년이 흐르는 동안 베트남은 단 한 번도 결코 외세에 무릎 꿇지 않았습니다.

승패의 결과도 극적이었지만 저는 그 원인을 찾고 싶었습니다. 숫자와 지명에 묻힌 역사를 하나하나 꺼내서 실제 사람들의 이야기로 되살리고 싶었습니다. 제 능력이 부족한 탓에 그 작업에 5년 넘게 걸렸습니다. 그럴 듯하게 꾸며낼 문장력은 제게 없지만 근거 없이 추측하지 않으려 노력했습니다. 갈등이 폭발하며 정치·경제·사회적 조건들을 재정립하는 전쟁사를 중심으로 글을 풀어보았습니다. 수만 내지 수십만 대군의 생사를 맡은 장군들의 피 말리는 고민을 목도하고 전장의 함성, 칼 부딪는 소리, 말들의 울부짖음을 들으며 현장에선 종군기자처럼 사건을 전달하려 했습니다. 그렇게 역사를 살피는 한편 국난을 극복하는 지도자들에게 가장 필요한 자질이 무엇인지 찾으려고 노력했습니다. 몇 배나 강대한 적국이 침략해 올 때, 어떻게 분열된 지도층을 하나로 묶고 백성의 지지를 받으며 병사들의 희생을 이끌어낼 수 있는지 그 해답을 찾고 싶었습니다. 저는 베트남 영웅들이 보여준 실제 삶의 모습이 오늘날 우리에게 시사하는 바가 분명히 있다고 믿습니다.

2,700년 베트남 역사 가운데 프랑스 식민지 시절의 독립투쟁과 미국과의 전쟁 부분은 이 책에서 다루지 않았습니다. 두 역사에 대해서는 이미 많은 저서들이 나와 있어 제가 굳이 설명을 덧붙이지 않아도 될 것이라 생각합니다.

마지막으로 출판계의 어려운 여건 속에서도 흔쾌히 발간을 맡아주신 임용호 대표와 종문화사 직원 분들께 감사드립니다. 그리고 오랜 시간 저를 응원하고 힘이 되어준 아내와 두 아들에게 감사와 사랑을 보냅니다.

2017. 3.
오 정 환

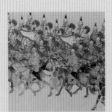

들어가는 글

　히말라야에서 굽이쳐 내려온 험준한 산세는 라오스를 지나며 남쪽으로 갈라져 베트남의 등뼈인 쯔엉썬(Trường sơn, 長山)산맥을 이룬다. 산맥은 좁고 긴 베트남을 서쪽 국경과 함께 내달리며 해안 바로 앞까지도 산들을 밀어붙여 그곳에 터 잡은 사람들의 삶을 고단하게 만들어 왔다. 다만 중국 운남성에서 흘러온 홍강(紅江)은 천길 계곡들을 깎아내린 붉은 흙을 품어와 하구에 쌓으며 거대한 삼각주를 만들었다. 우리나라 강원도 면적만큼이나 넓은 이 홍강 삼각주는 비록 고대에는 지금의 하노이 시까지 늪지대를 이루고 있었지만 그 안쪽은 천혜의 옥토였다. 아열대의 기후와 풍부한 강우량은 부지런한 농부에게 매년 두 번의 벼농사와 두 번의 간작까지 가능하도록 만들어 주었다. 또 주기적으로 범람하는 홍강의 물은 들판에 천연의 비료를 뿌려 풍성한 수확을 가져다주었다.

　인류가 정착을 시작한 이래 홍강 삼각주는 누구나 탐낼 만한 농경지였다. 먼 훗날 베트남이 남부 곡창지대인 메콩강 삼각주를 차지하기 전까지 중·북부 백성들의 생존은 오로지 이곳에서 산출되는 곡물에 의존하고 있었다. 그러나 신의 선물인 홍강 삼각주는 이곳을 삶의 터전으로 삼으려 했던 수십 개의 민족들이 나타나고 사라지며 헤아릴 수 없는 비극의 무대가 되었다. 신석기 시대를 거쳐 인구가 늘고 잉여 생산물이 얻어지는 청동기 시대에 이르자 거주지 유적에서 도끼와 칼, 창, 화살촉 같은 살상도구들이 쏟아져 나왔다. 여기에 청동 도끼를 대량으로 찍어내는 거푸집이 발견되는 등 체계적으로 전쟁을 준비한 흔적까지 나타나, 굶주린 자의 약탈과 지키려는 자의 저항 속에 얼마나 많은 피가 이 땅에 뿌려졌는지를 보여준다.

1

바익당강에서 끊은 천년의 사슬

1. 바익당강에서 끊은 천년의 사슬

1) 국가의 태동

  사서에 기록된 베트남의 역사는 최소한 2,700년 전으로 거슬러 올라간다. 최초의 국가는 반랑(Văn Lang, 文郎)이었다. 14세기에 지어진 베트남의 역사서 『월사략』[1]은 '주나라 장왕 때 베트남 쟈닝에 마술로 각 부락을 제압한 기인이 있었는데, 그가 스스로 훙왕(Hùng Vương, 雄王)이라 칭하고 나라 이름을 반랑으로 지었다'라고 기록한다. 여기서의 '훙'은 추장 또는 수령의 뜻으로 태국어 '쿤(Khun)'과 어원이 같다. 주나라 장왕은 B.C. 697년에서 B.C. 682년까지 재위했는데, 많은 학자들은 이 B.C. 7세기가 반랑의 건국연대로서 가장 신빙성 있다고 본다.

  그런데 15세기에 편찬된 『대월사기전서』(大越史記全書)[2]의 개국 설명은 사뭇 달라졌다. 『대월사기전서』는 '신농씨(神農氏)의 4세손 낀즈엉왕의 손자 훙왕이 반랑을 세우고 수도를 퐁쩌우에 정했다. 나라는 18대까지 이어졌고 모두 훙왕이라고 칭했다. 낀즈엉왕부터 마지막 훙왕까지 총 2,622년이다'라고 기록한다. 베트남 시조 설명에 느닷없이 중국 전설의 인물인 염제(炎帝) 신농씨가 등장한 것이다. 이는 『월사략』이 편

---

1) 14세기 말 스히냔(Sử Hy Nhan, 史希顏)이 집필해 왕에게 바친 『대월사략』(Đại Việt sử ký)이다. 명나라의 베트남 문화 말살 작업 때 완전히 사라졌다가 18세기 청나라 건륭제의 명령으로 편찬한 사고전서(四庫全書) 안에 『월사략』이라는 이름으로 수록된 사실이 훗날 발견되었다.
2) 레 왕조 전성기를 이끈 성종(Thánh Tông, 聖宗)의 명령으로 응오씨리엔(Ngô Sĩ Liên, 吳士連)이 기존의 『대월사기』를 수정 보완해 1479년 발간했다.

찬된 뒤『대월사기전서』가 쓰일 때까지 100년 남짓 동안 베트남에 중국 문화가 더욱 강하게 스며든 결과로 받아들여진다. 즉, 우리나라 사람들도 경제성장 전에는 외국 것이면 무엇이든 멋있다고 여겼는데, 15세기 베트남 지식층도 자신들의 시조가 선진국인 중국의 신과 혈연관계가 있다면 권위가 더 높아질 것으로 생각한 것이다.『대월사기전서』의 설명대로라면 18명의 훙왕들이 한 사람 당 평균 145년을 재위했고, 반랑의 건국 시기도 무려 B.C. 2880년이 된다. 이는 대한민국 정부가 단군왕검이 나라를 세운 B.C. 2333년을 최초의 민족국가 건립일로 기념하는 것과 같은 의미일 것이다.

훙왕이 마술로 각 부락을 제압했다는『월사략』의 기록은 단군왕검의 '단군'이 제사장을 의미하는 것과 맥이 통해 흥미롭다. 자연의 힘에 압도되고 항상 죽음의 공포 속에 살아야 했던 고대인들은 초월적인 힘에 의지하지 않고서는 스트레스를 이겨내기 힘들었을 것이며, 만약 누군가 능숙한 솜씨로 신비한 현상을 만들어 보이며 그 같은 심리적 요구를 충족시켜 준다면 큰 힘 들이지 않고 절대복종을 이끌어낼 수 있었을 것이다.

훙왕 흉상

18명의 훙왕 입상

반랑의 수도인 퐁쩌우는 지금의 하노이에서 북서쪽으로 70여km 떨어져 있었다. 중국 운남성에서 흘러내려온 홍강이 차츰 낮아지는 산들을 지나 평야지대와 처음 만나는 지점이다. 남동쪽으로 흐르던 홍강의 본류는 역시 중국 운남성에서 발원해 남쪽 산악지대를 거쳐온 넓고 깊

국가행사로 치르는 흥왕 제사

은 다강(Sông Da)과 마주치며 북쪽으로 90도나 휘어진 뒤, 곧바로 북쪽에서 내려오는 짧고 탁한 로강(Sông Lô)과 부딪혀 다시 남쪽으로 그만큼 굽어진다. 넓은 강줄기가 곳곳에 퇴적층을 남기며 거대한 반원을 그리는 것인데, 이는 큰물이 흐르면서 부드러운 토양을 깎고 쌓기를 반복했다는 뜻이다. 자연히 강 둔치와 그 너머의 땅들은 기름진 옥토가 되어 오랜 세월 전부터 인간의 정주를 유혹해왔다. 경작지로서야 그보다 남동쪽의 평야지대가 더 유용했겠지만, 대신 퐁쩌우는 구비치는 야산들이 주변을 둘러싸 그 안에 터 잡은 사람들의 안전까지 담보해주는 장점이 있었다. 적이 쳐들어왔을 때 산속의 밀림에 몸을 숨기면 무방비 상태로 학살당하는 일을 우선 모면할 수 있었다. 또한 높지 않은 산이라 해도 위에서 아래를 보며 방어하는 것이 훨씬 쉬웠고, 반면에 적들은 산과 산 사이의 비좁은 계곡에 밀집할 수밖에 없어 공격에

취약점을 노출했다.

다강

로강

　　청동기 시대 초기에 현재의 중국 남부에서 내려온 베트남족은 이곳 홍강 유역 산기슭에 15개의 큰 부락을 세웠다. 훗날 그 가운데 가장 세력이 큰 반랑이 주도해 국가를 형성했던 것이다. 중국의 역사서는 베트남과 중국 광서성 일부에 살고 있던 이들 민족을 '락비엣(Lạc Việt, 雒越)'이라고 기록했는데, 이것이 '베트남' 민족명의 시원(始原)이다. 베트남의 나머지 지역은 아직 다양한 소수민족들이 차지하고 있었다. 특히 중·남부에 2세기경 인도네시아계 참(Cham)족이 들어와 참파(Champa) 왕국을 세웠는데, 이들에게는 베트남족과의 1천5백 년에 걸친 처절한 생존경쟁이 기다리고 있었다.

옛 반랑 수도 퐁쩌우로 추정되는 비엣찌(Việt Tri)시 북쪽 구릉지대

　　반랑의 부락은 족장들이 통치했고 흥왕이 이들의 대표자였다. 백성들은 벼농사를 주업으로 비교적 풍족하게 살았는

데, 주변 산악지대에 흩어져 있던 덜 개화된 소수민족들이 호시탐탐 그들의 부를 노렸다. 필요한 물자를 교역으로 도저히 확보하지 못한 산악 부족이 반랑의 마을을 공격하면 흥왕은 즉시 군사를 모아 이를 격퇴하러 달려왔다. 족장들은 안보의 대가로 매년 일정한 양의 농산물을 흥왕에게 제공했다. 근처 적들의 수가 변변치 않고 문명이 뒤떨어졌을 때에는 흥왕과 족장들의 거래가 원활하게 이루어졌다. 그러나 그들이 모르는 사이 중국 대륙에서 거대한 변화의 파도가 일어나 반랑을 향해 밀려오고 있었다.

············· **[역사의 현장 1-1] 하노이 역사박물관** ·············

베트남 국립역사박물관은 하노이의 호안끼엠 호수와 홍강 사이 구시가지에 있다. 1932년 프랑스 총독 관저로 지어진 이 아름다운 건물은 독립 후 미술관으로 쓰이다, 1958년 역사박물관으로 개조됐다. 석기 시대부터 현대에 이르기까지 7천여 점의 유물들이 깔끔하게 전시돼 있어 베트남 관광의 필수 코스 중 하나이다.

국립 역사박물관

박물관 안으로 들어가면 원시인들의 생활상을 묘사한 그림과 인형들이 관람객을 맞는다. 많은 나라들이 구석기 유물의 발견을 자국 역사의 심오함을 보여주는 것으로 여겨 뿌듯해 하는데, 사실 우리나라를 포함해 대부분 현재 거주자들과 혈통이 이어진 것은 아니다.

원시인 상상도

베트남의 구석기 문화는 타잉화 성의 도(Đo)산에서 발견된 유물의 추정 연대인 30만 년 전으로 거슬러 올라간다. 돌을 갈아 정교한 도구를 만든 신석기 문화는 1만7천 년 전부터 시작된 것으로 보고 있다.

타제 손도끼   마제 돌도끼   마제 돌괭이

베트남 청동기 문화의 발원은 약 4,000년 전 풍응웬(Phung-Nguyễn) 문화이다. 최초의 국가 반랑은 청동기 문화가 절정을 이루고 철기가 도입되기 시작하던 시기에 이룩되었다. 당시 청동기 문화

를 대표하는 유물들이 타잉화 성의 동썬(Đông Sơn, 東山) 현에서 대거
출토됐다. 유물들의 제작 연대는 약 2,700년 전으로 추정되는데, 각
종 청동무기들이 눈에 많이 보인다.

청동 칼   청동 창   청동 도끼

청동으로 만든 '발모양도끼'는 동썬문화의 특징적인 유물 중 하
나이다.

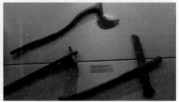

발모양도끼   자루에 끼운 발모양도끼

동썬 문화의 대표적인 유물을 꼽으라면 청동북(銅鼓)을 들 수
있다. 부족장의 부와 권력의 상징이었던 청동북은 제사나 축제,
전쟁 등을 할 때 사용했다. 표면에 태양과 동심원, 새 그리고 새의
머리를 가진 사람들의 모습이 정교하게 새겨져 있다. 이는 신석기 시
대의 토기에 새겨진 문양과 유사해 두 문화가 이어져 발전했다는
증거로 여겨진다. 또한 이러한 청동북은 중국 남부와 동남아시아 각
국에서 발견돼 당시 해상교역이 활발했음을 보여준다.

신석기 시대 이후의 유적에서는 농업 생산물을 보관하고 요리할 때 쓴 토기들이 많이 출토된다. 베트남 지역에서는 신석기 시대부터 과일과 콩, 벼 등을 재배했다. 그리고 B.C. 3세기 중엽, 반랑 왕국을 무너뜨린 어우락(Âu Lạc)이 지금의 하노이 시내 북부 꼬롸(Cổ Loa, 古 螺)로 수도를 옮겼는데, 이곳 유적에서 청동쟁기 수백 개가 쏟아져 나왔다. 이는 가축의 힘을 이용한 경작이 시작됐다는 의미이다. 깊은 쟁기질로 땅을 뒤엎으며 비약적으로 늘린 농업 생산력은 새로운 체제의 경제적 토대가 되었다.

반랑시대 청동북

반랑시대 토기들

청동 쟁기

중국 황하 중·하류에 터를 잡고 고대문명을 일으킨 한(漢)족은 상(商)나라와[3] 주(周)나라를 거치며 황하 상류로 그리고 다시 사방 각지로 세력을 뻗어나갔다. 정치·경제·기술 등 다방면에서 앞서 있던 한족의 문화는 자석처럼 주변 민족들을 끌어당겨 속속 중화(中華)의 질서 안에 편입시켰다. 이민족들은 오랜 세월이 흐르며 스스로를 한족이라 여기게 되었고 중원의 패권 경쟁에 뛰어들기까지 했다. 중국 남부의 광대한 국가였던 초(楚)나라는 당초 오랑캐로 분류됐지만 전국시대 한때 최강자로 군림했고, 서쪽의 진(秦)나라도 오랑캐라고 멸시당하다 최후의 승리를 거둬 중국을 통일했다.

지금은 중국의 한복판을 관통해 흐르는 장강(長江, 양쯔강)이 고대 중국인들에게는 머나먼 남쪽 변방이었다. 그 아래 첸탕강(錢塘江) 유역, 즉 지금의 저장성 지역에 신석기 시대부터 황하와는 별도의 문명이 발달해오다 춘추시대에 월(越)나라를 세워 주나라의 책봉을 받았다. 월은 '와신상담(臥薪嘗膽)'의 고사를 남긴 구천왕 때 오(吳)나라를 멸망시키며 전성기를 누리다 전국시대 들어 강자로 부상한 초나라에게 복속되었다.(B.C. 306년)

월나라의 본래 백성들은 백월(百越)족이었는데, 한족과 언어가 달라 말이 통하지 않았다. 그들이 현재 베트남 민족과 정확히 일치하는지는 의문이지만, 깊은 혈연관계이거나 베트남족이 상당한 비중을 차지하고 있었던 것은 분명해 보인다. 월나라가 초나라에게 망하자 지배층 일부

---

3) 은(殷)나라로 부르기도 하지만 은은 상나라의 마지막 수도 이름이었다.

가 국경을 넘어 남쪽으로 망명했고, 많은 백성들이 그들과 함께 고향을 떠났다.

백월족의 수난은 거기서 끝나지 않았다. 진나라의 막강한 군대가 약소국인 한나라를 점령한 뒤 최대 경쟁자였던 조나라마저 격전 끝에 멸망시켰다. 그후 진나라군은 막혔던 둑이 터진 듯한 기세로 위, 초, 연, 제를 차례로 정복하고 마침내 통일을 이루었다.(B.C. 221년) 진나라는 주변 이민족의 병사들을 받아들인 혼성편제로 군사력을 극대화한 반면, 초나라는 가장 넓은 영토와 많은 인구를 보유하고도 이를 국력으로 결집하지 못해 진나라에 밀려 수도를 옮겨 다니다 결국 무너지고 말았다. 초나라가 멸망하고 진나라의 무자비한 통치가 실시되자 또 한 번 백월족들이 대거 남쪽으로 이주했다. 이 같은 연쇄적인 민족 이동은 베트남에 먼저 도착해 수백 년간 평화를 누리던 반랑에 치명적인 위기를 초래했다.

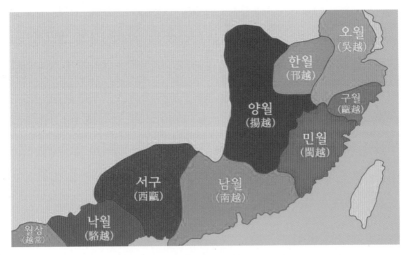

백월족 거주지

············ **[역사의 현장 1-2] 반랑의 수도 퐁쩌우** ············

반랑 왕국이 도읍으로 정한 퐁쩌우는 오늘날의 푸토(Phú Thọ) 성 비엣찌시로 추정된다. 이곳의 응이아린(Nghĩa Lĩnh)산에 세워진 사당에서는 매년 음력 3월 10일 열여덟 명의 훙왕을 위한 제사가 봉행된다. 이때가 되면 전국에서 수만 명이 사당을 찾아와 전통떡을 바치며 조상의 공덕을 찬양하고 자신의 복을 빈다. 베트남 정부도 이날을 국경일로 정하고 국가 주석 등 고위인사들과 전국 54개 민족대표들이 함께 제사에 참여한다. 이는 민족과 지역이 달라도 베트남 국민은 모두 같은 조상을 가진 운명 공동체임을 확인하고 결속을 다지는 의미를 지닌다.

응이아린은 높이 175m의 나지막한 산이다. 산 입구에 들어서면 이곳에 훙왕 사당이 있음을 알리는 콘크리트 문이 서 있다. 붉은 칠을 한 문에는 '高山景行(높은 산과 큰 길)', 즉 세상에서 널리 존경을 받는 사람이라는 글귀가 적혀 있다. 중국 『시경』(詩經)의 '高山仰之 景行行之(높은 산은 우러러보고 큰 길은 가야 한다)'라는 표현에서 따온 말이다. 이곳에서 사당까지는 굽이굽이 계단이 이어진다.

응이아린 산 입구   사당으로 가는 계단

산길을 한참 오르면 고풍스러운 사당 정문이 방문객을 맞는다. 흥왕 사당은 베트남이 명나라의 침략을 물리치고 역사상 최고 전성기를 누리던 15세기에 지어졌다. 당시의 건물들은 이후 몇 번의 중건이 이루어졌겠지만 아직도 옛 멋을 잃지 않고 있다.

흥왕 사당 정문

하 사당

흥왕 사당은 하(Hạ, 下) 사당에서 조금 더 오르면 쭝(Trung, 中) 사당, 그리고 산 정상의 투옹(Thượng, 上) 사당 세 구역으로 이루어져 있다. 이는 지상과 중간계 그리고 천상을 각각 상징하는 것으로, 흥왕이 우주를 관할하는 신의 지위에 있다는 뜻이다. 투옹(上) 사당에는 '南越肇祖(남월조조)', 즉 '베트남의 시조'라는 현판이 붙어 있다.

쭝 사당

투옹 사당

흥왕 상사당에 서면 사방이 모두 내려다보여 응이아린산이 이 지역에서는 가장 높은 곳임을 알 수 있다. 주변에는 낮은 야산들이 물결치듯 머리를 맞대고 있다. 전쟁이 잦았던 고대에 수비에 많은 도움을 주었을 지형이다.

응이아린 산자락은 비엣찌시(市) 외곽과 이어진다. 비엣찌시는 푸
토성 성도로 인구 26만 명의 지역경제 중심지이지만 홍왕 사당을 빗
겨 지나가는 홍 거리는 한적하기만 하다. 이곳에 반랑의 수도가 있
었다는 사실은 눈을 감고 상상으로만 느낄 수 있다.

비엣찌시 홍 거리

홍강의 거대한 물줄기는 비엣찌시 남쪽에서 다강과 합류한다. 다
강은 '검은 강'이라는 이름처럼 짙푸른 물을 홍강의 흐름에 보탠다.
그곳에서 10km 동쪽에서 홍강은 다시 로강을 품어 안는다. 서남쪽
하노이로 향하는 도로들은 로강 위에 새로 지어진 여러 개의 다리들
을 건넌다.

로강의 퐁쩌우다리

로강의 로다리

굽이치는 홍강의 흐름은 유역에 넓은 퇴적지를 만들어 냈다. 주변 평야는 물론 홍강의 둔치까지 농부들은 건기에 물이 줄어든 틈을 이용해 각종 작물을 심어 기른다.

홍강의 둔치

2) 통합과 새로운 발전

중국 남부에서 이동한 백월족의 한 무리가 베트남 북쪽 고지대에 정착해 어우비엣(Âu Việt, 甌越)을 세웠다. 어우비엣은 세력이 커지면서 반랑과 자주 싸움을 벌였다. 마지막 18대 흥왕 때 반랑의 정치가 어지러워지자 어우비엣의 지도자 툭판이 무력으로 반랑을 병합한 뒤 어우락을 세웠다.(B.C. 258년) 『영남척괴』[4]는 그때 상황을 다음과 같이 기록했다. '툭왕이 18대 흥왕의 딸에게 청혼했다. 그러나 청혼이 거절되자 툭왕은 몹시 분개했다. 툭왕은 죽으면서 반랑을 쳐 자신의 수치를 갚아달라고

4) 14세기 후반에 편찬된 베트남의 신화 · 전설 선집이다.

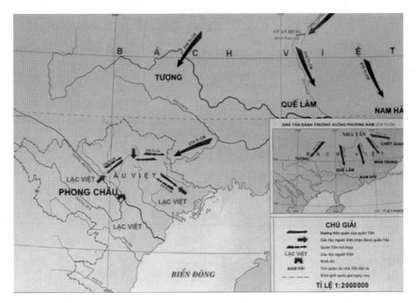

어우비엣의 락비엣 병합

유언했다. 당시 흉왕은 국사를 멀리
하고 사치와 향락에 빠졌는데, 툭왕
의 손자 툭판이 이 같은 정세를 알
고 군사를 이끌고 반랑을 쳤다. 나
라를 빼앗긴 흉왕은 우물에 뛰어들
어 자살했다.'

안즈엉왕 동상 (호치민시)

툭판은 반랑을 점령한 뒤 자신을
안즈엉왕(An Dương Vương, 安陽王)이라
칭하고 국호를 어우락으로 정했다.
어우락은 어우비엣과 락비엣의 앞
글자를 따 합한 것이다. 정복한 나라

안즈엉왕 사당

와 정복당한 나라가 차별 없이 하나로 융합되기를 바라는 뜻을 담았다. 안즈엉왕은 또 반랑의 수도를 방문해 '맹세의 돌'에 참배하고, 옛 흥왕들의 사당에서 제사를 지냈다. 자신을 외부의 침략자가 아닌 반랑 왕국의 계승자로 자리매김한 것이다. 이것은 어우비엣과 반랑의 백성들이 사실상 한 민족이었기 때문에 가능했던 일이다. 어우락 때에도 문신과 왼쪽에 단추를 달고 머리카락을 자르는 등 반랑의 습속이 그대로 남았다는 점도 이 같은 사실을 뒷받침한다. 안즈엉왕은 반랑 족장들의 권한을 대부분 그대로 인정했고, 땅을 빼앗아 어우비엣의 백성들을 이주시키는 일도 하지 않았다. 따라서 반랑의 왕실을 제외하고 백성들의 삶에는 거의 변화가 없었으며, 국가의 통합도 순조롭게 이루어졌다.

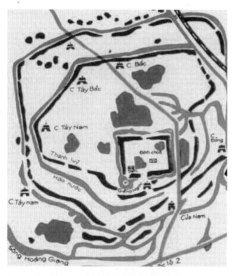

꼬롸성 지도

안즈엉왕은 수도를 꼬롸로 옮겼다. 꼬롸는 지금의 하노이 시내 북부 동아잉 현이다. 반랑이 외적의 침입을 막기 쉬운 고원지대 퐁쩌우에 수도를 세운 데 비해, 어우락은 평야지대로 진출한 것이다. 그만큼 국력이 커졌으며 중국의 영향으로 성벽 축조 등 방어술이 발전되었기 때문이다. 높이가 10m, 외성 둘레가 8km에 달했던 꼬롸성은 홍강의 지류인 티엡강을 한쪽에 끼고 사면에 깊은 해자를 파 마치 물 위에 떠있는 듯이 지어졌다. 중앙의 왕궁을 포함해 모두 세 겹으로 이루어진 성의 모양이 달팽이 같다 하여 롸타인(螺城)이라는 이름을 얻었다. 아직도 하노이시 북부에는 군데군데 옛 꼬롸 성벽의 흔적이 남아 있다.

중국 문명을 경험한 적이 없는 토착민들에게 꼬롸성은 충격과 경외의 대상이었을 것이다. 그래서 다음과 같은 전설도 생겨났다. '성을 쌓기 시작한 지 서너 달이 지났지만 이상하게도 밤만 되면 낮에 쌓은 부분이 무너져 내렸다. 근심에 쌓인 안즈엉왕이 천지신명께 기도를 드렸더니 황금거북이 나타나 성이 무너지는 이유는 나라가 망하여 왕위를 계승하지 못한 반랑의 왕자가 한을 품고 저주하기 때문이라고 알려 주었다. 그 왕자가 흰 닭이 되어 부근 비엔딴 산에 살고 있다는 것이다. 왕은 황금거북과 함께 비엔딴 산에 가 흰 닭을 죽였다. 그랬더니 과연 보름도 되지 않아 성을 다 쌓았다. 성이 완공된 뒤 황금거북은 물로 돌아가면서 자신의 발톱 하나를 떼어 주며 그것으로 쇠뇌를 만들라고 하였다. 안즈엉왕이 장인을 불러 활을 만들고 거기에 황금거북의 발톱으로 만든 방아쇠를 달자 신묘한 쇠뇌(神弩)가 되었다. 이 쇠뇌는 한 번

쇠뇌를 건내는 황금거북

쇠뇌 (석궁)

발사할 때마다 여러 발의 화살이 나가 많은 적을 한꺼번에 죽였다.'

전설에 나오는 흰 닭은 어우비엣에 끝까지 저항한 세력을, 황금거북은 협조한 세력을 의미할 것이다. 또 신묘한 쇠뇌란 새로 등장한 지배집단이 가지고 온 우수한 무기를 상징한다. 중국에서 춘추전국시대의 치열한 전란을 겪으며 비약적인 전투기술의 발전을 경험했던 이주민 집단은 확실한 전력의 우위를 차지하고 있었다.

다소 요란한 건국 설화에도 불구하고 어우락 왕국은 오래 지속되지 못했다. 안즈엉왕이 유능한 전략가였고 선정을 베풀었지만, 북쪽에서 내려오는 거대한 군사적 압력을 어우락의 국력으로 감내하기는 힘들었다. 이번에도 사건의 출발점은 중국이었다.

3) 베트남인의 나라

진시황의 욕망은 거의 병에 가까웠다. 오백 년을 나뉘어 싸워 온 중국의 일곱 나라를 통일하고도 그는 만족하지 못했다. 그는 자신이 아는 세상의 끝까지 손에 쥐려 하였다. 전쟁은 멈추지 않았고, 침략 당한 나라뿐 아니라 중국의 백성들도 대규모 원정을 수행하느라 이루 말할 수 없는 고초를 겪어야 했다. 사마천의 『사기』(史記)「평진후주보열전」(平津侯主父列傳)은 당시의 참상을 다음과 같이 기록했다.

"법은 엄하고 정치는 가혹했으며 아첨하는 자가 많아 매일 그들의 칭송만 듣다보니 뜻이 커지고 마음은 교만해졌다. 그 결과 위세를 나라 밖까지 떨쳐보
고 싶은 마음에 몽염을
시켜 장병들을 이끌고
북쪽의 흉노를 치게 했
다. 영토를 개척하여 국
경을 넓히고 북하에 군
대를 주둔시키며 말먹
이와 군량을 실은 수레
를 뒤따르게 했다. 다시
위(尉)인 도수(屠睢)를 시
켜 수군을 이끌고 남월

진시황

을 공격하게 하고 관리들에게 운하를 파게 해 운송한 군량으로 월의
땅 깊이 들어가자 월인들은 모두 도망가 숨었다. 하는 일 없이 세월
이 지나 양식이 떨어지자 이를 안 월인들이 반격해 진나라 군대는 대
패하고 말았다. 진나라가 다시 위인 조타(趙陀)를 시켜 군졸들을 이끌
고 월나라 지역을 지키도록 했다. 이때 진나라의 환란은 북쪽 흉노에
서부터 남쪽으로는 월에 걸쳐 쓸모없는 곳에 군대를 주둔시켜 나아
가지도 물러서지도 못하는데 있었다. 그러기를 10여 년 동안 장정들
은 갑옷을 입고 젊은 부녀자들은 군수물자들을 실어 나르느라 당하
는 고생을 참지 못하고 삶을 포기하여 길가 나무에 목을 매는 자들
이 줄을 이었다. 이윽고 진시황이 죽자 천하에 대란이 일어났다."

진시황의 중국 통일 과정에서 옛 월나라 땅에 살던 백월족이 대거
남쪽으로 이주했다. 통일된 지 불과 2년 뒤 진나라 군대는 이들을 쫓

아 전국시대의 국경을 넘었다.(B.C. 219년) 진시황은 진나라 출신 도휴(屠睢)를 총사령관에, 임효(任嚣)와 연나라 출신 조타(趙佗, 찌에우다, Triệu Đà) 등을 부장으로 임명했다. 중국의 사서들은 당시 진나라 병사가 50만 명이었다고 기록했는데, 전승 과정에서 다소 과장이 섞인 것으로 보이지만 전례 없는 대규모 원정군이었음은 분명하다. 대군의 이동과 보급품 수송을 위해 상수(湘水)와 이수(漓水)를 연결하는 갑문식 운하 영거(靈渠)를 건설할 정도로 진시황은 남부의 원정에 공을 들였다. 진시황이 노린 지역은 지금의 복건성과 광동성, 광서성, 호남성, 귀주성을 아우르는 중국 남부 전체의 광활한 영역이었다.

도휴는 군대를 다섯으로 나누어 진격해 들어갔다. 백월족이 워낙 넓게 흩어져 살았기 때문에 그물을 펼치듯 길을 나누어 진군하다 큰 저항을 받으면 다시 군사를 모아 대처한다는 전략이었다. 초기 전황은 순조로웠다. 도휴는 한 부대를 이끌고 서쪽의 서구(西甌) 지역으로 진공해 많은 부락을 무너뜨리고 그곳 군장을 살해했다. 백월족은 그러나 항복하지 않고 밀림 속으로 들어가 새로운 군장을 추대하여 계속 저항했다. 도휴가 점령지 주민들을 학살하자 분노한 백월족의 항전의지는 더욱 높아졌다. 도휴는 3만 명의 병사들을 이끌고 밀림 속으로 쫓아 들어갔는데 이것은 적을 과소평가한 실수였다. 백월족은 낯선 지형에서 당황하는 진나라군을 야습해 도휴를 죽이고 전군을 몰살시켰다.(B.C. 218년)

부장 임효는 도휴의 패전 소식을 전해 듣고 자기 부대의 진로를 바꿔 백월족의 배후로 돌아 들어가 이를 격파했다. 그러자 진시황은 임효를 새 사령관으로 임명했다. 조타도 동쪽 지역을 맡아 연승을 거두고 피정복민에게 유화책을 펴 민심을 안정시켰지만 임효의 공을 더 크게 인정한 것이다. 임효는 지공(遲攻)을 선택해 조금씩 점령지를 넓혀나가 4년 만에 오령산맥(五嶺山脈, 난링산맥) 아래 영남지방을 모두 복속시키는 데 성공했다. 진나라는 이곳에 남해군과 계림군, 상군의 세 개 군을 설치하고, 중국에서 수십만 명을 이주시켜 현지인과 섞여 살도록 했다. 임효는 남해군 책임자인 남해위(南海尉)에, 조타는 그 아래 현령(縣令)에 임명됐다.

임효는 선정을 베풀어 백월족의 민심을 다스렸고 농업과 교통을 발전시켰다. 조타도 중국 본토가 평화로웠다면 새 정복지의 한 부분을 다스리며 관료로서의 출세를 꿈꾸고 살았을 것이다. 그런데 절대권력자인 진시황

진나라 군대의 병마용

이 죽고 못난 아들 호해(胡亥)가 황제의 자리를 가로챈 뒤 세상이 요동치기 시작했다. 진승과 오광이 농민들을 선동해 반란을 일으키자 삽시간에 수십만의 무리가 그 아래 모여들었다. 비록 진승과 오광은 몇 달만에 진나라군에 진압됐지만, 천하 각지에서 반란군이 들고 일어났다.

이 무렵 남쪽에서도 생존을 위한 이합집산이 벌어졌다. 사마천의 『사기』 「남월열전」(南越列傳)에 따르면, 임효가 병이 들자 조타를 불러

다음과 같이 말했다고 한다. "내 들으니 진승 등이 난을 일으켰다고 한다. 또 호걸들은 진에게 등을 돌려 잇달아 독립하고 있다. 남해군이 비록 중원에서 멀리 떨어져 있다 하지만, 도적떼 같은 저들의 군대가 언제 이곳까지 쳐들어올지 알 수 없다. 그래서 나는 군대를 일으켜 중원과 이어진 신도(新道)를 끊고 스스로 방비하여 제후들이 일으킨 변고에 대비하려 마음먹고 있었는데, 불행히도 병이 들어 이처럼 깊어지게 되었다. 우리 땅은 뒤로는 험한 산세를 등지고 있고 앞에서는 남해가 가로막고 있다. 또 동서로 수천 리에 뻗어 있으며 중국에서 건너온 적지 않은 사람들이 힘을 보태고 있으니, 이 또한 한 지역의 주인으로서 나라를 세울 만하다. 군에 있는 관리들과 이런 일을 함께 의논할 수가 없어 공을 불러 이야기하는 것이다." 그리고는 조타에게 남해군의 일을 대행하도록 하였다는 것이다.

임효가 정말 그렇게 말을 했는지는 아무도 알 수 없는 일이다. 다만 역사가 승자인 조타의 주장만을 기록해 놓았으니 믿는 도리밖에 없다. 임효가 죽자 조타는 즉시 남해군 곳곳에 격문을 돌려 '도적떼 같은 군대가 장차 들이닥칠 테니 빨리 도로를 끊고 병사를 소집해 각자 지키도록 하라'고 포고했다. 그리고 진나라가 임명한 각지의 관리들을 여러 가지 죄명을 씌워 처형했다. 경쟁자들을 무력으로 제거하면서도 합법의 틀을 유지한 것은 저항을 약화시키고 장차 자기가 다스릴 나라의 법치를 유지하기 위한 것이었다. 남해군 관리들 상당수가 불과 얼마 전까지 어깨를 걸고 함께 싸웠던 전우들이었지만, 조타는 그들을 살해하는 데 하등의 망설임도 없었다. 구질서가 무너진 뒤 누구나 기회가 주어지면 낚아채겠다고 벼르고 있었지만, 먼저 판단하고 행동하는 사람만이 살아남았다. 그리고 남월 땅에서는 조타가 가장 빠르고 정확했다. 진나라가 유방과 항우에 의해 멸망하자, 조타는 곧바로 계림군과 상군을 공격해 합병한 뒤 나라 이름을 남비엣(Nam Việt, 南越), 수도는 현재의 광저우(廣州)인 번우(番禺)로 정해 스스로 왕위에 올랐다.

중국을 통일한 뒤 여세를 몰아 북쪽 흉노를 정벌하러 갔다 뼈저린 참패[5]를 당한 고조 유방은 그 충격과 손실 때문에 찌에우다(Triệu Đà, 조타)[6]를 진압할 대규모 원정군을 보낼 수가 없었다. 한나라는 하는 수 없이 그를 왕으로 봉해 형식적인 군신관계 안에만 묶어두려고 했다. 찌에우다로서도 나라의 독립을 유지하면서 한나라와 정면대결을 피할 수 있다면 그보다 좋을 게 없었다. 다만 대립과 종속 어느 한쪽

한고조 유방

5) 흉노는 진나라 몽염 장군에게 쫓겨 멀리 북쪽으로 밀려났다가 진시황 사후 중국이 대란에 휩싸인 사이 재빨리 세력을 회복했다. 유방이 항우를 꺾고 천하를 다시 통일했지만 국경을 위협하는 흉노는 큰 골칫거리였다. B.C. 200년 흉노가 산서성을 공격하자 고조(高祖) 유방이 32만 대군을 직접 이끌고 이를 막으러 출정했다. 한나라군은 초반 승전에 도취돼 흉노의 유인전술에 말려들었고 맹추위 속에 진격을 감행하다 선두의 지휘부가 기병부대와 함께 평성 동북쪽 백등산(白登山)에 고립됐다. 중국 측 기록에 따르면 전멸 위기에 놓인 한나라군 지휘부가 흉노 묵돌선우(冒頓單于)의 아내에게 보석을 주고 애걸한 결과 묵돌선우가 탈출로를 열어주었으며, 겨우 목숨을 건진 고조는 흉노에게 자신의 공주와 황금 1천근을 바치고 매년 목화와 비단, 술, 쌀을 조공하며 자유무역을 보장한다는 굴욕적인 화친조약에 합의했다. 이후 한나라는 흉노의 잦은 약탈과 모욕에 시달리면서도 감히 반격할 엄두를 내지 못하다 건국 70년이 지난 무제(武帝) 때 위청과 곽거병이 흉노 땅으로 쳐들어가면서 비로소 전세를 역전시켰다.
6) 이제 백월족 나라의 왕이 되었으니, 베트남식 발음으로 부르는 게 더 자연스러울 것이다.

으로 기울어지지 않도록 세밀한 외교적 노력을 기울였다.

한고조는 충직한 측근인 육고(陸賈)를 남비엣에 사신으로 보내 찌에우다에게 직인을 내리고 남월왕(南越王)에 봉했다. B.C. 196년, 즉 백등산(白登山) 전투에서 흉노에게 대패한 4년 뒤의 일이었다.『사기』「역생육가열전」(酈生陸賈列傳)은 찌에우다와 사신 육고의 접견 내용을 자세히 전하고 있는데, 기록 곳곳에서 양국의 관계 정립을 위한 치열한 신경전이 드러난다.

육고가 남비엣 궁궐에 들어가자 찌에우다는 방망이 모양의 이상한 상투를 틀고 두 다리를 벌린 채 앉아서 그를 맞이했다. 좌우의 살벌한 분위기에도 불구하고 육고는 굴하지 않고 찌에우다의 무례에 준열히 항의했다. "왕께서는 중국 사람인데 지금 의관을 내팽긴 채 보잘것없는 월나라 관습에 따라 천자와 맞서려 하시니 장차 화가 미칠까 염려스럽습니다. 천자께서는 진나라가 실정하여 제후와 호걸들이 일어나자 함곡관으로 들어가 함양을 차지했으며, 항우가 약속을 저버린 뒤 천하를 채찍질하고 제후들을 정복해 5년 만에 바다와 땅을 평정하였습니다. 그동안 왕께서 폭도와 반역자를 죽이지 않은 것 때문에 장군과 재상들이 왕을 참하자 하였지만, 천자께서 또다시 백성들이 고달파지는 것을 가엾게 여겨 잠시 쉬도록 하고 신에게 왕의 인을 주어 이곳에 오도록 했습니다. 왕께서는 마땅히 멀리 나와 사신을 영접하고 북쪽을 향해 신하의 예를 갖추어야 하는데, 새로 세워 안정되지도 않은 나라를 가지고 강하게 버티고 있습니다. 만약 이런 행동을 한나라 조정이 알게 되면 10만 대군을 내어 이 나라를 공격하게 할 것입니다. 그렇게 되면 이곳 사람들이 왕을 죽이고 한나라에 항복하는 것은 손을 뒤집

는 것처럼 쉬운 일입니다." 잠재
적국의 수도에서 그 왕의 목숨을
운운하며 신복을 요구하는 것은
죽음마저 각오한 담대한 행동이
었다. 찌에우다는 그제야 만면에
미소를 지으며 일어나 육고를 맞
았다. "내가 오랑캐들 속에서 오래
살다보니 예의를 완전히 잊었소."
찌에우다의 말이다. 사과인 듯하
지만 나는 중국인이 아니라 남비
엣인이라는 반박이기도 했다.

중원의 사정을 궁금해 하던 찌
에우다가 불쑥 물었다. "나를 소
하(蕭何), 조참(曹參), 한신(韓信)과 비
교하면 누가 더 현명하오?" 육고
가 대답했다. "왕께서 더 현명하
신 것 같습니다." 찌에우다가 다

찌에우다

시 물었다. "그러면 나를 황제와 비교한다면 누가 더 현명한 것 같소?"
육고는 이렇게 대답했다. "황제께서는 포악한 진나라를 토벌하고 강한
초나라를 무찔러 천하를 통일하셔서 삼왕오제(三王五帝)의 대업을 이어
중원을 다스리는 분입니다. 중원의 인구는 억을 셀 만큼 많고 기름진
땅이 사방 1만 리에 이릅니다. 그런데 남월은 인구가 수십만 명에 불과
하며 그나마 모두 오랑캐들입니다. 땅은 험한 산과 바다 사이에 끼여

고통스럽게 살고 있으니, 굳이 비교하자면 한나라의 일개 군과도 같습니다. 어떻게 왕을 한나라 황제와 비교하겠습니까?" 찌에우다는 이에 크게 웃으며 말했다. "내가 중원에서 일어나지 않았기 때문에 남월왕이 된 것이지, 만일 내가 중원에 있었다면 어찌 한나라 황제만 못하겠소?"

초면에 가시 돋친 설전을 벌였지만 찌에우다는 육고에게 큰 호의를 보였다. 두 사람은 몇 달 동안 하루가 멀다 하고 주연을 벌였다. 그리고 육고가 떠날 때 찌에우다는 천금이나 되는 보물을 공물로 보냈고 육고에게도 따로 천금을 주었다. 육고가 찌에우다를 남월왕에 임명하고 한나라의 신하가 되겠다는 약조를 받아 오자 고조는 매우 기뻐했다.

평탄했던 남비엣과 한나라의 관계는 십여 년 뒤 큰 고비를 맞았다. 고조가 죽고 그의 억척스러운 아내 여치(呂雉)가 태후(太后)가 되어 어린 황제 대신 통치했다. 관리 한 명이 여태후(呂太后)에게 남비엣 국경에서 이루어지는 철 수출을 금해달라고 주청해 그렇게 시행했다. 수입한 철제 무기와 농기구로 남비엣이 세력을 키우는 일을 막기 위해서였다.

발끈한 찌에우다는 이를 장사왕(長沙王)의 계략으로 간주했다. 한나라 장수였던 오예(吳芮)는 내전 때의 공으로 장사군과 예장군, 상군, 계림군, 남해군을 영지로 하는 장사왕에 책봉됐다. 그러나 상군과 계림군, 남해군을 이미 찌에우다가 장악하고 있었고, 그후 찌에우다가 남월왕에 책봉까지 되면서 장사왕의 영지가 어정쩡해졌다. 찌에우다는 장사왕이 한나라 황실의 힘을 빌어 자신을 멸망시키고 영지를 빼앗으려 음모를 꾸몄다고 본 것이다. 찌에우다는 한나라와의 군신관계를 끊고 스스로를 남비엣의 무제(武帝)라고 칭했다. 그리고 군대를 동원해 장사군의 여러 고을들을 침략해 파괴했다.

　한나라 조정은 발칵 뒤집혔다. 남쪽 오랑캐가 영토를 침략했으니 이를 묵과할 수는 없었다. 여태후는 장군 주조(周竈)에게 남비엣을 토벌하라고 지시했다. 그러나 한나라 군대는 남쪽으로 내려가던 도중 더위와 비, 전염병으로 많은 병사들을 잃었다. 싸우기도 전에 전력이 무너진 주조는 국경인 오령산맥을 넘지 못하고 계속 머뭇거렸는데 1년여 뒤에 여태후가 죽자 곧바로 철수했다. 이런 소극적인 행동은 주조의 탓만도 아니다. 진나라 때 사방을 떨게 만들었던 중국의 국력은 천하대란, 특히 초한전을 거치며 크게 소진되었다. 오죽하면 장수가 탈 말이 없어 소로 대신했다는 기록이 있을 정도이다. 백등산 전투 이후 기가 산 흉노의 묵특선우가 고조의 사망 뒤 여태후에게 "우리 둘 다 배우자가 없으니 서로 부족한 것을 채우면 어떻겠는가?"라는 성희롱에 가까운 서

남비엣 영역

신을 보내왔을 때도 참고 넘어갈 정도로 국가적 자신감을 상실했다. 찌에우다가 칭제를 하고 한나라에 선제공격을 한 것도 이 같은 정세를 정확하게 파악했기 때문에 가능했다.

한나라군이 국경도 넘지 못하고 퇴각하자 더욱 용기를 얻은 찌에우다는 영토 확장에 나섰다. 그는 백월족이 거주하던 다른 지역인 민월(閩越), 서구(西甌), 낙월(駱越)을 무력으로 점령하거나 지도자들을 회유해 남비엣에 편입시켰다. 이제 그의 땅은 동서 길이가 1만 리에 이르렀다. 그리고 한나라 천자와 마찬가지로 노란 비단 덮개에 왼쪽에 깃발을 꽂은 수레를 타고 다니며 황제로서의 의식을 거행했다.

남비엣과 한나라의 관계는 한나라 문제(孝文帝, 태종, B.C. 179~B.C. 157 재위)가 즉위하면서 다시 정상화되었다. 문제는 여씨 일족을 숙청해 국내 정세를 안정시키고 주변 각국에 자신의 즉위를 알리는 사신을 보내 친선을 강화했다. 또한 여태후 때 군사력으로 굴복시키지 못한 남비엣에 대해서도 유화책을 썼다. 찌에우다의 부모 묘가 진정현(眞定縣), 즉 지금의 하북성 정정에 있었는데, 문제가 묘지기 마을을 정해 제사를 받들게 했으며 찌에우다의 친척들을 불러 후한 상을 내리고 벼슬을 높여주었다. 그리고 과거 남비엣에 파견돼 임무를 완수했던 육고를 다시 사신으로 보내 찌에우다가 황제를 자칭하며 이를 보고하지 않은 일을 문책하게 했다.

대륙의 정세를 살피던 찌에우다는 육고가 오자 곧바로 저자세로 바뀌 한나라 천자에게 사죄의 글까지 올렸다. "오랑캐의 우두머리인 늙은 신하 조타는 지난 날 고후(高后)께서 국경 교역을 금지한 것을 이웃 장사왕이 참소한 것으로 의심했습니다. 여기에 고후께서 소신의 일가를 모두 참수하고 부모의 무덤마저 파헤쳤다고 잘못 전해 듣고 자포자기해 장사 지역을 침범했던 것입니다. 또한 동쪽의 민월은 겨우 백성 1천명을 거느리고 왕이라 칭하고, 서쪽 구월과 낙월처럼 벌거벗고 사는 나라도 마찬가지로 왕이라 부릅니다. 그래서 소신이 망령되게 황제의 칭호를 훔쳐 사용했고 이는 잠시 즐기려고 한 것뿐인데 어찌 감히 천자께 보고를 드릴 수 있겠습니까?" 찌에우다는 그렇게 머리를 숙여 사과하고 오랫동안 번신으로서 조공을 다하겠다고 약속했다. 그리고 나라 안에 엄명을 내렸다. "천하에 두 영웅이 설 수 없고, 두 현인이 함께 할 수 없다. 천자는 어진 분이시니, 오늘부터 나는 황제의 호칭을 버리고 수레에서 황옥(黃屋)과 좌독(左纛)을 떼내겠다." 겉만 번지르르한 변명과 약속이었지만 육고와 한나라 조정은 충분히 만족했다. 육고가 귀국해 남비엣 방문 성과를 보고하자 문제는 매우 기뻐했다.

그러나 찌에우다의 약속은 외교적 수사에 불과했다. 국내에서는 여전히 황제의 칭호를 썼으며 한나라에 사신을 보낼 때만 자신을 왕이라고 낮췄다. 한나라의 국경봉쇄에 대한 무력 반발 속에 우발적으로 칭제한 것처럼 보였지만, 중국과 대등한 국격을 갖추고 싶었던 찌에우다가 적절한 기회를 포착한 측면이 더 강했다. 황제의 호칭은 백성들에게 자주정신을 불어넣어 단결하게 해주었으며, 주변국들을 제압하고 지배-복종 관계를 확실하게 각인시키는 효과도 있었다.

한편 찌에우다는 영토 확장도 이어갔다. 그는 육고가 사신으로 다녀간 다음해 대군을 동원해 남쪽 어우락을 공격했다. 어우락의 안즈엉 왕은 단단하게 지어놓은 수도 꼬롸성에 웅거해 저항했지만, 남비엣군은 끈질기게 포위망을 조였다. 마침내 성이 무너지는 날 안즈엉왕은 스스로 목숨을 끊어 자신의 왕국과 운명을 함께 했다. 이때가 안즈엉 왕 툭판이 반랑을 멸하고 어우락을 세운지 79년째 되던 B.C. 179년 이었다.

어우락 사람들은 수도 꼬롸에서의 저항을 제외하고는 남비엣으로의 병합을 순순히 받아들였다. 찌에우다가 어우락의 지방 영주들, 즉 문관인 락후와 무관인 락장들의 지위를 그대로 인정했기 때문이다. 그는 점령한 땅에 쟈오찌(Jiāozhǐ, 交趾)와 끄우쩐(Cǒuu Chaân, 九眞) 2개 군을 설치했지만, 각 군에 사자(使者)를 보내 감독만 하는 간접지배 방식을 택했다.

찌에우다는 한무제 4년인 B.C. 137년에 사망했다. 그가 진나라의 부장이 되어 백월족 영토로 진군했던 게 B.C. 219년이니 그로부터 82년 뒤의 일이다. 남비엣을 세워 통치한 세월만 따져도 70년이나 되었다. 찌에우다의 긴 통치가 끝난 뒤 남비엣은 옛 기상을 잃고 몰락의 길을 걷기 시작했다.

찌에우다의 뒤를 손자인 문제(文帝)가 이었다. 즉위 2년 뒤 민월(閩越)의 왕이 남비엣을 공격해왔다. 그동안 찌에우다에게 눌려있던 민월이 남비엣 정권 교체의 틈을 노려 반전을 시도한 것이었다. 당연히 문제가 군대를 이끌고 나가 자신과 국가의 명운을 걸고 이를 분쇄했어야 했다. 그런데 그는 한나라에 도움을 청하는 손쉬운 방법을 택했다.

『사기』의 기록은 다음과 같다. 문제가 사신을 보내 천자에게 글을 올렸다. "남월과 민월 모두 한실의 번국(藩國)으로 서로 공격할 수 없게 되어 있습니다. 그래서 지금 민월이 군사를 일으켜 침략했지만 저는 감히 군사를 일으키지 못하고 있습니다. 천자의 조치만을 바랄 뿐

입니다." 한나라는 남비엣이 의리를 지키고 신하로서의 직분을 다하는 것을 가상히 여겨 왕회와 한안국 두 장군을 보내 민월을 치도록 했다.

과거의 한나라가 아니었다. 고조 유방이 흉노에게 참패한 이후 한나라는 가능하면 전쟁을 하지 않는다는 일종의 고립주의를 채택했다. 그 결과 한나라는 인구와 경작지가 늘고 비약적인 경제발전을 이룰 수 있었으며, 그렇게 70년이 흘렀다. 무제가 즉위할 즈음에는 한나라에 먹

한무제

을 것이 남아돌고 길에 돈이 떨어져도 줍지 않았다고 전해진다. 전투에 쓸 수 있는 말도 무려 30만 필로 늘어났다. 이 엄청난 국부를 가지고 무제는 곧 흉노를 치고 사방으로 정복전쟁을 벌일 참이었다. 그런 한나라에게 민월 정벌은 군대의 기동훈련이나 다름없었다. 전쟁은 시작하기도 전에 허무하게 끝났다. 한나라군이 다가오자 민월왕의 동생이 왕을 죽이고 항복한 것이다.

남비엣에 드리워진 전쟁의 먹구름은 걷혔지만 새로운 시련도 함께 시작되었다. 한나라의 도움으로 외적을 막은 남비엣은 그 대가를 혹독하게 치르게 되었다. 한무제는 남비엣에 사신을 보내 민월 토벌을 설

명하고 남월왕에게 입조하라는 자신의 뜻을 전하도록 했다. 남비엣 문제는 "천자께서 신을 위해 군사를 일으켜 민월을 토벌하셨으니, 죽어도 그 은덕을 갚지 못하겠습니다"라며 머리를 조아리고, 먼저 태자를 장안으로 보낸 뒤 자신도 곧 따라가 입조하겠다고 약속했다. 그러나 왕의 친조는 단순한 예의의 문제가 아니었다. 문제가 장안으로 가면 한나라 조정이 그를 죽이거나 억류하고 다른 왕을 세워 남비엣에 파견할 가능성이 적지 않았다. 본인도 두려웠던데다 신하들이 "입조했다 돌아오지 못하면 그것으로 나라는 망한다"며 말렸다. 문제는 병을 핑계로 시일을 미루며 끝내 한무제를 알현하러 가지 않았다. 대신 태자 영제(嬰齊)가 10년 넘게 한나라에 볼모로 잡혀 있었다.

한나라는 남비엣에 시간을 두고 교묘하게 접근했다. 태자 영제에게는 남비엣에서 결혼한 부인이 이미 있었지만 그가 장안에 있는 동안 미녀를 접근시켜 다시 결혼하게 했다. 규(樛)씨 성을 가진 이 여인은 아들을 낳아 흥(興)이라 이름 지었다. 문제가 죽자 태자 영제가 귀국해 남비엣 3대 명왕(明王)이 되었고 한나라에서 낳은 아들 흥을 태자로 책봉했다. 명왕이 한나라 조정에 글을 올려 규씨를 왕비로, 흥을 태자로 삼고 싶다고 청했다는 기록은 후계 결정에 한나라가 개입했다는 의미로 해석된다. 또 『사기』는 명왕이 무제 찌에우다와 문제가 사용했던 황제의 옥새를 감추었다고 표현해 그가 더 이상 국내에서도 황제의 칭호를 쓰지 않았음을 알 수 있다. 황제 칭호의 포기는 더 이상 지역 내 패자 (霸者) 역할을 추구하지 않겠다는 뜻이었다. 그러나 명왕도 한무제가 계속 사신을 보내 독촉한 입조 요구는 따르지 않았는데, 역시 병을 핑계로 댔다.

명왕이 12년 치세를 끝으로 사망하자 어린 태자 흥이 애왕(哀王)이 되었고 그의 어머니 태후가 섭정이 되었다. 남비엣 병합을 위한 한나라의 공작이 이제 절정으로 치달았다. 한나라는 태후의 옛 연인 소계(少季)를 남비엣에 보내 그녀의 마음을 사로잡도록 했다. 그리고 언변이 좋은 간대부 종군(終軍) 등 문신들을 남비엣 조정에 파견하고 용사 위신(魏臣) 등 무신들로 이들을 돕도록 했다. 명장으로 알려진 노박덕 장군에게는 군사를 이끌고 국경인 계양에 주둔하게 해 남비엣에 심리적 압박을 가했다.

옛 연인과의 부정한 행실에 대한 소문까지 퍼지자 곤경에 빠진 태후는 한나라에 의지할 수밖에 없다고 생각했다. 그녀는 왕과 신하들에게 한나라의 속국이 되자고 거듭 주장했다. 그리고 섭정의 자격으로 한나라에 사신을 보내 중원의 제후들처럼 3년에 한 번 입조하고 국경 관문을 없애게 해달라고 요청했다. 한무제는 쾌히 이를 허락하고 남비엣의 승상 르기아(Lü Gia, 呂嘉) 등 대신들에게 은인(銀印), 즉 새로운 임명장을 보냈다. 또한 남비엣의 법률을 모두 폐지해 한나라 법으로 대체하고, 사신으로 간 관리들이 주요 관직들을 접수하도록 했다. 애왕과 태후는 행장을 꾸려 한나라에 입조할 준비를 했다. 이 같은 남비엣에 대한 한나라의 세력 침투는 구한말 일본이 조선의 국권을 잠식해 들어갔던 과정을 연상케 한다.

남비엣은 왕과 태후의 매국행위로 나라가 통째로 넘어갈 판국이었다. 르기아를 중심으로 한 백월족 귀족들이 강하게 반발하면서 남비엣 조정에서는 친한파(親漢派)와 반한파(反漢派) 사이에 격렬한 정쟁이 벌어졌다. 르기아는 남비엣의 세 임금을 섬긴 노신으로 집안에 고관대작이 70명이 넘었고 왕실과 몇 겹의 혼인관계를 맺은 명문가 출신이었다. 나라에 그를 믿고 따르는 이들이 많아 왕이라 하더라도 함부로 할 수 없었다. 애왕과 한나라 사신들이 르기아를 해칠 엄두를 내지 못하고 있는데 태후만 그를 죽이자고 재촉했다.

어느 날 태후가 연회를 열어 르기아를 죽일 음모를 꾸몄다. 왕과 대신들, 한나라 사신들이 모두 모인 자리에서 태후는 르기아와 논쟁을 벌이며 누군가 그를 해치도록 유도했다. 그러나 왕과 사신들 모두 눈치만 볼 뿐이었다. 사전에 수상한 분위기를 느낀 르기아가 동생을 시켜 대규모 병력을 대궐 앞에 집결시켜 놓았기 때문이다. 르기아가 화를 내며 퇴장하자 태후가 그를 직접 죽이겠다며 창을 들었지만 왕이 말렸다. 그날 이후 르기아는 병을 핑계로 등청하지 않고 왕실과 대립했다.

한무제는 답답한 상황을 보고받고 한천추(韓千秋)에게 병사 2천 명을 주며 남비엣에 가 르기아를 처단하라고 지시했다. 한무제는 남비엣 합병이 단지 정쟁 때문에 미뤄지는 것이고 르기아만 체포하면 걸림돌이 모두 사라질 것으로 낙관했다. 그러나 이런 무력개입이 상황을 더 악화시켰다. 한나라가 군대를 보냈다는 소식이 전해지자 르기아가 반란을 일으킨 것이다. 르기아는 "왕과 태후가 우리 보물들을 모두 한나라에 갖다 바치고, 남비엣 백성들을 장안으로 끌고가 노예로 팔고 있다"며 백월족의 민족 감정을 자극했다. 르기아는 병사들을 이끌고 대궐로 쳐들어가 왕과 태후를 목 베어 죽였다. 그리고 선왕인 명왕의 맏아들 건덕(建德)을 왕으로 추대했다.

한편 한천추는 국경을 넘어 진격하면서 별다른 저항을 받지 않았다. 왕들이 먼저 한나라의 눈치를 보거나 아예 나라를 바치려고 하면서 남비엣 백성들의 자주 의식이 많이 와해됐던 것이다. 우쭐해진 한천추는 남비엣 수도 번우(番禺)에 40리 가까이 접근했다가 르기아가 이끄는 남비엣 군대의 기습을 받아 부대 전체가 궤멸됐다.

한무제는 대노했다. "지금 남월의 여가와 건덕이 반란을 일으켜 아무 일도 없는 듯 스스로 왕이라 일컫고 있다. 대신들은 어찌 이런 역적을 토벌해 섬멸하지 않는가? 죄인들과 강회(江淮) 이남의 수군 10만으로 바로 가서 역적을 정벌하라!" 이는 『사기』에 나오는 기록이다. 한무제의 말 속에는 당시 한나라의 여의치 않은 사정이 드러난다. 한나라가 오랜 준비 끝에 B.C. 133년에 시작한 흉노와의 전쟁은 만리장성 너머 내몽골 지역까지 차지하는 대성과를 거두었지만, 흉노를 절멸시키려는 무제의 무리한 욕심에 나라 전체가 피폐해지고 있었다. 가면 돌아오지 않는 거듭된 원정은 한나라의 인적, 물적 자원을 마치 블랙홀처럼 고갈시켰다. 여기에 남비엣을 비롯해 고조선과 서쪽 대완국(大宛國) 등 주변국 침략까지 저지르면서 무제 치하의 40년 전쟁이 끝날 때쯤 한나라 인구가 4천만 명에서 2천만 명으로 줄었다고 전해진다. 이런 소모전 와중에 남비엣을 정벌하겠다고 북부전선에서 남부로 병력을 돌릴 수는 없었다. 결국 한무제가 동원할 수 있는 병력은 대흉노전에 참가할 수 없었던 수군과 감옥에 갇혀 있는 험한 죄수들뿐이었다.

남비엣 원정은 한무제의 기대와는 달리 온갖 차질 속에 어지럽게 진행됐다. 구중궁궐에서 살아온 무제는 죄수들을 풀어주면 금방 충성스러운 병사로 거듭날 걸로 상상했지만, 사악한 그들에게 무기를 들려 전장에 밀어 넣는 일은 대단히 힘들고 위험하기도 했다.

당초 계획은 원정군을 다섯으로 나누어 남진하는 것이었다. 복파장군(伏波將軍)[7] 노박덕이 계양에서 회수로 내려가고, 누선장군(樓船將軍)[8] 양복이 예장을 거쳐 횡포로 내려간다. 남비엣에서 귀순한 과선장군과 하려장군은 영릉에서 이수와 창오로 내려가며, 치의후는 멀리 파와 촉에서 죄수들을 모은 뒤 장가강으로 내려가 다섯 개 부대가 모두 남비엣의 수도 반우에 집결하기로 했다. 그러나 실제 원정은 계획대로 진행되지 못했다. 정규군인 수군은 곧바로 출동이 가능했지만, 주변에서 병사를 차출하고 한무제가 사면령을 내려 출소한 죄수들을 군대로 편성하는 작업은 상당한 시일이 필요했다. 그렇다고 진노한 천자에게 기다려달라고 할 수는 없는 일이라 준비가 된 부대부터 진격을 시작했다.

누선장군 양복이 이끄는 수군 수만 명이 심협과 석문을 함락해 남비엣의 전함과 식량을 빼앗았다. 전처럼 한나라가 육로로 침략해 올 것이라 예상했다 수군의 기습을 받은 남비엣군은 멀리 물러났다. 양복은 진격을 멈추고 며칠 동안 복파장군 노박덕을 기다렸다. 약속한 기일을 한참 지나 도착한 노박덕은 겨우 1천 명의 병력만을 데리고 왔을 뿐이었다. 죄수들을 무장하고 훈련시켜 출발했는데 그들 중 상당수가 행군 중에 달아난 것이다. 양복은 복파장군의 명성이 허울뿐이라며 속으로 코웃음을 쳤다. 그나마 다른 3개 부대는 언제 온다는 소식도 없었다.

7) '복파장군'은 한무제 이후 큰 공을 세운 장군에게 부여했던 지위로 '수훈장군'이라는 뜻이다.
8) '누선장군'은 현재의 '해군사령관'이다.

더 이상 기다릴 수 없었던 두 장군은 남비엣 수도를 향해 다시 진군했다. 편제가 제대로 갖춰진 양복의 부대가 앞에 서고 노박덕이 뒤를 따라가는 대형이었다. 르기아가 지휘하는 남비엣군은 번우 성문을 굳게 닫고 항전했다. 한나라군이 번우에 도착하자 교만한 양복은 상의도 없이 지형이 유리한 동남쪽을 냉큼 차지했고, 노박덕은 성 서북쪽에 진을 칠 수밖에 없었다.

그런데 양복이 우세한 군세로 적을 강타하는 전투를 한다면, 노박덕은 뛰어난 전술로 적을 자멸시키고 아군의 피해를 최소화하는 능력이 있었다. 노박덕은 저녁 무렵에 성 앞에 도착해 진을 치면서 병력수가 대단히 많은 것처럼 위장했다. 노박덕의 명성을 듣고 두려워한 남비엣 병사들이 항복해오자 관직을 주겠다며 회유해 다시 성 안으로 들여보내 항복을 권유하도록 했다. 한밤 중에 양복이 불화살로 성을 공격하기 시작했다. 남비엣군은 힘껏 싸웠지만 전세가 불리해지자 목숨을 구해 서북쪽 노박덕 쪽으로 몰려갔다. 새벽이 되자 성안에 있던 남비엣 병사 대부분이 복파장군 노박덕에게 항복했다. 승상 르기아와 남비엣 왕은 바닷가로 달아나 배를 타고 서쪽으로 갔지만 얼마 뒤 체포됐다. 한나라군은 남비엣 영향권에 있었던 오늘날의 광동성, 광서성 지역의 창오군과 구월, 낙월을 신속히 장악했다.

한나라군이 남쪽으로 계속 진격해 오늘날의 베트남 북부인 쟈오찌와 끄우쩐 군에 다가가자 두 군을 통치하던 사자(使者)들이 호적 장부를 들고 와 항복했다. 한나라는 두 사람을 태수(太守)로 임명해 예전처럼 다스리게 하고, 토착지배계층인 락장과 락후들의 권한도 그대로 인정했다. 따라서 한나라에 대한 이들의 저항도 거의 없었다. 남비엣이 어우락을 정복할 때 벌어졌던 일이 또 한 번 반복된 것이다. 이를 통해 지배층은 자신들의 기득권을 유지했지만, 베트남 백성들은 그후 천년 동안이나 중국의 지배 아래 모진 수탈을 겪어야 했다.

남비엣은 찌에우다가 나라를 세운 지 93년 만에 멸망해 역사 속으로 사라졌다. 그러나 중국의 압력에 결연히 맞서고 스스로를 황제라 칭한 찌에우다의 주체의식은 면면히 이어져 훗날 베트남 군주들이 중국과 대등한 관계라고 여기는 중요한 원형이 되었다. 베트남 왕조들은 중국의 조공-책봉 질서를 받아들여 안보와 실리를 취하면서도, 동남아 주변국과는 또 다른 국제질서를 만들어 중심에 서고자 했다. 이에 따라 베트남 황제들은 크메르와 라오스, 기타 소수민족 지배자들을 왕으로 책봉하고 조공을 받는 관계를 유지하려 부단히 노력했다. 이 같은 이중의 국제질서는 베트남의 힘에 의해 쟁취, 유지되는 것이었기 때문에 중국도 모른 척 눈을 감지 않을 수 없었다. 오늘날 중국 사람들은 찌에우다를 이단자로, 베트남 사람들은 중국의 침략에 대항한 위대한 황제로 받아들인다. 그래서 13세기 『대월사기』를 지은 레반흐우(Lê Văn Huu, 黎文休)는 진정한 베트남의 역사는 남비엣에서 시작된다고 보고 찌에우다의 활약에서부터 역사를 기술했다.

4) 압제에 맞선 영웅들

베트남은 중원에서 멀리 떨어져 있고 기후와 풍습이 낯설어 관리들이 오기를 꺼렸다. 따라서 파견되는 관리들의 질이 낮을 수밖에 없었다. 그들은 권세가에게 뇌물을 줘 자리를 얻고는 백성들을 착취해 그 몇 배로 주머니가 채워지면 다시 근무지를 바꿔달라고 청탁했다. 중국인들이 주로 빼앗아간 물품은 금과 은, 동, 진주, 루비, 상아, 코뿔소 뿔, 거북이 등껍질, 생강, 계피 등이었다. 이런 특산품을 생산하는 지역의 주민들은 채취한 물건을 식량과 교환해야 살 수 있는데 중국인 관리가 세금을 명목으로 모두 가져가 아사 사태가 벌어지기도 했다. 관리들의 악정과 착취는 반감을 불러일으켜 마침내 한나라의 지배에 대한 반란으로 나타났다.

쫑 자매의 봉기

쫑짝(Trung Trắc, 微側)은 하노이 서북쪽에 있는 메링현(縣) 락장의 딸이었다. 메링현은 지금의 푸토성 비엣찌시 부근으로 과거 반랑 왕국의 수도였던 곳이다. 쫑짝과 여동생 쫑니 공주는 어릴 때부터 아름답고 총명해 많은 사람들의 기대와 사랑을 받았다. 이것이 베트남에 감시의 끈을 늦추지 않던 한나라 식민정부의 주목을 끌게 만들었다. 당시 쟈오찌 군 태수로 와있던 소정(蘇定)은 유난하리만큼 탐욕스럽고 포악한 사람이었다. 그는 베트남 백성들을 무자비하게 수탈하면서도 이에 반발해 민란이 일어날까 항상 불안해했다. 소정은 쫑짝이 역시 요주의 인물이었던 이웃 마을 락장의 아들 티싸익과 결혼하자 이를 저항을 위한 세력 규합으로 간주해 티싸익을 붙잡아 죽였다. 단지 의심스럽다는 이유만으로 베트남의 젊은 지도자를 살해한 것이다.

분노한 쫑짝은 여동생인 쫑니와 함께 사람들을 규합해 40년 반란을 일으켰다. 소정 태수는 변변히 대항도 하지 못하고 한나라로 도망쳤고, 반란군은 농민과 토착지배계급 모두로부터 열렬한 지지를 받으며 짧은 기간에 65개 성을 장악했다. 왕으로 추대된 쫑짝은 자신의 고향인 메링을 수도로 정하고 농민들에게 2년간 세금을 면제해 주었다.

쫑짝의 열정과 그녀를 따르는 병사들의 사기는 하늘을 찌를 듯 했지만, 베트남이 독립을 쟁취하기에는 국제정세가 너무 나빴다. 쫑짝이 거병했을 때 중국은 이제 막 내전을 수습하고 새 왕조가 들어서 국력이 극성기를 이루고 있었기 때문이었다. 또한 쫑짝이 상대해야 할 후한(後漢)의 시조 광무제(光武帝)는 정치와 군사 모든 면에서 걸출한 인물이었다. 기원 전후에 한나라(前漢)가 외척과 환관의 발호로 혼란스러워지자 재상 왕망(王莽)이 천자에게 양위를 강요해 신(新)나라를 세웠고, 왕망의 비현실적인 이상정치에 반발해 중국 각지에서 반란이 일어났다. 이 가운데 한나라 왕족인 유수(劉秀)[9]가 곤양(昆陽) 전투에서 포위된 성을 홀로 빠져나와 소수의 원군을 모은 뒤 적의 중심부를 타격하는 대

---

9) 후한의 초대 황제인 광무제(光武帝, B.C. 6 ~ A.D. 57)이다. 25년 즉위해 57년까지 재위했다.

담한 작전으로 왕망의 40만 대군을 와해시켰다.[10] 유수는 이 결정적 승리를 기반으로 스스로 천자의 자리에 오른 뒤 다른 반란군들을 하나씩 제압했다. 그때가 쯩짝이 봉기하기 15년 전인 25년으로, 유수가 복원한 한 왕조를 후한(後漢)으로 구분해 부른다.

광무제는 쯩짝 자매의 반란을 심각한 위기로 받아들였다. 베트남뿐 아니라 여타 변경지역의 불안을 촉발할 불씨가 될 수 있다고 본 것이다. 그는 병사 3만 명을 마원(馬援) 장군에게 주고 진압을 명했다. 광무제가 미리 남부 각지의 관아에 명령해 마차와 배를 만들고, 다리를 고치고, 산길을 내고, 군량을 준비했을 정도로 대규모 원정이었다. 마원의 한나라군은 배를 타고 합포(合浦)로 이동해 집결한 뒤 육로를 통해 베트남으로 진격해 들어갔다.

마원은 과거 내란 중 광무제 휘하에 들어가 싸웠고, 강력한 반란군 지도자 중 한 사람이었던 외효(隗囂)를 토벌하는 등 큰 공을 세웠다. 그리고 통일 뒤인 35년에는 서쪽에서 침략해 온 강족(羌族)을 격파했던 당대의 명장이었다. 그가 이끄는 한나라군은 베트남 국경을 넘어 식민 정부의 수도였던 꼬롸, 즉 지금의 하노이에 도착할 때까지 거의 저항을 받지 않았다. 진격로 주변의 여러 성들이 막상 한나라의 진압이 시작되자 전의를 상실했던 것이다. 한나라군에게는 오히려 낯설고 거친 자연환경이 더 큰 장애였다. 베트남의 길은 한발씩 내딛기조차 힘이 들었다. 마원은 당시 상황을 다음과 같이 기록했다. "이곳 사람들은 북쪽 중국인에 비해 개화가 덜 되었다. 대부분의 땅이 개발이 안 되어 늪

---

10) 왕망은 곤양에서 자신의 주력군이 소멸된 얼마 뒤 부하의 칼에 비참하게 생을 마감했다.

과 정글을 파헤쳐야만 행군이 가능했으며, 자주 수백 마리씩 떼를 이 룬 야생 코끼리와 들소를 만났다."

한나라군은 꼬라 부근에서 처음으로 반란군과 교전한 뒤 동쪽 랑박 으로 후퇴해 진을 쳤다. 반란군의 세력이 커서 바로 전면전을 벌였다 가는 자신들의 피해도 적지 않을 것으로 판단했기 때문이다. 또 이미 우기가 시작돼 극심한 더위와 습기로 더 이상 움직이기도 어려웠다. 베 트남 북부의 우기는 하루 한두 번 열대성 스콜이 쏟아지고 끝나는 남 부지방 날씨와도 다르다. 폭우가 내리다 보슬비로 변했다를 반복하며 쉬지 않고 빗방울이 떨어지고, 습기를 빨아들인 공기는 축축해져 앞산 의 풍경들을 뿌연 안개 속에 파묻는다. 여기에 기온이 매일 30도를 넘 어가니 가만히 밖에 있어도 습식 사우나에 들어있는 것과 마찬가지이 다. 익숙지 않은 이방인에게는 견디기 힘든 날씨이고 진중의 비위생적 인 환경까지 더해지면 각종 전염병이 창궐하지 않을 수 없었다. 그래 서 마원은 다시 이렇게 기록했다. "전염병이 널리 퍼지고, 맹렬한 더위 는 참기 어렵다. 더위 때문에 매가 떨어지는 것을 보았다." 이는 그 이 전이나 이후에 베트남을 침략했던 수많은 중국 군대가 겪은 고난이었 다. 훗날 베트남의 명장들은 이 같은 악천후와 진흙뻘에 고립된 적의 곤경을 반전의 계기로 만들었지만, 쯩짝은 그 절호의 기회를 이용하지 못하고 흘려버렸다.

쯩짝도 최선을 다했다. 그녀는 매일 망루에 올라 적의 동태를 살피 고, 부하들을 격려하고, 참모들과 지도를 보며 대책을 숙의했다. 그러 나 이미 견고하게 다져진 한나라군의 방어망을 뚫을 묘안을 찾을 수 없었다. 쯩짝이 개전 초 국경에서부터 한나라군의 배후를 공격해 보급로를 끊고, 예상하지 못한 시간과 장소에서 공격하고, 그래도 패하면 물러나며 주변의 모든 것을 불태우고, 우기가 되면 분산된 적을 공격해 이동을 강요하고, 낯선 지형에서 고립시켜 섬멸하는 전술을 사용했으면 이길 수도 있었다. 다만 이런 베트남의 유격전과 전격전, 청야(淸野)전술은 그후 오랜 세월 수많은 피를 대지에 뿌리며 체득한 것이지, 그 이전의 인물이자 실전 경험조차 없는 쯩짝에게 기대할 수는 없는 일이었다.

결국 쯩짝의 군대와 마원의 군대는 전 병력이 평야에서 대치하게 되었는데, 전력이 우위인 적과 똑같은 조건으로 맞서서는 패배가 예정된 것이나 다름없었다. 비록 병력의 수는 반란군이 8만 명으로 한나라군의 세 배에 가까웠지만 대부분 훈련을 받지 않은 농민들이었다. 반면에 마원 등 한나라군 장졸 상당수는 오랜 내전을 거치며 풍부한 전투 경험을 가지고 있었다.

무기의 성능도 그들이 훨씬 앞서 있었다. 당시 한나라군 편제는 전국시대 말 진나라의 그것과 유사했다. 주력인 보병은 원거리에서 노(弩)로 화살을 날려 적에게 타격을 가하고, 접전이 벌어지면 끝이 창과 낫을 합쳐놓은 것처럼 생긴 약 2m에서 3m 길이의 극(戟)으로 공격했으며, 혼전 상황에서는 칼을 사용했다. 그 중 특히 노는 중국 역대 왕조가 자랑해 온 비장의 무기였다. 단순히 팔의 힘으로만 시위를 당기는 활에 비해, 노는 앞부분을 밟고 양손으로 시위를 당겨 발사장치에 걸기 때문에 사정거리와 파괴력이 훨씬 더 좋았다. 노의 최대 사정거리는 전국시대에 벌써 800m가 넘었고, 살상력을 유지하는 유효사거리도 약 400m는 됐을 것으로 추정된다. 극과 칼의 재질도 한나라군이 더 우수했다. 당시 중국의 제철기술은 세계 최고 수준이었던 것으로 평가된다.

중국의 제철공들은 섭씨 1,200도 이상을 견딜 수 있는 노(爐)와 송풍장치, 무쇠를 두드려 강철로 만드는 단조기법을 개발해 익히고 있었다. 이 기술로 칼등을 무른 쇠로, 칼날은 단단한 쇠로 만들어 붙여 칼의 길이를 주변 민족들의 것보다 훨씬 긴 140cm까지 늘였고, 녹스는 것을 막기 위해 크롬 도금까지 했다. 한나라는 또 몽골고원의 흉노족에게 오랜 세월 시달리면서 기병의 육성에도 공을 들여왔다. 그 결과 흉노나 그 밖의 기마민족들과 싸울 때 수만 명 단위의 기병부대를 동원할 수 있을 정도로 전력을 갖췄다. 한나라의 기병은 창을 들고 적진으로 돌격할 뿐 아니라 활쏘기에도 능한 기마궁수가 기본 개념이었다.

양 진영이 몇 개월이나 대치하는 가운데 한나라군이 선진 병장기의 위력을 과시하며 간간이 벌어진 소규모 충돌에서 전투력의 우위를 입증하자, 쯩짝의 병사들 사이에서는 초기의 열정이 공포심으로 대체되어 갔다. 상황을 살피던 여러 락장들이 휘하 병력을 데리고 하나둘 고향으로 돌아가면서 반란군의 사기는 더욱 떨어졌다. 마침내 우기가 끝나자

쯩 자매 반란 상상도

한나라군은 진영에서 나와 쯩짝의 군대를 향해 맹공을 퍼붓기 시작했다. 쯩짝은 그동안 설치해 놓은 갖가지 방어물에 기대어 버티었지만, 이를 하나하나 제거하며 접근하는 한나라군을 막아내지 못했다. 쯩짝은 크게 패했고, 반란에 가담한 병사 수천 명이 붙잡혀 참수됐다. 쯩짝은 자신의 수도인 메링으로 물러나 그후 일 년 동안이나 마원의 군대에 계속 맞섰지만 패배를 거듭할 수밖에 없었다. 그리고 더 이상 물러설 곳이 없어진 자매는 서로 손을 잡고 황토빛 홍강에 몸을 던져 목숨을 끊었다. 쯩 자매가 전사한 마을에서는 그녀를 기리기 위한 사당을 세우고 지금도 매년 제사를 지내고 있다.

쯩짝이 죽은 뒤에도 여장(女將) 도즈엉(Đỗ Dương)이 당시 베트남 영토의 최남단이었던 응예안으로 후퇴해 진지를 구축하고 끝까지 저항했다. 마원은 이들을 쫓아가 진압하고 다시 수천 명의 반란군 병사들을 참살했다.

쯩짝의 반란에는 도즈엉 외에도 많은 여성들이 참여했다. 풍티찡(Phùng Thị Chính)은 쯩짝의 친구인 귀족 여성이었다. 풍티찡은 랑박 전투 때 베트남 중군을 지휘했는데 당시 임신한 상태였고 전투개시 직전 출산했다. 그녀는 한 손에 아기를 한 손에 칼을 들고 싸워 한나라군의 공세를 버텨냈지만 좌·우군이 무너지면서 함께 패배했다. 풍티찡은 쯩짝이 강에 투신할 때 아기를 먼저 죽인 뒤 자신도 강물에 몸을 던졌다. 밧난(Bát Nạn) 공주는 프엉러우 촌장의 딸로 미모가 뛰어났다고 한다. 소정 태수가 39년 쯩짝의 남편을 죽일 때 밧난 공주의 남편 역시 반역의 기질이 있다는 이유로 살해했다. 남편의 복수를 다짐하던 밧난은 쯩 자매의 봉기에 가담해 전투에서 큰 공을 세웠다. 쯩짝이 그녀를 대

장군에 봉했지만 사양하고 대신 적군의 수급을 달라고 해 남편 위패 앞에 놓고 제사를 지냈다. 한나라군에 패해 쯩 자매가 자결한 뒤에도 한 달 가량 저항을 계속했지만 더 이상 승산이 없자 역시 자결로 생을 마감했다. 레쩐(Lê Chân)은 아버지가 소정 태수에게 죽임을 당해 한을 품고 살았다. 쯩짝의 군대에 합류한 레쩐은 전투마다 선봉장으로 활약하였고 용맹함으로 명성을 얻었다. 군사 양성 책임을 맡아 무과시험을 치르고 무술대회를 개최하기도 했다. 그녀는 한나라군에 맞선 격렬한 전투 끝에 마이동 마을에서 전사했다. 쯩짝을 비롯한 여러 여걸(女傑)들의 활약은 모계사회 전통이 강하게 남아있던 당시 베트남의 사회상을 반영하는 한편, 외세의 압제 속에 가장 큰 수모를 당할 수밖에 없는 베트남 여성들의 분노를 보여주는 것이었다. 쯩짝의 반란은 전력

쯩 자매는 왕조와 체제를 뛰어넘어 베트남 국민들의 숭배를 받고 있다

과 조직, 지도력 등이 매우 열악했다. 그럼에도 불구하고 짧은 기간에 전국을 평정할 수 있었던 것은 소수의 중국인 관리들만 파견하고 하위 행정단위는 자치에 맡기는 느슨한 지배형태에도 원인이 있었다. 이에 따라 마원은 반란을 완전히 진압한 뒤 베트남의 전통체제를 뿌리째 파괴하고 여기에 한나라의 제도와 문화를 이식하는 작업에 착수했다. 먼저 락장과 락후를 폐지하고 군현제도를 강화했다. 현의 수장에는 중국인들을 앉히고 일부 지역에만 소수의 친한(親漢) 베트남인들을 임명했다. 중국인 관리들이 상주하는 곳에는 성채를 쌓고 병력을 주둔시켰다. 이를 위해 둔전을 만들어 휘하에 있던 병사들을 정착시켰다. 마원이 귀국할 때 함께 돌아간 병사가 당초의 반도 안 되었는데, 이는 오랜 원정으로 인한 손실뿐 아니라 다수의 병사를 베트남 지배를 위해 남겨 놓았기 때문이다. 또한 락장 가족 수백 세대를 중국 남부로 강제 이주시켰다. 이로써 베트남의 토착지배계급은 세력을 잃고 한나라의 지배체제가 완성되었다. 마원은 이와 함께 농업 생산력을 높이기 위해 제방을 쌓고, 수로를 만들고, 동물 배설물을 이용한 퇴비 제조법을 전수하는 등 선정을 베풀었다. 베트남인들의 반감을 무마하기 위한 것이었다.

중국 역사서들은 쯩 자매의 반란에 대해 사건의 규모에 비해 이례적으로 짧은 기록만을 남겼다. 후한서는 '쯩짝이 사나운 전사여서 태수 소정이 법으로 억제하려 하자 분노해 반란을 일으켰다'고 썼다. '야만족의 마을들이 대거 쯩짝에게 합류했고 한나라 관리들은 겨우 자체 방어를 하는 상황에서 마원이 파견돼 반란을 진압했다'는 것이다. 중국의 군대와 관리들이 여성에게 수모를 당하고 진압에 오랜 기간이 걸렸다는 사실을 가부장적 유교관을 가진 중국의 사관들이 인정하기 힘들었던 듯하다. 중국의 기록들은 또 한나라 관리들의 수탈과 쯩짝 남편의 피살, 패전 뒤 반란군 지도자들의 자살 등은 전혀 언급하지 않았다.

또한 베트남의 일부 학자들도 쯩짝의 반란 원인에 대해 베트남 역사서와는 다른 해석을 내놓는다. 당시 한나라 정부가 락장과 락후에게 부여했던 세금 징수권을 거두어들이고 관리들이 직접 세금을 받으려 하는 데 반발했다는 것이다. 이는 반란이 일어나자마자 많은 토착 지배계급이 가담하고 65개나 되는 성을 장악한 사실에서도 알 수 있다는 것이다. 또한 쯩짝의 남편도 살해당하지 않았다고 본다. 쯩짝이 반란군 지도자가 되고, 많은 여성들이 참여하고, 반란에 성공한 뒤 수도를 쯩짝의 친정이 있는 메링으로 정한 것 등은 당시 베트남이 모계사회였기 때문에 자연스러운 일이었다. 그러나 중국의 영향으로 유교가 들어오고 부계 사회가 정착된 뒤에 후대 베트남 사관들이 이를 받아들일 수 없어 남편이 살해당해 반란을 일으켰다는 지극히 부계사회적인 발상으로 각색했다는 주장이다.

그러나 역사가들이 뭐라 하든지 베트남인들의 마음속에 쯩 자매는 외세에 대한 항거와 독립 의식의 상징으로 자리 잡고 있다. 쯩 자매의 반란은 한나라에 정복된 지 150년 만에 처음으로 일어난 조직적인 저항이었다. 만약 그들의 봉기가 없었다면 베트남인들의 반한(反漢)의식이 결집되고 마침내 천년 만에 독립 전쟁에서 승리하는 일도 없었을지 모른다. 그래서 베트남인들은 시대와 이념을 뛰어넘어 쯩 자매의 업적을 기리고 끊임없이 후세에게 그들의 정신을 가르치는 것이다.

쯩 자매의 비극적인 역사는 지금도 베트남의 인기 있는 공연 소재이다

·············· **[역사의 현장 1-3] 쯩 자매 순국지** ··············

하노이를 떠나 북쪽으로 향하던 차는 고속도로에서 농로로 벗어나 들판을 한참 달렸다. 초행인 운전기사마저 자신감을 잃을 무렵 '하이바쯩(Hai Bà Trưng)' 사당을 가리키는 이정표가 나타났다. 하이바쯩은 '쯩 자매'라는 뜻인데, 쯩짝과 쯩니를 기리는 사당은 전국에 세 곳이 있고 이곳 선떠이(Sơn Tây)성 핫몬(Hát Môn)면의 사당이 가장 크고 오래됐다. '하이바쯩'은 하노이와 호치민 등 여러 도시에서 거리 이름으로 즐겨 쓰기도 한다.

하바이쯩 사당을 가리키는 이정표

사당이 있는 마을에 들어서자 마침 성당에서 일요일 미사를 마치

고 나오는 신도들 사이에 뒤섞였고, 성당을 지나자 이번에는 마주
오는 차가 있을지 걱정 되는·좁은 골목이 이어졌다.

마을주민들   사당 가는 길

　드디어 도착한 하이바쯩 사당은 예상보다 훨씬 넓고 잘 정리돼
있었다. 돌조각들의 뽀얀 색깔로 보아 베트남 정부가 사원을 증축
한 지 얼마 안 되는 것 같았다.

사당 내부

　사당의 본관은 고색창연함을 잃지 않았다. 핫몬의 하이바쯩 사당
은 10세기에 처음 지어졌고, 지금 남아있는 고건물들은 19세기에 다
시 세워진 것이다.

사당 본관

사당 안으로 들어가자 동네 친구들과 TV를 보고 있던 신관(神官) 할아버지가 낯선 외국인의 출현에 잠시 놀라더니 이내 근엄함을 되찾고 제향의식을 보여주었다. 평소에는 사당이 한적하지만 매년 음력 3월 쯤 자매의 기일이 되면 여성들의 행진과 대규모 제사가 이곳에서 거행된다.

신관(중앙)   제향의식

사당 곳곳에는 쯩 자매의 독립투쟁을 묘사한 빛바랜 그림들이 걸려 있다.

쯩 자매 묘사도

쯩 자매는 홍강에 몸을 던져 스스로 목숨을 끊었는데 순국지에 세워진 그녀들의 사당은 들판 한가운데 서있었다. 2천 년의 세월이 강의 흐름을 바꿔 이제는 서쪽 수

쯩 자매 사당

km 밖으로 홍강을 옮겨놓은 것이다. 베트남 정부는 사당 주변에 연 못을 파고 아름다운 정자를 세워 참배객들의 아쉬움을 달랬다.

사당 밖 들판에 홀로 서있는 한그루 나무는 먹구름처럼 밀려오는 적의 대군과 일렁이는 강물 사이에 서있던 쯩 자매가 얼마나 슬프고 막막했을지 그때의 이야기를 전해주는 듯 했다.

홀로 서있는 나무

이후에도 베트남인들은 독자적으로, 때로는 토착화한 중국 이주민들과 함께 저항을 이어갔다. 후한(後漢)이 망하고 베트남 땅이 오(吳)나라의 지배에 놓였을 때 또 한 명의 여성 반란 지도자인 찌에우어우(Triệu Âu)가 활약했다.

찌에우어우는 지금의 타잉화성(省) 사람으로 어려서 부모를 여의고 오빠 찌에우꾸옥닷과 함께 살았다. 그녀가 20살 되던 해 오빠가 결혼했는데 올케의 구박이 심하자 살해하고 산 속으로 도망

찌에우어우

쳤다. 힘세고 용감하고 똑똑했던 찌에우어우는 갖가지 이유로 도망쳐 온 장정 천여 명을 휘하에 거느리게 되었다. 그 사이 마을에서는 중국인 관리의 폭정에 시달리던 주민들이 오빠 찌에우꾸옥닷의 인도로 반란을 일으켰고, 찌에우어우는 산에서 내려와 이에 합류했다. 그녀의 용맹을 보고 주민들은 그녀를 지도자로 세웠다. 찌에우어우는 "폭풍우를 타고 먼 바다의 상어를 죽이듯 침략자를 쫓아내 조국을 해방시키고 민중을 노예의 굴레에서 벗어나게 하겠다"고 선언한 뒤 코끼리를 타고 군사들을 지휘했다고 한다. 그후 6개월 동안 찌에우어우는 오나라 군대의 진압에 맹렬하게 대항했지만 결국 패하여 자결했다. 그녀의 나이 23살이었다.

중국의 사서들은 찌에우어우에 대해 전혀 언급하지 않았다. 베트남

사서 가운데 1479년 편찬된 『대월사기전서』가 처음으로 그녀의 이름을 올렸고, 20세기 들어 『월남사략』이 민간의 전설을 담아 위와 같은 기록을 남겼다. 찌에우어우가 올케를 죽이는 등 개연성이 떨어지는 내용들이 섞여 있지만 그녀의 불꽃같은 삶을 기억할 유일한 단서는 그나마 그것뿐이었다.

중국 남북조시대 말의 혼란 시기에 리본(Lý Bôn, 李賁)이 반란을 일으켜 스스로 황제라 칭하고 국호를 반쑤언(Vạn Xuân, 萬春)이라 정했다. 리본의 조상은 원래 중국 출신으로 내란을 피해 베트남에 와 7대째 살고 있었다. 리본은 양(梁)나라에 패해 달아나다 병사했지만, 그의 후계자들은 서로 다투면서도 베트남을 62년간 사실상 독립 상태로 유지했다. 그러나 이는 베트남 현지인이 아닌 이주 중국인들에 의한 반란이었고, 지도자들은 베트남 민족의 독립이라는 의식이 없었다. 그리고 수(隋)나라가 중국을 다시 통일하고 10만 대군으로 공격해오자, 베트남 지역의 독립도 막을 내렸다.

수나라에 이어 중국을 지배한 당(唐)도 베트남을 무자비하게 수탈했다. 베트남인들은 금, 은, 비단, 상아, 악어가죽, 물총새 털 등 각종 특산품을 조공으로 바치고, 무거운 세금과 매년 최대 50일까지 부역을 해야 했다. 국가의 전매제도를 악용해 산간지역 소수민족들에게 소금한 되 값으로 물소 한 마리를 받아 가기도 했다. 중앙정부의 착취 외에 관리들의 악행도 심했다. 과거 왕조의 중국인 관리들이 그랬듯이 이들도 중앙으로 진출하는데 필요한 뇌물을 만들고 자신의 재산을 축적하기 위해 베트남인 착취에 열을 올렸다.

여기에 더해 8세기 중엽에 잇따라 발행한 홍수와 가뭄은 베트남인 들의 삶을 거의 파탄 지경에 몰아넣었다. 『당사』(唐史)는 당시의 상황 을 '몇 년간의 천재지변과 굶주림으로 안남인은 더 이상 조공을 납부 할 수 없게 되었다. 농민을 붙잡아 노비로 만들고 노비의 매매가 일반 화되었다'고 썼다. 농민들은 농노로 전락하거나 고향을 버리고 각지로 유랑하기 일쑤였다. 베트남인에 대한 당의 경제적 착취는 적개심을 불 러일으켰고 이것은 점차 독립을 향한 원동력으로 승화되어갔다.

5) 천년 만에 쟁취한 독립

베트남에게는 고통의 기간이었지만, 당나라는 중국 역사의 황금기라 불릴 정도로 번영을 구가했다. 당은 중앙아시아까지 넓힌 영토와 모 든 민족문화를 받아들이는 개방성, 유럽으로 이어진 무역을 통해 축적 한 부 그리고 이를 기반으로 융성한 문학과 예술을 향유했다. 그러나 건국 300년에 가까워지자 당나라도 그 수명을 다해가기 시작했다. 왕 조 중기를 넘으며 지방 절도사들의 세력이 황실을 옥죄고 궁정에서는 환관들이 발호해 황제를 세우거나 갈아 치우기 일쑤였다. 문란한 정치 와 토지겸병은 백성들의 삶을 피폐시켰고 그들의 분노를 모아 일어선 황소(黃巢)의 난(875~884)은 비틀거리던 당 왕조에 마지막 일격을 가했다. 황소의 부하로 있다 배신해 절도사가 된 주전충(朱全忠)이 정권을 장악 했고, 황소의 난을 진압한 돌궐족 이극용(李克用) 등 다른 절도사들도 각자의 근거지에서 군사력을 키우며 천하를 도모했다. 중원의 패권 다툼이 극에 달하면서 변방 이민족들에 대한 통제가 급속히 와해되어 갔다.

황소의 난이 한창일 때 베트남 다이라, 즉 지금의 하노이에서 군대가 반란을 일으켜 절도사를 쫓아냈다. 그리고 다이라 동남쪽 하이즈엉의 토착 유지였던 쿡트어주(Khuc Thừa Dụ, 曲承裕)가 혼란을 수습하고 베트남 전역에 대한 지배력을 확보했다. 쿡트어주의 가문은 오랫동안 실력과 명망을 쌓아왔던 것으로 전해졌는데, 이를 기초로 큰 충돌 없이 당나라의 권력을 대체했다. 당 왕조는 몇 차례나 베트남 절도사를 임명했는데 모두 제대로 부임하지 못하거나 얼마 못 버티고 해임되었다. 결국 당 황제는 베트남의 자치를 인정하지 않을 수 없었다. 쿡트어주는 베트남을 실제로 통치했지만 아직 중국으로부터의 독립이라는 의식이 명확하지 않았다. 사마광의 『자치통감』(資治通鑑)에 따르면 쿡트어주는 906년 당 황제에게 자신을 절도사로 제수해 달라고 요청해 승인을 받았다. 사실 거부한다 해도 달라질 것은 없었다.

당나라는 다음해 절도사 주전충이 강제로 양위 받아 후양(後梁)을 세우면서 멸망했다. 이를 시작으로 중국은 화북에 5개 왕조, 화남에 10개 왕조가 교체되는 오대십국의 극심한 혼란기에 들어갔다. 우선 주전충과 이극용의 필생의 경쟁이 대를 이어 계속됐다. 주전충의 아들들이 천자 자리를 놓고 서로 죽고 죽이는 유혈극을 벌이는 사이, 복수의 칼을 갈아온 이극용의 아들이 후당(後唐)을 세운 뒤 기병대를 앞세워 개봉(開封)을 점령하고 후양을 멸망시켰다. 그 사이 베트남에서는 쿡트어주가 죽고 그의 아들이 후양 황제로부터 역시 절도사로 임명돼 지배권을 세습했다.

베트남(交趾)과 남한의 위치

　중국 최남부인 청해주 절도사 유엄(劉巖)이 후양에게 왕으로 책봉해 달라고 요구했다 거절당하자 스스로 제위에 올라 국호를 남한(南漢)이 라 정했다. 남한은 지금의 중국 광동성과 광서성에 걸친 한반도 면적의 약 두 배쯤 되는 지역을 차지해 당시 중국을 할거했던 여러 국가들 중 에는 비교적 약체였다. 그러나 베트남에는 위협적인 존재여서 쿡씨 정 권은 화북의 후양과 관계를 강화하며 남한의 세력 확장을 경계했다. 호시탐탐 베트남 침략을 노리던 남한의 황제 유엄은 후양 왕조가 후당 으로 교체되며 중원이 혼란에 휩싸이자 이를 기회로 보고 군사행동을 개시했다. 남한군은 일거에 쿡씨 정권을 격파하고 그 수장을 압송했다.

그러나 남한의 베트남 점령은 일 년여에 그치고 말았다. 쿡씨 정권의 장군이었던 즈엉딩응에(Dương Đình Nghệ, 楊廷藝)가 흩어졌던 병사들을 모아 반격을 가한 것이다. 쿡씨 정권만 무너뜨리면 전체 베트남이 저절로 병합될 것이라는 유엄의 오판에다, 베트남을 점령한 뒤 그 남쪽의 참파까지 쳐들어가 노략질에 정신을 파느라 남한군의 전열이 흐트러져 있었다. 또한 중국의 오랜 지배를 받는 동안 문명이 전파돼 베트남의 기술력도 뒤떨어지지 않게 되었고, 무엇보다 이제는 외세의 압제에서 벗어나겠다는 의지가 베트남 민중에 넓게 퍼져 있었다.

즈엉딩응에는 남한군을 격퇴한 뒤 스스로 절도사 자리에 올랐지만, 독립의 꿈을 채 실현하지 못한 채 사랑하던 양아들 끼에우꽁띠엔(Kiều Công Tiễn, 矯公羨)에게 암살됐다. 식민 지배의 중심지인 홍강 삼각주에서 나고 자란 끼에우는 변방인 남부 아이주(Ái Châu, 지금의 응에안) 출신으로 독립을 추구했던 즈엉딩응의 정치 노선을 친중국 성향으로 바꾸려다 안 되자 살해했던 것이다. 아이주에 주둔하고 있던 즈엉의 사위 응오꾸엔(Ngô Quyền, 吳權, 898~944)은 장인이 피살됐다는 소식을 듣자 곧바로 봉기했다. 이제 베트남은 중국의 지배권 안에 머무르려는 세력과 중국을 몰아내고 독립을 이루려는 세력으로 나뉘어 정면충돌을 앞두고 있었다.

베트남이 중국의 혼란기를 맞아 응오꾸엔 같은 천재적인 전략가의 지휘를 받게 된 것은 독립을 위한 하늘의 도움이었다고 생각한다. 그는 어려서부터 키가 크고 건장하며 눈빛이 예리하고 걸음걸이는 마치 호랑이와 같았다고 한다. 또 두 사람이 겨우 져야 할 만큼 무거운 가

마솥을 혼자 들 정도로 힘이 장사인데다 지력과 담력까지 겸비한 인물이었다. 그의 아버지 역시 유력한 지방 호족으로 독립운동의 열렬한 후원자였다. 응오는 33살에 즈엉딩응에 장군의 휘하에 들어가 남한군을 몰아내는 데 큰 공을 세웠고, 즈엉은 그의 능력을 높이사 자신의 사위로 삼았다. 즈엉은 응오를 계속

응오꾸엔 동상

승진시켜 아이주의 통치를 맡겼는데, 그곳은 즈엉의 고향이자 군사력의 기반이었다.

응오꾸엔의 봉기로 위협을 느낀 끼에우꽁띠엔은 남한에 스스로 신하가 될 것을 청하는 매국적인 행동을 서슴지 않았다. 끼에우가 구원을 요청하자 그렇잖아도 재침략을 노리고 있던 남한의 유엄은 아들 유홍조를 베트남의 왕으로 봉하고 바다와 육지 두 갈래로 나누어 침략에 나섰다. 먼저 유홍조가 병사 1만 명을 이끌고 바다와 강을 통해 들어가 교두보를 확보하면, 국경에 대기하고 있던 유엄이 육로로 진군해 합류한다는 계획이었다. 남한의 신하들 가운데는 비가 계속 내리고 뱃길이 멀고 험하며 응오꾸엔을 가볍게 봐서는 안 된다는 이유로 원정

에 반대한 사람도 있었지만 유엄은 이를 일축했다.

강대한 남한의 침략 앞에 베트남은 그나마 세력이 둘로 나뉘어 있어 절대 불리한 상황이었다. 그러나 응오꾸엔은 허를 찌르는 대담한 작전으로 적들의 각개격파에 나섰다. 응오는 빠른 속도로 북진해 다이라에 주둔하고 있던 끼에우꽁디엔의 군대를 기습해 궤멸시켰다. 그 다음 군대를 바익당(Bạch Đằng)강[11] 기슭에 매복시키고 남한군이 강을 거슬러 올라오기를 기다렸다. 응오꾸엔은 먼저 강바닥에 끝을 쇠로 덮은 나무기둥 수천 개를 박아놓았다. 베트남군의 배는 상대적으로 작고 물에 잠기는 흘수(吃水)가 얕았다. 남한의 수군이 나타나자 응오꾸엔은 전투를 벌이다 패해 달아나는 듯 위장해 남한군을 강 상류로 유인했다. 남한군이 강을 거슬러 내륙으로 깊숙이 들어오고 조수가 밀물에서 썰물로 바뀌자 거짓 도망하던 베트남 수군이 뱃머리를 돌려 반격했다. 이와 동시에 강가 풀숲에 염초와 건초더미를 준비하고 매복해 있던 병사들이 일제히 화공으로 남한군을 공격했다. 강바닥 기둥에 걸려 움직이지 못하게 된 남한의 전선 수백 척이 불에 탔고, 남한의 병사 반 이상이 목숨을 잃었다. 응오꾸엔은 끝까지 추격해 유홍조를 붙잡아 죽였다. 국경에서 기다리고 있던 유엄이 아들의 전사 소식을 듣고 통곡하며 군사를 거두어 돌아가면서 남한의 베트남 공략은 실패로 끝났다.

『대월사기전서』는 응오꾸엔의 승리를 다음과 같이 칭송했다. "응오왕께서 군사를 모아 유홍조의 수십만 군사를 물리치고 개국하시어 북

---

11) 바익당강 하구는 지금의 하롱베이로 3천여 개의 기암괴석이 바다 한가운데 솟아 있어 베트남의 최고 명승지로 꼽히는 곳이다.

방인들로 더 이상 남진을 못하게 하셨다. 화를 내심은 민을 안위함이요, 뛰어난 지략은 적을 단번에 물리치기 위함이시라. 왕이라 칭한 채 비록 칭제를 안 하시고 연호를 바꾸지 않았다 할지라도 우리 대월의 정통을 확연히 재연하지 않으셨는가."

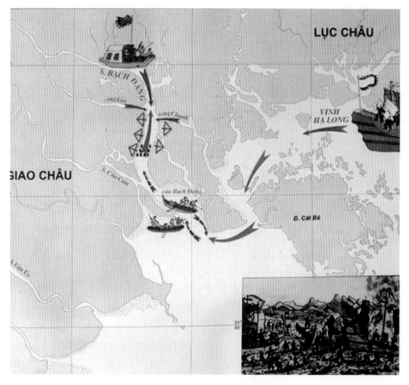

베트남과 남한 전투도(938년)

바익당강 전투의 승리는 천년 넘게 이어져왔던 복속의 사슬을 끊어 베트남인들이 그토록 염원해온 해방의 꿈을 이루어냈다.(938년) 응오꾸엔은 바익당강 전투에서 승리한 다음해 독립국가를 선포하고 스스로 왕위에 올랐다.(939년) 그때까지 베트남 지배자들이 썼던 절도사라는 호칭을 버린 것이다. 또한 수도를 식민통치의 중심지였던 다이라에서 B.C. 3세기 안즈엉 왕(安陽王)이 어우락의 도읍으로 삼았던 꼬롸로 옮겨 자주의식을 과시했다.

베트남이 천년의 식민 지배 속에서도 민족정체성을 잃지 않고 독립을 쟁취한 것은 중국의 대(對) 베트남 정책에도 한 원인이 있었다. 역대 중국 왕조는 베트남을 남방의 진귀한 산물의 공급원이자 동남아시아 무역 중계지라는 전략적 가치로 보았지 베트남인들을 교화시켜 통합하는 데는 큰 관심이 없었다. 더구나 무역 중심지가 베트남 홍강 하류에서 지금의 중국 광저우(廣州)로 옮겨가자 베트남을 주변 민족의 중국 공격을 막는 완충지대 정도로 여기게 되었다.

중국 측 사가들은 베트남인의 무력저항들을 현지 관리의 무능과 정책의 미비로 인한 일시적 사건이었던 것으로 치부했다. 예를 들어 쯩 자매의 봉기를 '이상한 베트남 여자의 반란'으로 치부하는 식이었다. 중국에서 파견된 태수들은 베트남인들이 공연히 난을 일으키기를 좋아하는 성향이 있다고 주장하기도 했다. 교지군 태수가 "이곳 사람들이 예의를 모르고 평화와 행복에 싫증이 나서 내란 일으키기를 좋아한다"라는 글을 천자에게 올린 경우도 있었다.

그러나 베트남인들의 내면에는 자신들이 중국인과는 다르다는 의식이 강했다. 베트남 시조가 중국 신농씨 아들이라는 설화에서 보듯이 두 민족을 대등한 존재로 여긴 것이다. 식민정부의 탄압과 착취가 늘어날수록 스스로 나라의 주인이 되어야 한다는 자주의식은 더욱 강해졌다. 이 때문에 쯩 자매가 봉기하자 60여 개 성이 한꺼번에 호응할 수 있었던 것이다. 그리고 오랜 식민 지배에 의한 모순의 축적과 자주의식

의 고양은 역사적 여건이 성숙되자 마침내 독립을 향한 거대한 움직임
으로 폭발했다.

응오꾸엔의 바익당강 전투 승리(938년)

2

송(宋)의 거듭된 침략과 격퇴

2. 송(宋)의 거듭된 침략과 격퇴

1) 최초의 황제 딘보린

(1) 서툴렀던 응오(吳) 왕조

해방의 환희가 잦아든 뒤 찾아온 베트남의 현실은 꿈꾸어 왔던 것과는 많이 달랐다. 응오꾸엔은 왕이 되었음을 선포하고 새로운 율령들을 잇달아 공포했다. 그러나 문무관직과 각종 의식, 관리들의 복제까지 중국 것을 거의 모방하다시피 했다. 정치적 예속은 극복했지만 스스로 통치체제를 정립할 역량에는 아직 미치지 못했던 것이다.

더 큰 문제는 불완전한 국가 통합과 이로 인한 혼란이었다. 중국의 분열을 틈타 베트남 각지에서 세력을 키워온 군벌들은 어제까지 동료 장군이었던 응오꾸엔에게 존경심을 보일지언정 왕조에 충성하는 것에는 주저했다. 군벌들은 응오 왕조가 수립된 뒤에도 각자의 군사력을 고스란히 유지한 채 왕권을 위협했다. 비엣족 거주지 밖의 소수민족들은 사실상 독립 상태로 중앙 행정력이 거의 미치지 못했다. 불과 개국 6년 만에 응오꾸엔이 숨지자 그의 권위에 의존했던 왕조는 무너지기 시작했다.

응오꾸엔은 죽기 전에 처남, 즉 즈엉딩응에의 아들인 즈엉땀카(Dương Tam Kha)에게 자기 아들들을 돌봐달라고 부탁했다. 그러나 즈엉땀카는 아버지가 암살된 뒤 매형이 자기를 제치고 후계자가 된데 불만을 품으면서 겉으로만 순종하는 척 머리를 숙이고 있었다. 즈엉땀카는 일단 응오꾸엔의 장남 응오쓰엉응업(Ngô Xương Ngập)이 왕위를 잇는 것을 지켜보다 기회를 노려 쫓아내고 스스로 왕이 되었다.

변변한 군사적 경력도 없는 그가 건국의 영웅 응오꾸엔의 혈통을 무너뜨린데 대해 집권층 내에서 반감이 일었다. 즈엉땀카는 부랴부랴 응오꾸엔의 차남인 응오쓰엉반(Ngô Xương Văn)을 양자로 들여 장차 후계자로 키우겠다고 내세웠다. 응오쓰엉반은 형과는 달리 외삼촌에게 복종하는 모습을 보였다. 즈엉땀카는 시간이 흐르며 조카가 현실을 받아들인 것으로 믿기 시작했다. 고금의 많은 권력자들이 자신은 남들과 다를 것이라 착각하며 똑같은 잘못을 반복하는데, 즈엉땀카 역시 배신을 저지르고도 거꾸로 당하지는 않을 것이라 과신했던 것이다.

지방에서 반란이 일어나자 즈엉땀카는 응오쓰엉반에게 군대의 지휘권을 맡겨 진압하라고 보냈다. 응오쓰엉반은 수도에서 벗어나자마자 부하 장군들을 설득해 쿠데타를 일으켰고, 이번에는 즈엉땀카가 도

십이사군의 위치

빈푹성에 있는 응오쓰엉응업 사당

망자 신세가 되었다. 응오쓰엉반은 왕위에 오른 뒤 곳곳에서 이어지는 반란에 힘겨워하다 남한(南漢)에 신복(臣僕)을 자청했다. 손쉽게 안정을 도모하려 한 것이지만, 이 매국행위로 응오 왕조의 권위는 더욱 땅에 떨어졌다. 응오쓰엉반은 얼마 뒤 지방의 반란을 진압하다 전사했다. 전투에 직접 참여하지 않고 배를 타고 강 위에서 구경을 하다 복병이 날린 화살에 맞았는데 약삭빠르게 살아온 그다운 최후라고 할 것이다. 응오쓰엉반의 사후 베트남은 각지의 군벌들이 권력을 향해 총궐기해 이른바 '십이사군(十二使君)의 난'이라는 대란에 빠져들었다.

(2) 딘(丁) 왕조, 의문의 종말

혼란을 수습한 것은 딘보린(Đinh Bộ Lĩnh, 丁部領, 924~979)이었다. 딘보린의 유년 시절은 시련의 연속이었다. 그의 아버지는 응오 왕조의 공신으로 당시 남부 국경이었던 응에안 주 차사였다. 그러나 어머니는 후실이었고, 그나마 어릴 때 아버지가 죽어 어머니와 함께 외가에 가 살아야 했다. 만만치 않은 지방 호족의 딸이었다고는 하지만 유력자에게 후실로 보내졌다 돌아온 어머니가 아들에게 큰 힘이 되어줄 수는 없었다. 딘보린이 성장하며 두각을 나타낼수록 외가 친척들의 견제가 거세졌는데, 그는 각고의 노력 끝에 이를 모두 극복하고 가문의 수장 지위를 쟁취했다.

전설에 따르면 어린 딘보린은 동네 아이들과 함께 물소 돌보는 일을 했는데 전쟁놀이를 하면 항상 대장 역할을 맡아 군신의 예를 받았다. 마을 노인들이 그 비범함을 알아보고 장차 세상을 바로잡고 백성의 삶을 구제할 인물이라며 딘보린에게 복종하여 지도자로 삼았다. 오직 외삼촌만이 반대해 별도의 거점을 마련해 저항했다. 딘보린은 무리를 이끌고 외삼촌을 공격했다 실패해 목숨까지 잃을 뻔했는데, 황룡(黃龍) 두 마리가 나타나 그를 감싼 채 강을 건너갔다. 이를 본 외삼촌은 조카에게 신성한 기운이 있음을 알고 마침내 굴복했다. 전설은 미지의 힘을 빌어 손쉽게 결과를 이야기했지만, 고단한 처지였던 그가 외가 전체를 장악하기 위해 유혈사태를 포함해 얼마나 힘든 위기들을 넘어섰을지 충분히 상상할 수 있다.

어린 딘보린과 아이들

딘보린을 구하는 두 마리 황룡

딘보린은 시골 유력자의 지위에 만족하지 않았다. 통솔력과 재력을 갖춘 그가 군사를 모으자 중앙정부의 눈에도 거슬리기 시작했다. 응오 왕조의 마지막 왕인 응오쓰엉반이 딘보린을 정벌하려다 전투가 길어지고 다른 군벌들의 움직임이 우려돼 퇴각했다는 기록으로 미루어 일찍부터 그의 세력이 성장해 있었음을 알 수 있다.

'십이사군의 난'이 일어나자 딘보린은 기회를 놓치지 않았다. 내전 초기만 하더라도 딘보린은 십이사군에 끼지도 못할 만큼 변방의 인물이었지만, 점차 남부에서 홍강 삼각지 쪽으로 영향권을 넓혀나갔다.

그는 승리를 위해 어떤 방법이라도 가리지 않았다. 딘보린은 홍강 하류를 장악하고 있던 쩐람(Trần Lãm, 陳覽)에게 접근해 그의 양아들이 되었다. 쩐람은 광동성에서 온 상인으로 홍강 입구인 보하이 항구에 정착해 무역을 통해 부를 쌓아 성장한 인물이었다. 쩐람은 다른 십이사군들이 대부분 옛 응오꾸엔 휘하 장군이거나 토착 군벌이었던 것과는 성격이 많이 달랐고, 그들 사이의 동맹에서도 소외되었던 것으로 보인다.

기록에 따르면 딘보린은 쩐람에게 후사가 없다는 점을 노렸다고 한다. 그런데 처음에는 정치적인 목적으로 한 행동이었지만 시간이 지나면서 두 사람이 부자의 정으로 이어져 갔다. 아버지 없이 자란 딘보린이 먼저 마음을 열었고 쩐람도 진심으로 그를 사랑해 누구도 거역 못할 후계자의 지위를 만들어 주었다. 『대월사기전서』는 이에 대해 아들이 없는 쩐람이 딘보린의 능력을 중히 여겨 양자이자 후계자로 삼았으며 딘보린의 십이사군 공략도 쩐람의 지시에 따른 것이라고 적었다. 쩐람이 사망하자 딘보린은 그의 병사들을 모두 휘하에 거두었는데 두 집단이 별다른 잡음 없이 결합해 강력한 군사공동체를 이루었다.

딘보린은 몇몇 호족들과도 혼인관계 등으로 동맹을 맺어 새로운 강자로 떠올랐다. 딘보린은 투항해오는 적의 장수들을 받아들여 자신의 사람으로 만들었고, 부하에게 대병력을 맡겨 전투에 내보낼 정도로 충성에는 깊은 신뢰로 보답했다. 그렇게 키운 군대로 딘보린은 적대적인 군벌들을 모두 세 차례에 걸친 대전투를 통해 각개 격파했다. 이로써 20여 년에 걸친 내전이 종식되었다.

가장 낮은 위치에서 출발해 지존의 자리까지 오른 딘보린은 거칠 것이 없었다. 그는 스스로 황제라 칭하고 타이빈(Thái Bình, 太平)이라는 독자적인 연호를 정해 독립국가의 위상을 과시했다.(968년) 다만 수년 전 오대십국의 혼란을 수습하고 중국 대륙을 다시 통일한 송(宋)나라의 군사적 압박을 무시할 수는 없었다. 딘보린은 장남 딘리엔(Đinh Liên, 丁璉)을 송에 사신으로 보내 조공을 바쳤고, 송태조는 딘보린을 교지군왕으로 책봉했다. 먼 옛날 남비엣의 왕 찌에우다가 고안했던 중국에는 조공-책봉의 사대외교로 안보를 도모하고, 주변국에는 스스로 황제라 일컬으며 중심국 지위를 확보하는 이중의 국제정책을 다시 취했던 것이다.

물론 딘보린도 사대외교만으로 송의 침략을 피할 수 있을 것이라고 순진하게 생각하지는 않았다. 그는 수도를 남부 호아루(Hoa Lu, 華閭), 즉 지금의 닌빈(Ninh Binh, 寧平)으로 옮겼는데, 호아루는 자신의 세력 거점이었을 뿐 아니라 산악지대여서 방어에도 유리했다. 딘보린은 수도를 요새화하고, 게릴라전에 대비해 주변 동굴에 군량과 무기들을 숨겨놓았으며, 유사시 백성들을 동원해 10만 대군을 편성하는 체제를 갖췄다.

딘보린의 수도 이전은 그때까지 정치 중심지였던 다이라와 꼬롸 등 홍강 유역이 중국의 영향을 많이 받은 지역이어서 토착세력 대표자인 딘보린에게 적대적이기 때문이었다는 해석도 있다. 사분오열돼 있던 각 지방 유력자들을 무력으로 눌러놓았을 뿐 아직 그들이 새로운 왕조의 정통성을 자발적으로 받아들이는 상태는 아니었다. 딘보린은 중앙정부에 대한 도전과 무질서를 다잡기 위해 엄한 형벌을 시행했다. 대궐 뜰에 물이 끓는 커다란 솥과 호랑이 우리를 지어 놓고 범죄자들을 처형했다고 전해진다. 이 같은 딘보린의 노력으로 베트남은 비로소 국가 체제를 완성했는데, 『대월사기전서』는 딘 왕조 이전을 외기(外紀)라 하고 그 이후부터 본기(本紀)를 부여해 베트남의 독립이 딘보린 때 완성된 것으로 적고 있다. 그래서 후세 베트남인들은 그를 딘띠엔황(Đinh Tiên Hoàng, 丁先皇), 즉 '최초의 황제'라 부르며 위대한 업적을 기려왔다.

그러나 공고해만 보이던 딘 왕조는 내부의 균열로 허무하게 무너지고 말았다. 딘보린의 장남 딘리엔은 통일전쟁에 혁혁한 공을 세운 유능한 군사 지도자로 누구나 그가 후계자가 될 것으로 예상하고 있었다. 그런데 딘보린이 갑자기 막내아들 딘항랑(Đinh Hạng Lang, 丁項郞)을 태자로 책봉했다.(978년) 이때 항랑의 나이는 아무리 많아도 다섯 살이 채 안 되었다. 이제는 노인이 된 딘보린이 불손한 장남에 대한 불만

호아루의 딘보린 사당 신상(神像)

과 늦둥이에 대한 지나친 사랑 때문에 판단이 흐려졌던 것으로 보인다. 장차 자신의 미래마저 걱정하게 된 딘리엔은 분노했다.

이때부터 딘 왕실에는 이해하기 힘든 비극들이 연이어 발생한다. 베트남 사서들은 딘리엔이 부하들을 보내 태자 딘항랑을 암살했다고 전한다.(979년) 그런데 참사가 벌어진 뒤에도 딘보린이 장남의 반역을 처벌하거나 딘리엔이 권력을 장악하고 아버지를 유폐했다는 기록 없이 두 사람이 계속 호아루의 궁전에 기거했다. 『대월사기전서』는 딘리엔이 동생 딘항랑을 죽인 이유에 대해 "딘항랑이 충효심이 없어 아버지와 형

들을 잘 모시지 않고 나쁜 마음을 품으며 백성에 대한 사랑과 관용이 없어 나라와 왕실을 바로 세우기 위해 거사했다"고 말한 것으로 기록했다. 다섯 살 동생을 죽인 이유로는 너무 터무니없다.

반면에 딘리엔이 자신의 행동을 속죄하고 동생의 명복을 빌기 위해 석재 100개에 「불정존승다라니경」(佛頂尊勝陀羅尼經)을 새겨 탑을 쌓도록 명령했다고 하는데, 1986년 호아루의 황롱(Hoàng Long)강변에서 태자 딘항랑의 시호(諡號)가 새겨진 석재들이 발견되면서 역사 기록이 완전 날조되지는 않은 것으로 밝혀졌다. 역사의 진실이 사서의 행간 어디에 있는 것인지 궁금증을 자아낸다. 「불정존승다라니경」은 중생의 죄업을 씻는 진언의 효력이 실려 있으며 그 안에 전생에서 부모에게 악한 말을 해 지옥에 태어날 뻔 했던 선주천자(善住天子)의 이야기가 들어 있어, 딘리엔이 동생 딘항랑으로 하여금 이번 생의 죄업을 씻고 극락왕생하기를 기원했던 것이라면 적절한 경전이었다.

그해가 다 가기 전에 호아루의 궁전에서는 불가사의한 유혈사태가 또 벌어진다. 딘보린 황제를 가까이 모시던 환관 중에 도틱(Đỗ Thích, 杜釋)이라는 자가 있었다. 『대월사기전서』에 따르면 도틱이 어느 날 별이 자기 입으로 들어오는 꿈을 꾸었다. 그는 꿈이 나라를 얻는 계시라고 생각하고 왕이 되겠다고 결심했다. 도틱은 궁전 연회가 끝난 뒤 만취해 잠든 딘보린을 죽이고 이어 장남 딘리엔까지 살해했다.

왕이 서거했다는 급보를 들은 응우옌박(Nguyễn Bặc, 阮匐)은 즉시 군사들을 이끌고 대궐로 진격해 반란의 무리를 소탕했다. 호아루 출신의 응우옌박은 일찍이 딘보린 휘하에 들어가 여러 전투에서 선봉장으로 활약하며 전공을 세워 통일 뒤 정국공(定國公), 즉 지금의 국무총리에 임명된 인물이었다. 반격이 시작되자 도틱은 궁궐 깊은 곳 궁녀들의 처소로 달아나 숨었다. 그러기를 사흘, 목마름에 시달리던 도틱은 때마침 비가 내리자 건물에서 나와 손으로 빗물을 받아 마시다 신고를 받고 달려온 군사들에게 체포돼 참수당했다.

허망한 반란이었고 그만큼 풀리지 않는 의혹들이 남아 있다. 환관이 꿈을 잘 꾸었다고 왕이 되려 했다는 이야기도 개연성이 떨어지지만, 도틱이 딘보린을 죽인 뒤 어떻게 정권을 잡을지 전혀 계획이 없었던 것이다. 그는 그저 대궐 안에 숨어 무언가 상황이 바뀌기만 기다리다 결국 죽임을 당했다. 그래서 현대 사학자들은 도틱의 국왕 시해에는 배후에 다른 거물급 인사가 있었을 것으로 추정한다. 가장 유력한 용의자는 지금의 합참의장 격인 십도장군(十道將軍) 레호안(Lê Hoàn, 黎桓, 941~1005)과 딘보린의 다섯 황후 중 한 명인 두옹반응아(Duong Van Nga, 楊雲娥) 두 사람이었다. 레호안은 국왕이 시해된 직후 군대를 출동시키는 데 소극적이었으며, 두옹반응아는 이제 유일하게 살아남은 왕자인 딘또안(Đinh Toàn, 丁璿)의 어머니였다. 두 사람은 최소한 딘보린이 시해된 이후에는 부적절한 관계를 맺었고, 이 때문에 후세의 베트남 유학자들에게 맹비난을 받았다.

응우옌박과 레호안 등 이른바 사대신(四大臣)들은 만장일치로 딘또안의 즉위에 합의했다. 그런데 이제 여섯 살에 불과한 딘또안 황제의 어머니 두옹반응아가 레호안 장군을 섭정으로 지명하면서 권력의 추가 급격히 레호안으로 기울었다. 레호안은 스스로를 부왕(副王)이라 칭하고 국가 요직을 재빨리 자기 측근들로 채워나갔다.

딘 왕조의 공신들은 얼마 전까지 자신들의 하급자였던 레호안이 최고 권력자가 되어 왕권마저 위협하는 상황을 참을 수 없었다. 그들은 응우옌박을 중심으로 군사를 일으켜 레호안에게 대항했다. 그러나 딘보린이 육성해 놓았던 중앙군이 대부분 레호안 지휘 아래 있었고, 명문 귀족이나 학자들 눈에 시골의 무지한 장사처럼 보였겠지만 레호안은 천부적인 군사전략가이기도 했다. 오늘날의 타잉화에서 벌어진 전투에서 공신들의 군대는 수적 열세를 극복하지 못하고 참패했다. 더 이상 가릴 것이 없어진 공신들은 남쪽 참파(Champa) 왕에게 지원을 요청해 연합군을 구성했다. 연합군은 참파의 군선에 타고 황룡강을 거슬러 올라가 수도 호아루를 직격하려 했지만 레호안 군에게 화공(火攻)을 당해 거의 전멸하고 말았다. 딘 왕조의 충신인 응우옌박은 포로로 잡혀 레호안에게 반역의 부당성에 대한 질책까지 들은 뒤 처형당했다.

응우옌박 신상(神像)

응우옌박의 무덤. 최근 베트남 정부가 비석을 세워 그의 충혼을 기렸다.

2) 거친 레호안과 1차 대송전쟁

(1) 레(黎) 왕조의 승리

베트남이 내란에 빠지자 북쪽에서 송나라가 움직이기 시작했다. 그 동안 송은 딘 왕조와 우호관계를 유지해 왔지만 베트남을 지배하고 싶은 욕망까지 버린 것은 아니었다. 광서옹주지사(廣西邕州知事) 후인보(侯仁寶)가 수도 개봉에 베트남의 혼란상을 보고하고 "이는 하늘이 준 기회이니 놓쳐서는 안 된다"는 「취교주책」(取交州策)을 올렸다. 송태종은 대단히 기뻐하며 후인보를 총사령관으로 한 베트남 침공을 준비하도록 지시했다.

그런데 이 과정에서 송나라 초기의 복잡한 정세가 작용해 원정군 운명에 어두운 그림자를 드리웠다. 후인보는 조보(趙普)라는 개국공신이자 정계 거물의 여동생 남편이었다. 조보는 후주의 장군이었던 조광윤의 쿠데타인 진교병변(陳橋兵變)을 기획했고, 조광윤이 황제가 되자 재상에 올랐던 인물이다. 조보는 그러나 지나치게 독선적인 성격 탓에 관리들의 원성을 사고 황제의 눈밖에 벗어나 당시 실각한 상태였다. 대신 정권을 쥔 노다손(盧多遜)이 조보의 일파를 견제하면서 후인보를 멀리 남쪽 광서성 지사로 보낸 뒤 임기 3년이 훨씬 넘도록 근무지를 바꿔주지 않았다.

노다손은 태종이 「취교주책」을 읽어보고 기뻐하며 후인보를 불러 자세한 전략을 들으려 하자 이를 극구 말렸다. 후인보가 수도 개봉에 와서 태종의 환심을 사고 자칫 베트남 원정을 다른 사람에게 맡긴 채 요직에 눌러앉을 가능성을 우려한 것이다. 노다손은 태종에게 "후인보를 부르시면 필시 기밀이 새나갈 것입니다. 후인보에게는 빨리 군량을 모으도록 하고, 인근 호북성과 안휘성에서 사졸 일이만 명을 차출해 보내면 충분할 것입니다"라고 진언했다. 태종이 들어보니 과연 그럴 듯하여 후인보를 교주수륙계도전운사(交州水陸計度轉運使), 즉 교주 전쟁지구의 물자조달 책임자로 임명하고 남부 일부 주에서 군대를 모아 그에게 보냈다. 이제 막 대륙을 통일한 송나라의 군사력을 감안할 때 총력전을 선택했다면 베트남으로서는 감당하기 힘들었을 것이다. 그러나 당쟁에 영향을 받고 참전 경험이 없는 책상물림 노다손의 근거 없는 낙관론 때문에 원정군 규모가 너무 작아지고 말았다.

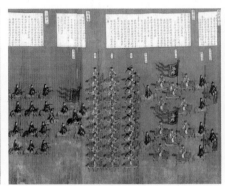

송나라 시대의 행렬도이다. 호위대 한 가운데 기갑무사 집단이 배치돼 있다. 병사는 물론 말까지 찰갑으로 감싸 막강한 방어력을 갖춘 이들은 병력 수에서도 상당한 비중을 차지하고 있다. 기갑무사의 무기 가운데 쇠뇌가 유난히 크게 그려져 있어 쇠뇌에 대한 당시 사람들의 신뢰와 자부심이 엿보인다. 갑옷을 입지 않은 경기병들도 모두 활을 들고 있다. 이는 기병이 돌격뿐 아니라 사격까지 가능하도록 훈련시킨 한·당 시대의 군 편제를 송나라도 그대로 이어받았음을 의미한다.

송나라가 침략해 오자 베트남의 집권층은 왕조 교체를 서둘렀다. 송나라군이 몰려온다는 급보가 빗발치는 가운데 레호안은 노장 팜끄르엉(Phạm Cự Lượng)을 총사령관으로 임명해 방어에 나섰다. 팜끄르엉은 출정에 앞서 군사회의를 열고 "나라가 존망의 위기에 놓여 있는데 어찌 어린 황제로 이를 수습하겠는가? 레호안을 새로운 황제로 옹립해 국난을 헤쳐 나가자"고 제안했다. 모든 장군들이 찬성하고 함께 레호

안의 집으로 몰려가 황제 폐하 만세를 외쳤다. 그러나 레호안은 신하
된 자의 도리가 아니라며 짐짓 사양했다. 그러자 황제의 어머니인 두옹
반응아가 사람을 보내 황포를 올리며 레호안을 간곡히 설득해 마침내
승낙을 얻는 모양새를 갖췄다. 레호안은 급히 양위식을 열어 황제의
자리에 오르고 연호를 티엔푹(Thiên Phúc, 天福)으로 정했다.(980년) 이로써
딘 왕조는 12년 만에 막을 내렸으며, 딘또안 황제는 위왕(衛王)으로 다
시 강등됐다. 딘 왕조의 충신들에

당·송 시대 무인들

게는 통탄할 일이지만 왕족에 대
한 학살이 수반되었던 다른 왕조
교체와는 달리 평화적인 양위가
이루어지고 딘 왕조 마지막 황제
의 안전도 보장됐다는 게 그나마
위안이었을 것이다.

980년, 여름 송나라군 3만 명
이 국경을 넘었다. 후인보가 이끄
는 중군은 해안을 따라 이동하다
하롱을 지나 바익당강 동쪽 기

송나라 갑옷

사랑과 야망, 배신, 전쟁이 어우러지는 레호안과 두옹반응아의 이야기는 가극 등 베트남 예술작품
들의 주요 소재 중 하나이다.

흙에 도착했다. 여기서 후안보는 좌군에 해당하는 수군이 도착하기를 기다렸다. 손전흥(孫全興)의 우군은 베트남 동북부 국경인 랑선을 통과해 치랑(Chi Lăng)에 당도했다. 베트남군이 이들을 막아 보려했지만 2천여 명의 전사자를 낸 채 연전연패했다. 여기까지는 모든 것이 순조로웠다. 송나라군은 좌·우·중군이 한데 모여 다이라를 먼저 점령한 뒤 수도 호아루를 향해 남쪽으로 진격할 계획이었다. 그런데 문제가 생기기 시작했다.

유징(劉澄)이 지휘하는 수군이 바다를 거쳐 바익당강을 거슬러 북상하려고 했지만 강어귀에서 저지됐다. 사서는 이를 송의 군선들이 강바닥에 박아놓은 말뚝에 걸려 멈추었다고 기록했는데, 베트남군의 격렬한 저항에 부딪힌 것으로 보인다. 바익당강은 고대에 '숲의 강'이라 불릴 정도로 강 양측, 특히 왼쪽에 깊은 삼림이 펼쳐져 있었다. 그곳에 군사들을 매복시켜 올라오는 선단을 불화살로 공격한다면 자칫 송 수군이 대규모 피해를 입을 수 있었다.

또한 북쪽의 손전흥은 후인보가 여러 차례 전령을 보내 남하하라고 독촉했지만 움직이지 않았다. 사서에 손전흥이 수군과 합류하지 못해 이동하지 않았다고 기록한 것은 베트남군의 저지로 남하하지 못한 손전흥이 수군에게 올라와 강을 통해 부대를 이동시켜 달라고 요청했던 것으로 해석된다. 육군도 이동하기 어려운 상황에서 수군더러 좁은 강을 거슬러 올라와 자기들을 태우고 가라고 하는 것은 너무 이기적이고 현실성 없는 주장이었다.

그해 겨울 어느 날 송나라 수군이 밀물로 강의 말뚝들이 깊이 잠겨 있을 때 강한 순풍을 이용해 베트남 수군 저지선을 뚫고 마침내 북상하는데 성공했다. 그날 송 수군은 베트남의 군선 200척을 빼앗고 병사 1천여 명을 죽이는 대승을 거두었다. 후인보는 무려 70여 일을 기다린 끝에 수군과 합류하게 되었다. 이제 병력과 물자를 보충하고 도강(渡江) 장비까지 갖추게 된 후인보는 아직 북쪽에서 못 내려오고 있는 손전흥의 부대를 포기하고 서쪽으로 진격을 시작했다. 비록 후인보가 참전 경험이 없는 문신이기는 했지만 아직 송나라군의 전력은 대등한 조건이라면 베트남군을 압도할 정도로 막강했다. 게다가 홍강 삼각주의 거미줄처럼 얽힌 강들을 건널 때 수륙 양동 작전은 매우 효율적이었다. 송군은 파죽지세로 베트남 영토를 파고들었다.

후인보의 남쪽 주력군은 레호안이 직접 막고 있었다. 전면전으로는 도저히 승산이 없다고 느낀 레호안은 거짓으로 항복하겠다는 뜻을 적은 편지를 보냈다. 당시 후인보는 다이라(옛 수도)에 거의 근접한 홍강 유역 떠이껫(Tây Kết)까지 진출해 있었다. 후인보는 그곳에서 군선을 타고 레호안이 항복하러 오기를 기다렸다. 군대가 강가에 주둔하면 내륙보다는 진의 폭이 좁아져 지휘부가 쉽게 노출되는데다 이제 전쟁이 끝났다고 생각한 송나라 병사들이 경계를 게을리 했다. 그 틈을 노려 베트남군은 한밤에 전 병력을 동원해 강을 건너 송나라군 진영을 급습했다. 일대 혼전이 벌어졌고 배에서 자고 있던 총사령관 후인보는 그만 피신하지 못하고 전사하고 말았다. 이것으로 전쟁의 판도가 일시에 바뀌었다.

후인보의 부장 진흠조(陣欽祚)가 겨우 병력을 수습해 동쪽으로 퇴각했다. 그러나 백전노장 레호안이 간신히 잡은 승기를 그냥 날려버릴 리 없었다. 베트남군은 신속하게 추격해 송나라 중군에 거의 괴멸에

가까운 타격을 가했다. 그리고 육군과 헤어진 수군은 더 이상 전장에
머물 수 없어 그대로 홍강을 타고 내려가 중국으로 되돌아갔다.

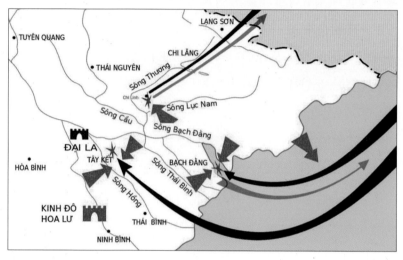

송의 1차 침략

손전흥의 우군은 난처하게 되었다. 그때까지 손전흥의 부대는 화보
(Hoa Bó, 花步), 즉 지금의 하이즈엉(Hải Dương)성 찌린(Chí Linh)군까지 진출
해 있었다. 베트남군 주력이 후인보의 중군 쪽에 몰려 있고 손전흥 쪽
에 대해서는 남하해 두 부대가 합류하는 것을 막는 정도였기 때문에
진격이라기보다는 베트남군의 저항이 적은 서쪽으로 슬금슬금 이동했
다는 게 더 정확한 표현일 것이다. 화보에서 두옹(Đuống)강만 건너면 다
이라까지 넓은 평야가 펼쳐져 있었다. 그러나 중군은 사라지고 수군마
저 철수한 상황에서 우군만으로 진격하다가는 기세가 오른 적에게 전
멸당할 위험이 컸다. 더구나 풍토병으로 병사들이 하나둘 쓰러져 갔다.
손전흥은 군대를 조금 움직이다가 적을 찾을 수 없다는 구차한 이유

를 대며 철군을 결정했다. 그로서는 패배한 것은 자기가 아닌 후인보이며, 우군만으로 정벌의 목적을 이룰 수 없으니 누구나 자신의 철군을 이해해주리라 기대했다. 그러나 손전흥은 지휘관에게 전쟁의 승패가 어떤 의미인지를 깨닫지 못하고 있었다. 황제가 그에게 군대 지휘권을 부여한 것은 베트남을 정복하기 위한 것이었지 패전의 변명을 듣기 위한 게 아니었다.

분노한 송태종은 먼저 사자를 보내 수군 지휘관들을 체포했는데, 유징은 병을 얻어 죽고, 다른 부장들은 옹주 시내에서 처형됐다. 손전흥이 패잔병을 이끌고 수도 개봉에 도착하자 감옥에 가둔 뒤 심문해죄를 자백 받고는 역시 처형했다. 반면에 전사한 후인보에 대해서는 태종이 깊은 애도를 표하고 공부시랑(工部侍郞)을 추증했으며 두 아들에게도 관직을 주었다.

(2) 야만스럽게 보이고 싶었던 황제

드디어 송과의 전쟁이 끝났다. 레호안은 2년 남짓한 짧은 기간 동안 황제가 시해되고 내전이 벌어지고 새 왕조를 열고 강국인 송의 침략까지 겪으며 모든 위기들을 극복해냈다. 송나라군을 국경 밖으로 몰아내고 수도 호아루로 개선한 레호안은 두옹반응아(Duong Van Nga, 楊雲娥)를 정식 황후로 맞아들였다. 기록에는 없지만 두옹반응아는 예쁜 구름이라는 이름만큼이나 아름답고 재능 있는 여인이었던 것으로 보인다. 그녀의 태생은 당시 베트남 최남단 아이주의 부장(副將) 딸이라거나 딘보린과 같은 고향 출신이었다는 설이 엇갈리는데, 어느 쪽이든 집안의 힘으로 황후의 자리에 오른 것은 아니었다. 신하와 부적절한 관계를 맺고 두 황제와 결혼했다는 이유로 후세 유학자들에게 악녀로 평가되었지만, 두옹반응아의 뛰어난 처세와 정치력 덕분에 그녀의 아들은 황제가 되었다 왕조가 바뀌고도 편안한 삶을 누릴 수 있었고, 그녀의 딸은 훗날 리꽁원(Lý Công Uẩn, 李公蘊, 974~1028)과 결혼해 리 왕조 태조의 황후가 되었다. 1000년에 두옹반응아가 죽고 다음해 이제는 20대 중반 청년이 된 그녀의 아들 위왕(衛王) 딘또안이 반란군 진압에 나선 양아버지 레호안을 따라갔다 전사했다. 당시 베트남 기록에 딘또안이 전투 중 난무하는 '유시'(流矢)에 맞아 숨졌다고 굳이 설명한 것은 혹시 레호안이 전 황제 딘또안을 살해한 게 아닌가 하는 세간의 의혹을 벗기 위함이었을 것이다. 레호안의 호방한 성격이나 탄탄한 권력 기반으로 미루어 굳이 딘또안을 암살할 이유도, 그것도 전쟁터까지 데려가 어렵게 죽일 이유는 없었을 것으로 생각된다.

레호안은 현명한 지도자였다. 비록 송나라의 공격을 힘으로 물리쳤지만 언제 또 있을지 모를 2차 침략을 예방하기 위해 외교에 노력을 기울였다. 레호안은 사로잡은 송나라 장수들과 함께 사신을 보내 화친을 제의하고 조공을 바쳤다. 송은 어쩔 수 없이 이를 수용했다. 북방에서 거란족 국가인 요의 압박이 점점 더 거세지고 있어 남부 국경의 불안을 감당하기 힘들었기 때문이다. 송은 레호안을 정해군 절도사 겸 교지군 왕으로 봉해 형식적인 주종관계를 맺는 것으로 만족해야 했다.

양국 간에 화친이 맺어진 뒤 사신들이 자주 왕래했다. 송의 천자는 사신을 보내며 베트남의 산천형세와 레호안의 행적 등을 자세히 알아

오도록 지시했다. 상대국의 지형과 군사력, 지도자의 신변 등에 초점을 맞추는 오늘날의 국가 간 정보전과 크게 다르지 않다.

991년, 호아루를 다녀간 송나라 사신들은 다음과 같은 보고서를 남겼다. "베트남 영역에 도착하니 레호안이 병사 3백 명을 데리고 해안까지 영접하러 왔다. 레호안이 홍강 하류에 수군 전함들을 모두 늘어놓고 '요군(耀軍, 빛나는 군대)'이라고 불렀다. 성까지 1백리 길에 소들을 키우는데 '관우(官牛, 나라에서 키우는 소)'라고 했고 1천 마리도 안 되어 보이는 것을 10만 마리라고 과장했다. 레호안은 성질이 더럽고 애꾸눈이다. 군 병력은 거의 3천 명으로 모두 이마에 '천자군(天子軍)'이라고 문신하고 있었다. 병기는 활, 나무방패, 투창, 죽창인데 약해서 쓸 수 없을 정도다. 땅에는 찬 기운이 없어 11월에도 홑겹의 옷을 입고 부채를 부쳤다." 군사력을 과장해 송이 다른 마음을 먹지 못하도록 하려는 레호안의 의중과 베트남군의 무장을 애써 깎아내리려는 송 사신의 의도가 엿보여 흥미롭다.

사신이 가져온 중국 황제의 칙서를 받기 위해서는 제후국 왕들은 무릎을 꿇는 것이 예의였다. 그러나 레호안은 송의 사신을 맞을 때마다 절을 하지 않으면서

레호안의 송나라 사신 접견

"만족(蠻族)과 싸우다 다리를 다쳐 그렇다"고 거짓말을 했다. 990년, 베트남을 방문한 사신의 특이한 경험도 이와 맥을 같이 한다. 레호안은 사신들을 접대하겠다며 직접 강에 들어가 작살로 고기를 잡았다. 수백 명의 베트남 신하들이 강둑에 좌우로 늘어서 있다가 레호안이 물고기를 한 마리씩 잡을 때마다 박수를 치고 환호하는 희극 같은 장면을 연출했다. 어느 날은 길이가 여러 장(丈)이나 되는 큰 뱀을 수십 명이 어깨에 메고 와 요리해 먹으라며 주자 사신들이 기겁한 일도 있었다. 중국의 식민지로 천년을 있었던 베트남 사람들이 중국의 문화를 모를 리 없었다. 스스로를 무지하고 거칠고 야만스럽게 보이도록 한 것은 송나라가 사대의 예법이라며 강요하는 굴욕을 피해가려는 뜻이 있었다고 보여진다. 송은 레호안의 무례를 곱게 생각하지는 않았지만 그냥 넘어갈 수밖에 없었다.

북방의 위협을 제거하고 내정이 안정되자 레호안은 그동안 미뤄왔던 남쪽 참파 원정을 단행했다. 참파는 딘보린 황제가 죽은 뒤 레호안의 강력한 경쟁자였던 응우옌박을 도와 수군으로 호아루를 공격하려다 패배해 물러났었다. 그래도 레호안은 송나라의 침략이 임박해오자 참파와 우호관계를 맺기 위해 사신을 보냈는데 참파 왕이 사신을 옥에 가두었다. 이에 격분한 레호안은 송과의 전쟁이 끝난 다음해 참파를 공격해 수도 인드라푸라를 점령하고 사원과 궁전을 파괴한 뒤 수많은 사람들을 포로로 잡아왔다.(982년) 베트남이 참파에 가한 최초의 공격이었는데, 충격을 받은 참파는 수도를 남쪽 비자야로 옮겼다. 이때부터 참파는 몰락의 길을 걷기 시작해 베트남의 남진에 끝없이 밀리다 17세기 이후 국가로서의 형태마저 잃고 소수민족으로 전락했다.

레호안은 내치에도 힘을 기울여 중국 제도를 참고해 관료체제를 정비하고 농업을 장려했다. 참파 공격을 위해 운하를 파고 여러 곳에 도로를 닦았는데 이것이 상업과 수공업 발전을 촉진했다. 레호안이 중국 화폐 대신 베트남 역사상 처음으로 천복전(天福錢)이라는 자체 주화를 만들어 유통시킨 것도 이 같은 경제 발전에 부응한 것이었다.

그러나 레호안도 자신의 후계 구도를 제대로 확립해 놓지 않아 훗날 대규모 살육과 왕조의 몰락을 자초했다. 레호안은 다섯째 아들 롱딩(Long Đinh)을 태자로 세웠다가 죽기 한 해 전에 셋째 아들로 바꾸었다. 그리고 1005년, 그가 65세의 나이로 세상을 떠나자 곧바로 왕자들 사이에 내전이 벌어졌다. 레호안은 아직도 끊임없이 반기를 드는 지방을 공고히 지배하기 위해 왕자들을 왕으로 봉해 각지에 내려 보냈는데 이들이 임지의 군사력을 이용해 왕위 쟁탈전을 벌인 것이다.

태자를 즉위 사흘 만에 살해한 전 태자 롱딩이 왕자들의 싸움에서 최후의 승리를 거두고 새 황제가 되었다. 그는 정신병자였다. 롱딩은 즉위한 뒤 사람을 죽이는 것을 낙으로 삼았다. 죄인들을 불에 태우고, 짐승 우리에 넣고, 강물에 빠뜨려 죽였다. 사람들을 높은 나무에 오르게 한 뒤 밑동을 잘라 쓰러뜨렸고, 배에 태우고는 뒤집어 악어에게 잡아먹히게 했다. 고위직 승려 머리 위에 사탕수수 토막을 올려놓고 칼로 껍질을 벗기다 실수로 이마를 찔러 피가 흐르자 재미있다며 웃기도 했다. 롱딩의 반불교적 행동은 베트남 불교계가 훗날 왕조 교체에 앞장서는 결과를 불러왔다. 그러나 롱딩의 잔학행위가 계속되는 4년 동안에는 모두가 두려움에 떨뿐 그를 타도할 엄두를 내지 못했다.

롱딩은 문란한 생활 때문에 여러 병을 얻어 누워서 정사를 보았는데,

이 때문에 와조(臥朝)라는 모욕적인 시호를 얻었다. 롱딩은 결국 24살의 젊은 나이에 죽었다. 10살 난 아들이 있었고 롱딩의 두 동생이 왕위를 다투었지만 부질없는 싸움이었다. 학정에 넌더리가 난 승려와 관리들이 뜻을 모아 롱딩 황제의 처남이자 친위전전지휘사(親衛殿前指揮使), 즉 왕실근위대장으로 궁궐 안팎을 통제하고 있던 리꽁원(Lý Công Uẩn, 李公蘊)을 새 황제로 추대한 것이다. 이로써 전례(前黎) 왕조도 2대 30년 만에 막을 내렸다.(1009년)

…… [역사의 현장 2-1] 딘(鄭)·레(黎) 왕조 수도 호아루 ……

닌빈성 성도인 닌빈시 진입문

하노이에서 차를 타고 남쪽으로 약 2시간을 가는 거리인 닌빈(Ninh Binh, 寧平)성은 두 왕조의 도읍이 있던 주요 사적지이자 자연경관이 뛰어나기로도 유명하다.

카르스트 지형인 닌빈은 논과 강, 호수, 동굴, 깎아지른 산들이 어우러지며 곳곳에 절경을 이뤄 '육지의 하롱베이'라고 불린다. 이 때문에 많은 관광객들이 찾고, '인도차이나' 등 여러 영화와 TV 프로 그램들을 촬영하기도 했다.

그 옛날 이곳은 천혜의 요새로 여겨졌다. 석회암이 침식돼 만들어진 절벽 같은 산들이 겹겹이 병풍을 이루고 그 사이 계곡을 따라 이어지는 길들은 만부부당(萬夫不當), 능히 한 명이 만 명의 적을 막을 형세이다.

고도(古都) 호아루(Hoa Lu, 華閭)는 닌빈시의 북서쪽 외곽에 거의 맞닿아 있다. 968년 전국을 통일한 딘보린이 자신의 고향인 이곳을 수도로 정했다. 그후 40여 년 동안 호아루는 정치의 중심지로 온갖 정변과 왕조들의 성쇠를 목도했다. 지금은 옛 궁전 터가 허허벌판이 되었고 딘보린 레호안 두 황제의 사당들만 남아 있다.

한때 대궐과 관청들이 즐비했던 곳이 지금은 텅 비어있고 주민들이 소를 끌고 나와 돈을 받고 관광객들을 태워주고 있다. 딘보린이 어릴 때 목동이었다는 점에 착안한 것이다.

딘보린의 사당이다. 본래 11세기에 지어졌던 사당을 17세기 인근

주민들이 재건한 것이
다. 사당의 정문 현판
에는 '북문쇄약(北門鎖
鑰, 쇠사슬 쇄, 자물쇠 약)'
이라는 글귀를 새겨
넣었다. 북쪽의 방비
를 튼튼히 한다는 뜻
이다.

　사당 안으로 들어
가면 왼쪽에 연꽃이
가득한 제법 큰 못이
있다. '반달연못'이라고 부른다.

　사당은 세 개의 문을 지나야 본당에 이를 정도로 경내가 넓었다.
제단과 이를 수호하는 용들의 조각이 참으로 섬세해 중세 베트남 건
축술의 높은 수준을 보여준다.

사당 본당　　　　　　　　　제단　　　　　　　　　　용 조각

　레호안의 사당은 딘보린 사당에서 북쪽으로 약 200m 떨어져 있
다. 딘보린 사당보다는 규모가 조금 작지만 세 개의 문을 지나 본
당으로 향하는 등 구조와 건축술은 동일하다. 본당 안에는 레호안

의 조상(影像)은 물론 두옹반응아 황후와 그녀의 아들 딘또안의 상
까지 모셔져 있다.

딘보린 황제는 궁전 터 바로 옆에 있는 두 개의 봉우리가 솟은
산 위에 묻혔다고 한다.

유물들   호아루 박물관

호아루 박물관이다. 약 반세기 동안 수도의 역할을 하다 무려 천
년을 버려진 땅에서 무엇이 나오랴 싶었지만 토기와 건축 잔해 등이
여러 점 전시돼 있었다. 다만 박물관 규모도 작고 유물들이 아직 체
계적으로 정리되지 못했다.

3) 충직한 리트엉끼엣과 2차 대송전쟁

(1) 조심스러웠던 리(李) 왕조

리꽁원의 아버지에 대해서는 사서에 자세한 기록이 나와 있지 않다. 세 살 때 어머니는 그를 절에 데려가 승려의 양자로 입적시켰고, 이후 고승들에게 불제자로서 교육을 받으며 어린 시절을 보냈다. 리꽁원은 장성한 뒤 호아루로 가서 궁궐수비대에 들어갔는데 오늘날의 군종장교(軍宗將校) 역할이었던 것으로 보인다. 온화하고 성실한 성품의 그는 승진을 거듭하더니 마침내 레호안 황제의 눈에 들어 부마가 되고 궁궐수비를 총 책임지는 지위에까지 올랐다. 그리고 전레 왕조의 마지막 황제인 롱딩이 죽자, 그의 포학성에 질린 군민들의 요구와 불교계의 적극적인 후원에 힘입어 아무도 생각지 못했던 리꽁원이 새 황제의 자리에 올랐다. 리꽁원이 황제로 선택된 데에는 그가 누구도 적으로 만들지 않았고, 조정과 군대의 실력자들이 그가 황제가 돼도 자신들의 이익을 침해하지 않을 것이라 믿었던 이유도 있었다.

지금으로부터 1천 년 전, 신분을 중시하고 힘이 모든 것에 앞서던 시대였다. 명문 귀족이나 군 실력자가 아니었던 태조(Thái Tổ, 太祖, 1009~1028 재위) 리꽁원은 황제가 된 뒤에도 자신의 출신 성분에 핸디캡을 느끼지 않을 수 없었다. 이를 극복하고 허약한 새 왕조의 기반을 다지기 위해 태조는 매사 신중하게 행동하며 부단히 노력했다. 먼저 새로운 연호로 순천(順天), 즉 '하늘의 뜻을 받든다'는 겸허한 표현을 선택했다. 그리고 즉위 다음해 수도를 호아루에서 다이라로 다시 옮기고 탕롱(Thang Long, 昇龍)이라는 새 이름을 붙였다.

이에 앞서 태조는 직접 다이라를 둘러보고, 천도조(遷都詔)를 지어 신하와 백성들에게 수도 이전의 필요성을 설득했다. "옛날 상(商)나라 반경(盤庚)은 다섯 번 수도를 옮겼고 주(周)나라 성왕(成王)은 세 번 수도를 옮겼다. 후세를 위해 큰 사업을 계획하고 천명을 받들고 백성들의 뜻에 따르기를 원했기 때문이다. 그러나 딘 왕조와 레 왕조가 천명을 무시하고 상과 주나라의 예에 따르지 않은 채 마음대로 수도를 정해 왕조가 오래가지 못했으며 백성들은 해를 입었다. 짐은 이를 매우 슬퍼해 수도를 옮기지 않을 수 없었다. 다이라는 천지의 중심에 있으며 용이 휘감고 호랑이가 앉아 있는 지세이다. 도시는 강을 보고 산에 둘러싸여 있으며 지형이 넓고 평탄하며 높다. 백성들은 홍수의 괴로움을 덜 수 있으며 만물이 풍성해질 것이다. 베트남 곳곳을 둘러보았는데 이곳이 승지(勝地)이다. 국가의 사방에서 중심이자 만대에 빛날 도시이다."

사서의 기록은 신하들도 이에 수긍하였다고 되어 있다. "폐하는 천하의 사업이 번창하고 백성들이 풍요롭게 살도록 하기 위해 먼 훗날을 내다보는 계획을 세우셨습니다. 이런 유익한 일을 누가 따라가지 않겠습니까." 그러나 호아루에 포진해 있는 이전 두 왕조의 잔존 세력들이 이를 고분고분 받아들였을 것으로 보이지는 않는다. 천도 비용과 혼란 등의 이유를 들어 어떤 형태로든 반대운동을 벌였을 것이다. 사실은 이들을 떼어놓고 가 세력을 약화시키겠다는 게 다이라가 경제 중심지인 홍강 삼각지에 있어 수도로 삼아야 한다는 이유보다 더 절실한 태조의 속마음이었을 것이다. 한 가지, 평야지대인 다이라가 호아루보다 외적의 침입을 막는데 불리했지만, 잠재적국인 송나라와 좋은 관계를 유지하고 있었고 혹시 공격해 온다 해도 물리칠 자신이 있었다.

태조가 송나라에 사신을 보내 조공을 올리고 즉위 사실을 알렸을 때, 송은 자의적인 왕조 교체에 대한 비난 없이 그를 전 왕조와 마찬가지로 정해군절도사 겸 교지군왕으로 봉했다. 안으로는 농민반란, 밖으로는 요와 서하의 압력에 시달리던 송은 베트남 내정에 개입할 힘이 없었던 것이다. 여기에 더해 베트남은 지방관직 같은 느낌이 드는 책봉명을 바꿔달라고 요구해 남평왕(南平王)을 제수 받아 격을 높였다. 태조는 동남아 지역 내에서는 참파와 크메르 등 주변국들이 베트남의 종주권을 인정하고 매년 조공을 바치도록 함으로써 국제질서의 안정을 이루었다.

태조는 내치에도 부단히 노력했는데, 먼저 불교계를 자신의 지지 세력으로 삼는 동시에 과거의 민족영웅들에 대한 민간신앙을 지원해 이를 왕조에 대한 충성심과 접목시키려 했다. 명목상으로만 설치돼 있던 전국의 행정구역을 24개의 로(路)로 나누고 그 아래 부(府)와 주(州), 현(縣)을 두어 체계화했다. 과세 항목을 정리해 전답, 뽕나무밭, 산에서 나는 물건, 소금, 물소 뿔과 상아, 향료, 목재와 과일 등 6가지로 분류했다. 이는 세수 증대는 물론 납세자에게 세금 부과 기준을 명확히 하는 효과가 있었다.

태조가 가장 신경을 쓴 것은 군대의 장악이었다. 베트남 남부와 서부 고지대에서 소규모 반란들이 일어나자 본인이 직접 출정해 진압함으로써 군 경력에 대한 의구심을 잠재우고 통수권자로서의 위상을 과시하려 했다. 군 훈련이나 전투에 꼭 왕자들을 참여시켜 지휘관의 능력과 명성을 쌓도록 했는데, 국경의 분쟁지역에 태자를 보내 참파군에 승리를 거두도록 한 것도 그 일환이었다.(1020년) 태조는 아들들을 각지의 왕으로 봉해 군대를 양성하고 방어 책임을 맡게 했다.

재위 20년 동안 태조는 쉬지 않고 일을 했다. 무너진 질서를 다시 세우고 새 왕조의 기틀을 다진다는 목표 외에는 곁을 돌아보지 않았다. 도덕적이었고 근면했으며 인내할 줄 알았던 그는 개인적으로 최고의 덕목을 갖춘 인물이었다. 그러나 불행히도 그의 통치 능력에 대한 후세 사가들의 평가는 후하지 않았다. 과거를 답습한 그의 지도력으로는 혼란을 수습하고 체제를 변혁하

리 태조

기에 부족했다는 것이다. 왕조의 직접 통치는 여전히 홍강 삼각주 주변에 머물렀고, 지방 호족들과의 타협으로 정권을 유지해야 했다. 태조가 설치한 행정구역들은 시간이 지나며 상당수 유명무실해졌다. 미약한 왕권을 뒷받침하기 위해 전례 왕조 때의 예에 따라 왕자들을 파견해 지방의 군사력을 장악하도록 한 정책은 전례 왕조 때와 똑같은 후유증을 낳았다.

태조가 사망한 1028년, 지방의 왕으로 봉해져 있던 세 왕자가 만형인 태자의 황위를 빼앗기 위해 군사를 일으켰다. 군부의 도움으로 이를 겨우 진압하고 태자가 즉위했는데, 그가 태종(Thái Tông, 太宗,

1028~1054 재위)이다. 태종은 왕권 강화에 심혈을 기울여 황제 직속의 금군십위(禁軍十衛)를 설치하고 다섯 살 난 아들을 미리 태자로 책봉해 황위 계승에 대한 이론의 여지를 없앴다. 그는 참파에 대규모 공격을 가했는데, 이는 조공을 하지 않는다는 외교적인 문제도 있었지만 황제의 무력을 과시해 국내 제후들의 신복을 받으려는 목적도 있었다. 태종은 몇 년에 걸쳐 백여 척의 전함을 건조하는 등, 치밀하게 준비한 뒤 바닷길로 참파를 기습해 참파 왕을 비롯한 3만 명을 죽이고 5천 명을 포로로 잡았다.

태종이 27년간 재위한 뒤 세상을 떠나고 성종(Thánh Tông, 聖宗, 1054~1072 재위)이 황제의 자리에 올랐다. 성종은 아버지와 마찬가지로 참파를 공격해 대승을 거두었고, 포로로 잡은 참파 왕을 돌려보내는 조건으로 오늘날의 꽝빈과 꽝찌 두 성을 할양받았다. 이는 베트남의 영토가 중부지방까지 확대됐을 뿐 아니라 본격적인 '남진'이 시작됐음을 알리는 사건이었다. 그후 성종이 사망했을 때 태자(Nhân Tông, 仁宗, 1072~1127 재위) 나이가 겨우 일곱 살에 불과했지만 황위 계승을 둘러싼 아무런 잡음도 없었다. 그만큼 리 왕조 초기 황제들의 노력으로 왕권의 토대가 탄탄해졌던 것이다. 그런데 이번에는 외부에서 문제가 생겼다.

(2) 중국을 침략하다

주변국에 대한 간섭을 자제하던 송나라가 재상 왕안석(王安石)의 개혁정책으로 경제와 국방에서 어느 정도 자신감을 얻더니 다시 영토 확

장을 꾀하기 시작했다. 베트남에 어린
임금이 즉위하자 중국의 국경 관리들
이 이 기회에 베트남을 병합하자는 표
문을 올렸다. 중국 관리들은 그 직전
에 있었던 베트남의 참파 원정 실패를
보고하면서 베트남 병사들이 채 1만
명도 살아 돌아오지 못했다는 과장된
정보를 덧붙였다. 강서성 출신으로 늘
남부 정세에 관심을 기울여온 왕안석
도 베트남 정벌론에 동조했다. 특히

왕안석 (王安石)

그는 막대한 금 매장지이자 소수민족인 눙족이 중국과 베트남 양쪽에
애매하게 복속하고 있던 국경지역 분쟁을 해결하기 원했다. 신하들의
건의가 이어지자 송의 젊은 황제 신종(神宗)은 남정을 명령했다. 다만
베트남이 미리 알아차려 저항할 준비를 하지 않도록 주의하라고 엄하
게 단속했다. 송의 남부 각주에서는 장정들을 징집하고 군함을 만들
어 훈련하는 한편 정보 유출을 막기 위해 베트남과의 국경 통행을 금
지했다.

송에 왕안석이 있었다면 베트남에는 리트엉끼엣(Lý Thường Kiệt, 李常傑,
1019~1105)이 있었다. 그의 본명은 응우옌뚜언이다. 하급 장교의 아들로
태어나 17살 때 기병 장교로 임관한 뒤 승진을 거듭해 국왕경호대장이
되었다. 뛰어난 용맹과 지략과 충성심을 겸비한 그는 왕실의 성(姓)을
하사받아 리트엉끼엣이라는 이름을 얻었으며, 모든 조정 신료들로부터
도 깊은 신뢰를 받았다. 성종이 어린 아들을 남기고 죽자 새 왕의 모

후가 섭정을 했지만 국가의 주요 정책은 임금의 후견자인 리트엉끼엣이 사실상 모두 결정했다.

리트엉끼엣

리트엉끼엣은 송나라에 보내놓았던 첩자들로부터 광서성 성도인 옹주(邕州)[1]를 비롯해 중국 국경도시들에 병력과 물자가 집결하는 등 수상한 움직임이 늘고 있다는 보고를 받았다. 그는 깊은 고민 끝에 선제공격을 감행하기로 결심했다. 송의 침략이 예정된 것이라면 기회가 있을 때 최대한 적의 전력을 약화시켜 놓겠다는 의도였다. 약국이 강국을 공격한다는 두려움 때문에 베트남 조정에서 반대가 적지 않았지만, 최고 권력자였던 리트엉끼엣은 자신의 뜻을 관철시켰다. 그리고 1075년 말, 베트남은 그동안 공들여 육성해 온 10만 병력을 총동원해 북진을 결행했다.

육군은 세 갈래로 나뉘어 광서성 옹주를 향해 진격했고, 리트엉끼엣은 직접 수군을 이끌고 바닷길로 돌아 광동성 흠주에 상륙한 뒤 염주를 초토화시키고 옹주에서 육군과 합류했다. 군사요충지답게 옹주성 군민들은 격렬히 저항했다. 그러나 송나라 조정이 보낸 군대가 리트엉끼엣의 매복 공격에 패해 물러났고, 주변의 다른 성(省)들은 자체 방어 준비에만 급급할 뿐 지원 요청을 외면했다. 결국 옹주성은 40일 만에 함락되고 말았다. 베트남군은 각지에 쌓여있던 군수물자를 불태우고,

---

1) 지금의 광서장족 자치구의 주도인 난닝(Nanning, 南寧)이다

주민과 병사 수천 명을 포로로 잡아 다음해 3월 개선했다. 이 공격은 베트남이 역사상 처음이자 마지막으로 중국을 침략한 전쟁이었다.

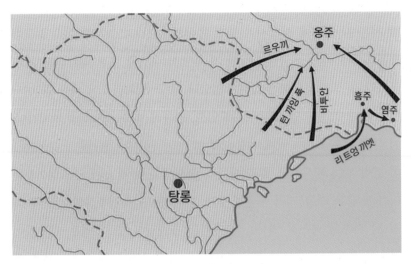

처음이자 마지막 북진(1075년)

남부의 세 개 도시가 유린당한 사실에 송나라 조야는 경악과 분노를 금치 못했다. 신종은 즉시 곽달(郭逵)을 토벌군 지휘관으로 임명해 베트남을 공격하라고 지시했다. 송나라는 먼저 참파 및 크메르와 동맹을 맺어 베트남을 남쪽과 서쪽에서 동시에 공격하도록 했다. 다만 사서에는 두 나라가 베트남 공격에 적극 참여했다는 기록은 남아 있지 않다. 비록 두 나라가 베트남과 적대적이기는 했지만 중국이 베트남을 정복한 뒤에도 자신들과 계속 우호관계를 이어갈 것이라 생각하지는 않았을 것이며, 그보다는 두 강국이 싸워 서로 쇠약해지기를 바랐을 것이다.

1076년, 송나라 대군이 베트남 국경을 넘었다. 탕롱을 향해 진격하던 송군은 느응우옛강, 즉 지금의 꺼우강 전투에서 패배했지만, 병력의 수를 앞세워 그대로 밀고 내려가 홍강 유역에 도착했다. 이제 강 하나만 건너면 탕롱이었다. 리트엉끼엣은 근처의 모든 배들을 긁어모아 4백 척을 강 서안에 정박시켜 놓고 송군의 도강 시도를 막았다. 송군이 뗏목을 엮으면 물은 건너겠지만 강 위에서 수전에 능한 베트남군과 맞붙었다 자칫 대참사를 당할 수 있었다. 송군 지휘관들이 머뭇거리면서 양측의 대치는 한 달 넘게 계속되었고, 송나라 병사들은 점점 지쳐갔다. 이 틈에 베트남군이 일제히 강을 건너 송군 진영을 기습했고, 송군은 1천 명이 넘는 병사들을 잃고 황급히 후퇴했다. 공격 전에 리트엉끼엣은 다음과 같은 시를 지어 부근에 있던 수백 년 전 독립투사의 사당에 바친 뒤 진중에 퍼뜨려 병사들의 사기를 드높였다. 요즘 일부 가수들이 일부러 음원을 유출시켜 대중의 관심을 유도하듯이, 옛 독립투사를 기린 노래가 무엇인지 호기심을 갖도록 해 병사들이 스스로 따라 부르게 한 것이다. 베트남인들은 이 시를 베트남 최초의 독립선언서로 여긴다.

南國山河南帝居, 截然定分在天書
如何逆虜來侵犯, 汝等行看取敗虛
(남국의 산하에는 남제(南帝)가 있다고
하늘의 책(天書)에도 분명히 쓰여 있는데
어찌하여 역노(逆虜)는 이 땅을 침범하는가.
너희들은 참담한 패배를 피할 수 없다.)

송나라 병사들의 자질이나 무기가 뒤떨어진 게 아니었다. 훗날 송나라군은 순창(順昌)에서 2만의 병력으로 금나라 10만 대군을 격파했고, 역사상 최강이라는 몽골의 침략에도 40년 이상 저항하며 숱한 승패를 주고받았다. 문제는 누가 그들을 지휘하느냐 였는데, 베트남을 침공한 곽달 등 송나라 지휘관들에게는 상황을 반전시킬 지혜와 능력이 없었다. 돌아갈 수는 없고 베트남군을 공격할 용기도 잃은 송군은 하릴없이 시간만 보냈고, 굶주림과 무더위로 많은 병사들이 쓰러져 갔다.

베트남으로서도 자국 영토 안에서의 전쟁을 오래 끌 수가 없었다. 리트엉끼엣은 송나라에 철군 명분을 주기 위해 '송군이 이미 점령하고 있던 국경지대 5개 주를 할양하겠다'는 그럴듯한 협상안을 제시했고, 송나라는 마지못해 이를 받아들였다. 그러나 베트남은 송군이 철수하자마자 그 중 3개 주를 되찾았다. 2년 뒤 베트남이 코끼리 10마리를 조공으로 바치면서 나머지 2개 주를 돌려달라고 간청하자 송은 이전에 베트남이 침략해 잡아간 자국인들을 석방하라고 요구했다. 양국

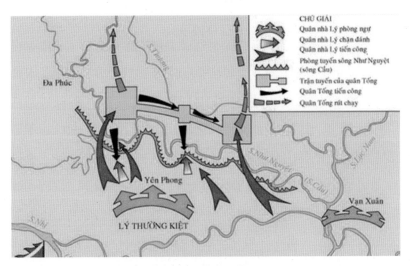

송나라의 2차 침략(1077년)

이 모두 약속을 지키면서 다시 평화가 찾아왔다. 이는 송이 북방에 요를 대신해 들어선 금과 첨예하게 대립하면서 더 이상 베트남을 적국으로 삼을 여력이 없었기 때문이기도 했다.

인종(仁宗)은 장성하자 국정을 직접 관장했다. 인종은 송나라와의 전쟁이 끝나고 6년 뒤 리트엉끼엣을 남부 타잉화(Thanh Hóa) 성의 지사로 보내 무려 20년 가까이 그곳에 머물도록 했다. 권력을 되찾은 왕이 옛 권신을 수도에서 먼 곳으로 보내 견제한 것이다. 리트엉끼엣에 대한 왕의 어쩔 수 없는 의심과 이를 부채질하는 자들의 이간질이 분명 적지 않았을 것이다. 그러나 현군(賢君)이었던 인종은 구국의 영웅에 대한 믿음을 끝까지 버리지 않았고, 노신(老臣)은 변치 않는 충성으로 그 믿음에 보답했다. 리트엉끼엣은 척박한 국경지대에 불과했던 타잉화 지방에 농민들을 대거 이주시켜 정착시킴으로서 장차 남진을 위한 물적 토대를 구축했다.

타잉화 남쪽 응에안(Nghệ An)성의 호족이었던 리쟉(Lý Giác, 李覺)이 1103년에 반란을 일으켰다가 리트엉끼엣에게 진압되었다. 리쟉은 참파 왕국으로 달아나 그곳 왕에게 자신이 베트남의 약점을 잘 알고 있으니 수십 년 전 베트남에 빼앗겼던 영토를 되찾게 도울 수 있다고 설득했다. 인종의 부친인 성종 때 리트엉끼엣에게 패배해 넘겨주었던 오늘날 꽝빈성과 꽝찌성 지역을 말하는 것이었다. 복수를 위해 절치부심하던 참파 왕은 하늘이 준 기회라 생각하고 전군을 동원해 베트남을 침공했다. 고토(古土) 회복을 외치는 참파 병사들의 사기에 리쟉의 길안내까지 더해져 참파군의 전력은 전례 없이 막강했다. 참파군은 꽝빈성 꽝찌성을 탈환하고 더 북상할 움직임까지 보였다. 충격을 받은 베트남 병사와 백성들 사이에는 리쟉이 마술을 부려 나무를 사람으로 만들 수 있다는 소문까지 나돌았다. 다급해진 베트남 조정은 리트엉끼엣에게 다시 군대의 지휘권을 주어 적을 막도록 했다. 84살의 노인이었던 리트엉끼엣은 마다하지 않고 중임을 맡은 뒤 이제는 전설이 된 자신의 명성을 이용해 군대의 사기를 되잡았다. 리트엉끼엣이 흰 갑옷을 입고 백마에 올라 행렬을 이끌자 감동한 병사들은 창을 부여잡고 그의 뒤를 따랐고 길가에 나온 백성들은 노장의 마지막 출정을 눈물로 환송했다. 전열을 재정비한 베트남군은 참파군에 맹렬한 반격을 가했다. 겨우 되찾았던 영토를 다시 빼앗긴 참파 왕은 더 싸울 의지를 잃고 베트남에 조공을 바치며 순종의 뜻을 밝혔다. 이때부터 참파의 국력은 급속히 쇠퇴했으며, 베트남이 인도차이나 반도의 새로운 주역으로 떠오르게 되었다.

인종은 비록 어린 나이에 즉위해 수차례 전란을 겪었지만 50여 년간 재위하며 선정을 베풀어 리 왕조의 전성기를 이루었다. 그는 베트남 최초로 과거제도를 도입해 귀족 세력을 제어하려 했다. 농업을 장려하기 위해 십가(十家)라는 농촌협동체를 조직해 농사일을 서로 돕도록 했고 농경에 꼭 필요한 물소의 도살을

베트남의 리트엉끼엣 영화

리왕조 용머리 장식

억제했다. 홍수 피해가 잇따르던 홍강에 대규모 제방을 쌓았는데 중앙 정부가 수리사업을 벌인 것은 이때가 처음이었다. 이로써 농업 생산이 증가하고 인구가 늘고 경제가 발전했으며 베트남은 긴 평화를 누리었다. 리트엉끼엣은 자신이 지킨 나라의 번영을 지켜보며 행복하게 눈을 감을 수 있었다.

4) 크메르의 무익한 침공

인종이 56년간이나 통치한 뒤 후사 없이 사망하자 그의 조카인 신종(Thần Tông, 神宗, 1128~1138 재위)이 제위를 계승했다. 신종은 이전 황제들처럼 뛰어난 지도력은 없었지만, 특히 농업 진흥책을 이어받아 국부를 쌓으려 노력했다. 나라에서 몰수했던 땅을 원 소유자들에게 돌려줘 생산력을 높이고, 지방 번병(番兵)들의 의무복무 기간을 6개월로 줄여 농사에 차질이 적도록 배려했다.

그런데 신종의 치세 중 베트남은 난데없는 크메르의 침략을 세 번이나 겪어야 했다. 아직 베트남의 확장 정책은 남쪽으로만 향해 있었는데 서쪽에서 넘어온 강적과 아무 실익 없는 방어전을 거듭해야 했다.

이 전쟁은 리 왕조가 쇠퇴의 길로 접어든 큰 원인 중 하나였다.

수리야바르만 2세(Suryavarman II, 크메르 왕조 17대 왕, 1113~1150 재위)는 크메르의 최전성기를 이끈 위대한 왕으로 일컬어진다. 국왕의 조카로 태어난 그는 어릴 때부터 영민하고 용감했으며 권력에 대한 야심을 숨기지 않았다. 그는 막강한 정치적 영향력을 지녔던 힌두교 브라만 사제들의 눈에 떠어 암묵적인 지지를 얻어냈다. 무능한 다라닌드라바르만(Dharanindravarman) 국왕으로는 분열된 나라를 구할 수 없다는데 수리야바르만 2세와 사제들의 견해가 일치했다. 당시 크메르는 오늘날 태국 중부 롭부리 지역을 중심으로 한 왕가의 세력과 남쪽에 있는 오늘날 캄보디아 톤레삽 호수를 중심으로 한 또 다른 왕족의 세력이 맞서고 있었다. 수리야바르만 2세는 기회를 노리다 지방 순시 중이던 다라닌드라바르만 왕을 습격해 살해하고 왕위를 찬탈했다. 그리고 6년 뒤 치열한 전투 끝에 남부의 도전자들을 일소하며 크메르를 다시 통일했다. 그는 지방 호족들을 불러 공물과 함께 충성을 다짐받으며 강력한 통제력을 행사했다.

수리야바르만 2세는 불교에 기울었던 다른 왕들과는 달리 힌두교를 신봉했다. 그의 왕명(王名)도 인도의 고대

앙코르 와트는 우주의 중심을 상징하는 65m 탑을 중심으로 수많은 사원들이 미물계와 인간계, 천상계를 형성하며, 그 주위를 동서 1,500m, 남북 1,300m의 거대한 직사각형 성벽과 회랑이 에워싼다. 너비 190m의 해자(垓字)에는 언제나 물이 가득하고, 동서 두 방향의 긴 육교를 통해 외부와 연결돼 있다.

서사시 리그베다에 나오는 태양신 '수리야'에서 따온 '태양의 신'이라는 뜻이었다. 그는 쿠데타로 왕권을 찬탈한데 따른 정통성 시비와 반란에 대한 불안을 불식하고 힌두교를 장려하기 위해 힌두교의 수호신 비슈누(Vishnu)를 위한 거대한 신전을 지었다. 이것이 그 유명한 앙코르 와트이다. 앙코르 와트의 건설에는 신전의 위용에 압도된 백성들로 하여금 자신을 신으로 믿게 하려는 의도도 있었다.

앙코르 와트 벽에 수리야바르만 2세의 승전을 기록해놓은 부조이다. 왕을 모시고 적을 향해 진군하는 크메르 병사들의 표정이 근엄하며 규율이 잘 갖춰져 있다.

크메르 병사들이 적을 향해 용감하게 돌격하는 모습이다.

서쪽 변방에서 징발해온 타이족 ...다. 뒤를 돌아보는 병사가 있는 등 ...하게 묘사해 크메르 사람들이 타...얼마나 무시했는지 드러나 있다.

수리야바르만 2세는 또한 통일된 왕국의 힘을 주변 각국으로 뻗어내고 싶어 했다. 그는 자국의 변방인 차오프라야 강²⁾ 유역에 흘러들어와 살던 타이족이 결속해가자 이를 정벌해 크메르의 종주권을 확고히 다졌다.³⁾ 그리고 공격의 방향을 동쪽의 강국 베트남으로 돌렸다.

2) 차오프라야 강은 라오스 산지에서 발원해 몇 갈래로 나뉘어 태국 중·북부를 관통한 뒤 방콕을 지나 바다로 향하는 오늘날 태국의 중심축이다.

3) 크메르 왕조는 초기 타이족을 문명이 뒤떨어진 야만인처럼 취급하며 경제·군사적 수탈의 대상으로 삼았다. 앙코르 와트를 건설할 때도 설계와 현장감독은 크메르 관리들이 담당했지만, 땅을 파고 건물을 세우는 노동은 차오프라야 강 유역에서 끌고 온 타이족 노동자들 몫이었다. 오랜 핍박에 시달린 타이족은 크메르 왕국에 대한 깊은 원한을 갖게 되었다.

점차 힘을 기른 타이족은 수코타이와 아유타야 왕국을 잇달아 세웠고 마침내 1431년 크메르 수도인 앙코르 톰을 점령했다. 아유타야 병사들은 크메르 주민들을 학살하고 앙코르 와트의 종교 시설

1128년, 전투 코끼리 등으로 중무장한 크메르군 2만 명이 쯔엉썬 산맥을 넘어 베트남 응에안 지방을 침략했다. 베트남은 20여 년간 별다른 대외전쟁 없이 평화를 누려왔지만 과거 송나라를 두 차례나 격파했던 군사력은 여전히 만만치 않았다. 더구나 사방에 지평선이 펼쳐진 대평원에서 싸워온 크메르군은 강과 호수와 산들이 복잡하게 얽혀 있는 베트남 지형에 적응하는데 애를 먹었다. 결국 크메르군은 한 번의 대접전으로 패배해 축출되고 말았다. 본래 크메르군은 육군과 수군이 합동 작전을 벌일 계획이었는데 그 타이밍도 맞지 않았다. 700척의 대선단으로 구성된 크메르 수군이 몇 달 뒤에야 베트남 타잉화 해안에 도착했고, 육군이 패한 사실을 알고는 맥없이 물러서고 말았다.

수리야바르만 2세는 좀 더 치밀한 전략이 필요함을 깨달았다. 그는 그동안 적대 관계였던 참파에게 원한을 버리고 함께 베트남을 공격하자고 설득했다. 1132년 크메르와 참파 연합군이 베트남 응에안 지방을 공격했지만 패배했고, 1138년 연합군의 공격 결과도 마찬가지였다.

참파는 공연히 전쟁에 가담했다 입장만 난처해졌다. 베트남이 침략에 대한 보복으로 참파의 수도 비자야를 공격해 점령하자, 참파 왕은 베트남과 평화조약을 맺고 연합군에서 이탈했다. 수리야바르만 2세는 이를 자신에 대한 배신으로 간주하고 공격의 칼끝을 참파 쪽으로 돌렸다. 수리야바르만 2세는 1144년 참파를 점령해 크메르의 제후국으

물들을 닥치는 대로 파괴했다. 이런 만행에 몸서리를 친 크메르는 태국과 멀리 떨어진 남쪽 프놈펜으로 수도를 옮겼다.
태국인들은 앙코르 와트를 자기 조상들이 만든 문화유산으로 생각하고 있으며, 방콕의 왕궁 뜰에 앙코르 와트 축소 모형을 전시해 놓기도 했다. 앙코르 와트가 민족 최대의 자랑거리인 캄보디아인들은 태국인들이 이런 마음을 내비칠 때마다 격한 반감을 드러낸다.

로 만든 뒤 자신의 처남을 새로운 왕으로 앉혔다. 그러나 참파 왕실의 잔존 세력들이 남부 도시 판두랑가(Panduranga)에 집결해 그들의 왕을 뽑고 저항의 깃발을 올렸다. 수리야바르만 2세는 본국 군대와 참파 식민정부 군대를 보내 진압하려 했지만 저항군의 근거지 부근까지 접근했다 현재의 베트남 남부 판랑(PhanRang) 계곡 전투에서 완패하고 말았다. 다음해 크메르는 진압군 규모를 대폭 증강해 파견했지만 역시 판두랑가 평원 전투에서 참패했다. 이제 크메르는 수세로 전환하지 않을 수 없었다. 수리야바르만 2세는 비자야에 장군들을 보내 자신의 처남을 지키도록 했다. 그러나 승세를 탄 저항군이 북상해 오면서 최후의 결전이 벌어졌고 수리야바르만 2세의 처남 등 크메르군 대부분이 전사하고 말았다.

수리야바르만 2세의 참파 지배는 그렇게 끝이 났다. 거기까지가 통일 크메르가 보유한 힘의 한계였던 것이다. 그러나 수리야바르만 2세는 현실을 인정하지 않고 또다시 베트남 정복을 시도했다. 국왕이 직접 이끄는 크메르군은 1150년 쯔엉썬 산맥을 넘었다. 당시 베트남은 리 왕조 6대 황제 영종(英宗)의 치세로 정치가 어지러워진지 오래라 국력이 전 같지 않았다. 그러나 크메르군은 베트남군이 나타나자 제대로 싸워 보지도 못하고 퇴각했다. 역사 기록은 크메르 병사들이 무더위 속의 긴 행군으로 기력을 소진했기 때문이라고 설명했다. 그런데 한 가지 명확하게 밝혀지지 않은 변수가 있었다. 원정군을 지휘했던 수리야바르만 2세가 그해 사망했던 것이다. 수리야바르만 2세가 베트남 원정 도중 병이나 전투로 인해 숨졌다면 크메르군의 맥없는 철수 이유도 쉽게 이해될 수 있다.

수리야바르만 2세는 38년간의 치세 동안 크메르를 인도차이나 강국으로 부상시켰다. 그러나 국력의 토대를 채 다지기 전에 그가 퇴장하면서 크메르는 짧은 부흥기를 지나 다시 급격한 쇠퇴를 겪게 되었다. 수리야바르만 2세의 외사촌이 그의 왕위를 이었는데 크메르는 곧바로 지도력 약화와 내분에 휩싸이게 되었다.

그러나 크메르의 쇠퇴는 수리야바르만 2세 본인이 씨앗을 뿌렸다고 할 수 있다. 주변 국가들을 침공해 나라의 위상은 드높였지만 거의 실익이 없는 전쟁들로 국력을 소진했다. 그가 기획해 건축의 상당 부분을 진행시킨 앙코르 와트는 오늘날 세계 7대 불가사의 중 하나로 꼽힐 정도로 걸작이지만 얼마나 많은 인적, 물적 자원이 동원되고 재정에 압박을 가했을지는 쉽게 상상할 수 있다. 수리야바르만 2세는 앙코르 와트 외에도 톰바논, 반테이 사무레, 반테이 크메르, 차우 사이 테보다 등 여러 힌두교 사원들을 지었다. 지금은 모두 크메르 왕조의 영화를 상징하고 있지만 당시에는 백성들의 극한 고통의 퇴적이었을 것이다.

5) 피가 강을 이룬 왕조 교체

낮이 지나면 밤이 찾아오는 법이다. 신종 이후 리 왕조의 왕들이 향락에 빠져 국사를 멀리하면서 나라의 기강이 점차 무너져갔다. 관료들은 부패하고 지방 호족 세력은 다시 고개를 들기 시작했다. 수탈에 지친 백성들이 농토를 버리고 유랑하다 도적떼가 되었고 이런 혼란을 이용해 곳곳에서 반란이 일어났다.

고종(Cao Tông, 高宗, 1176~1210 재위) 때 남부 응에안(Nghệ An) 성의 한 관리가 반란을 일으키자 수도권인 당쩌우[4] 출신 호족 팜빈지에게 진압을 명령했다. 팜빈지는 자기 고향 주변에서 군사들을 모아 출격해 반란을 평정한 뒤 가담자들의 재기를 막기 위해 모든 재산을 몰수해 불태웠다. 간신히 몸을 피한 관리는 뇌물로 조정 대신들을 매수해 팜빈지가 권력을 남용하는 위험한 인물이라고 모함했다. 팜빈지의 득세를 우려하던 권신들이 터무니없는 주장에 귀를 기울였고 어리석은 왕은 팜빈지를 소환해 투옥했다. 그 소식을 듣고 격분한 진압군 장수들이 궐기해 응에안에서 탕롱으로 쳐들어왔다.(1208년)

왕은 허겁지겁 피난길에 올랐고 태자도 다른 길을 택해 탕롱 남동쪽 타이빙(Thái Bình) 성 해안의 호족인 쩐리(Trần Lý, 陳李)에게 몸을 의탁했다. 쩐씨는 말이 호족이지 대규모 고기잡이와 노략질을 겸업하는 사실상 해적 일당이었다. 그래도 고단한 처지의 태자는 쩐리의 딸과 사랑에 빠져 부부의 연을 맺었고, 신이 난 쩐씨들은 병력을 끌고 탕롱으로 쳐들어가 왕위 찬탈자들을 내쫓고 고종을 복위시켰다. 왕비는 천하디 천한 새 며느리를 눈 안의 가시처럼 여겼지만 환궁 1년 만에 고종이 붕어하고 태자가 새 왕이 되었다.[5]

쩐씨가 왕을 복위시켰다고는 하지만 초기에는 압도적인 세력이 아니었고 여러 귀족 가문들이 단합만 했다면 제거할 수 있는 기회가 많았다. 그러나 귀족들은 분열되고 우유부단했으며 그 사이 쩐씨 일가는

---

4) 하노이 인근의 현 홍옌(Hưng Yên)성이다.
5) 혜종(Huệ Tông, 惠宗, 1211~1224 재위)

여러 관직들을 차지하며 빠르게 힘을 키워 나갔다. 처가의 세력 확대를 두려워한 혜종이 유력 호족인 도안(Đoàn)씨와 응우옌(Nguyễn)씨를 차례로 불러 쩐씨 일가를 견제케 하면서 치열한 정쟁이 벌어졌지만 결국 왕에 대한 충성을 조건으로 쩐씨의 권력 장악을 용인하지 않을 수 없었다.

혜종의 병세가 깊어졌다. 기록에 따르면 혜종이 정신병을 앓았다고 하는데 기울어가는 왕조의 운명과 자신이 끌어들인 무도한 집단의 권력 잠식에 견디기 힘든 압박을 느꼈을 것이다. 결국 혜종이 둘째 딸 찌에우-타잉(Chiêu Thánh, 昭聖) 공주에게 왕위를 넘기고 절에 들어가면서 베트남 역사상 유일했던 여왕이 7살의 나이로 즉위했다.[6] 외척인 쩐씨들은 이를 기회로 왕위 찬탈을 노렸다. 특히 궁궐수비대장을 맡고 있던 쩐투도(Trần Thủ Độ, 陳守度, 1193~1264)가 앞장서 일을 추진했다.

쩐투도는 극단적인 양면의 인물이었다. 그는 왕을 강제로 이혼시켜 형수와 재혼하게 하는 등 거리낌 없이 천륜을 거스른 냉혹한 독재자였으며, 동시에 스스로 왕위를 탐하지 않고 국가 부흥에 매진해 몽골의 침략을 막아낸 탁월한 지도자였다. 사진은 그의 행적을 그린 베트남 가극이다.

6) 혜종의 첫째 딸은 쩐트아의 장남인 쩐리에우(Trần Liễu)와 이미 결혼한 상태였다.

쩐투도는 쩐리의 조카로, 쩐씨 일가가 탕롱으로 진격할 때만 해도 권력의 중심과는 거리가 멀었다. 쩐리가 다른 해적들에게 살해된 뒤 둘째 아들 쩐뜨카인이 후계자 지위를 장악할 때 자신에게 협조한 사촌 쩐투도를 궁궐수비대장으로 임명하면서 그에게도 기회가 오기 시작했다. 쩐뜨카인이 사망하고 동생에게 눌려있던 쩐리의 맏아들 쩐트아가 가문의 수장이 되어 태위 자리에 올랐지만 이내 쩐투도의 세력에 밀렸다. 태위에게 군대 지휘권이 있었다 해도 쩐투도 역시 궁궐 안팎의 무력을 장악하고 있었고, 쩐뜨카인 편에 섰던 사람들 특히 혜종의 부인이자 어린 여왕의 어머니가 오빠 대신 사촌인 쩐투도를 지지했던 것이다.

쩐투도는 신속하고 무자비한 방법으로 왕위 찬탈을 성공시키며 가문 내 영향력을 키워갔다. 그는 8살 난 조카 쩐까잉(Trần Cảnh, 陳煚, 1225~1258 재위)을 궁궐에 들여보내 여왕을 가까이에서 보필하도록 했다. 장차 왕으로 세울 후보로 명목상 가문의 수장이었던 쩐트아의 둘째 아들을 선택하고 자신이 직접 왕위를 욕심내지 않았던 것은 쩐씨 일족의 단합을 유지하기 위해서였다. 권력은 군대를 장악한 자에게 있는 것이니 자리의 이름에 크게 연연할 바도 아니었다. 쩐투도는 어느 날 두 사람이 공놀이를 하다 여왕이 쩐까잉에게 공을 던지는 것을 보고 베트남 풍속에 여자가 남자에게 물건을 던지는 것은 청혼을 의미한다고 억지를 부려 둘을 결혼시킨 뒤 곧바로 남편에게 왕위를 넘기도록 했다. 200여 년을 지속해온 베트남 최초의 장기 왕조는 이렇게 허무하게 무너지고 말았다.

아들이 왕이 되자 쩐트아는 태위에서 물러났지만 자신이 섭정이 되어 최고 권력을 휘두르게 될 것으로 믿었다. 그러나 태위 자리까지 차지한 쩐투도의 권력은 더욱 막강해졌고 쩐트아는 어느새 뒷방 늙은이로 밀려난 자신의 처지를 발견했다. 쩐 왕조의 시조가 된 쩐까잉, 즉 태종마저 쩐투도를 '국부(國父)'라고 부를 정도였다.

왕조의 교체는 희극처럼 이루어졌지만 새 왕조의 기반을 굳히는 작업은 피가 강을 이루는 가운데 진행됐다. 쩐투도는 퇴위한 뒤 절에 들어간 혜종에게 자살을 강요했고 수많은 리씨 왕족들을 살해했다. 살아남은 왕족들은 응우옌씨로 개명하도록 해 왕조 부활을 아예 꿈도 꾸지 못하도록 만들었다. 지방에서 몇 건의 반란이 일어났는데 쩐투도는 군대를 보내 수년에 걸쳐 완전히 진압했다.

쩐투도는 천륜에 어긋나는 행동도 서슴지 않아 훗날 사가들의 맹비난을 받았다. 태종이 결혼 10년이 넘도록 아이를 얻지 못하자 쩐투도는 조바심이 났다. 왕의 후계가 불분명하면 신생 왕조의 전복을 꾀하는 자들에게 그만큼 틈을 보이는 것이기 때문이다. 또한 태종의 후계자는 리 왕조의 피를 이어야만 리 왕조 복원을 주장하는 자들의 명분을 봉쇄할 수 있었다. 리 왕조의 마지막 공주가 둘밖에 없었으니 선택의 여지가 없었다. 그때 왕비의 언니는 태종의 형 쩐리에우(Trần Liệu)와 결혼해 아들을 낳고 금실 좋게 살고 있었다. 이들 망국의 공주와 권력에서 배제된 창업자의 종손은 세상과 담을 쌓고 오손도손 서로의 처지를 위로하며 의지했다. 쩐투도는 그런 사정을 봐줄 사람이 아니었다. 쩐투도는 태종을 강제로 이혼시켜 왕비를 내쫓은 뒤, 쩐리에우의 아내를 끌어다 태종과 다시 결혼시켰다. 아무리 근친혼이 자연스러웠던 고대라 하더라도 이는 태종의 형제를 왕은커녕 인간 취급도 하지 않은 처사였다.

쩐리에우는 몇몇 무사들을 모아 애처로운 반란을 일으켰고, 태종은 이런 왕보다는 차라리 중이 되겠다며 밤에 몰래 대궐을 빠져나와 멀리 동쪽 바닷가 꽝옌의 한 절로 달아났다. 쩐투도는 태종에게 쫓아가 환궁을 요구하다 말을 듣지 않자 조정을 아예 그 절로 옮기겠다고 협박해 겨우 데리고 돌아왔다. 그리고 쩐리에우의 반란을 진압하고 가담자들을 모두 처형했다. 쩐리에우도 참수하려 했지만 태종이 간절히 부탁해 살려주었다. 죽음보다 더 고통스러운 수치를 견디며 살아야 했던 쩐리에우는 그후 엄마를 빼앗긴 가여운 아들 쩐꾸옥뚜언(Trần Quốc Tuấn 陳國峻, Trần Hưng Đạo 陳興道, 1232~1300)을 키우는 데 인생의 목표를 걸었다. 쩐투도는 쩐리에우를 기왕 살려줬으니 원망이라도 덜어볼 요량으로 엄청난 토지를 하사했는데, 그 재산을 바탕으로 천하의 인재들을 모아 쩐꾸옥뚜언의 스승으로 삼았다. 그의 노력은 결실을 맺었고, "쩐꾸옥뚜언이 자라날수록 용모가 빼어나고 총명했으며 온갖 서적을 섭렵해 문무가 모두 출중했다"고 사서는 기록했다.

리 왕조 후기 왕들의 거듭된 실정으로 지배체제가 흔들리고 각지에서 반란이 일어나고 결국 왕조가 무너져 교체되는 오랜 기간 동안 베트남의 대외관계는 마치 아무 일도 없다는 듯 조용했다. 외부의 최대 위협 세력인 중국 송나라가 화북에 요나라를 대신해 들어선 금나라[7]와 치열한 패권 경쟁을 벌이느라 딴 곳에 정신을 팔 여유가 없었기 때

---

7) 여진족의 지도자 아골타가 1115년 금나라를 건국한 뒤 요나라를 무너뜨리고 화북을 장악했지만 남송과 몽골의 협공을 받아 1234년 멸망했다.

문이다. 그러던 중 저 멀리 북방의 몽골고원에서 한 가닥 회오리처럼 통합의 움직임이 일더니 점차 온 세상을 전화 속에 몰아넣는 광풍으로 번져가고 있었다.

3

몽골을 이기다

3. 몽골을 이기다

1) 몰려오는 전쟁의 먹구름

　왕권을 찬탈한 쩐투도는 숨 돌릴 여유조차 주지 않고 경쟁 세력들을 제거해 나갔다. 먼저 리씨 왕족을 학살하고 구 귀족 가문들을 거세한 뒤 반(半)독립적이었던 지방 호족들을 차례차례 와해시켰다. 그렇게 만들어진 빈 자리에 자신에게 협조했던 인물들을 보내고, 특히 요직들은 거의 모두 쩐씨 일가로 채웠다. 쩐 왕조는 이전 왕조들에 비해 왕족의 결속력이 유난히 강한 특징이 있었다. 왕은 물론 태위와 군 지휘관들, 지방의 주요 성주들까지 왕족이 독차지하는 이른바 '종실(宗室)독점 지배체제'를 형성했다. 이는 험한 바다 위에서 생사를 같이해 온 쩐씨 집안의 성장 과정에서 영향을 받았고, 베트남의 정치체제가 지방분권에서 중앙집권으로 변해가는 과도기적 형태이기도 했다.

　그것이 정의로운가를 별론으로 한다면, 종실독재는 국가자원의 관리와 동원에 매우 효율적인 체제였다. 쩐씨 가문의 실력자들은 지방의 대토지를 하사받고 독립적인 군대도 보유했다. 그들이 중앙에 도전할 경우 자칫 통치체제가 균열될 수도 있었지만, 왕과 권력자들 사이에 한집안이라는 강한 유대감이 유지됐다. 권력자들의 대토지 소유는 유랑하던 농민들을 정착시키고 큰 규모의 개간 사업이 가능하도록 해 농업 생산을 증대시키는 효과도 있었다. 또한 사병들은 대몽 항쟁 시 각 지방의 방어력을 높이고, 불시에 특정 지역에서 대규모 군대를 편성해 적을 공격하는 유연성을 발휘해주었다. 쩐씨 왕족의 단합은 쩐투도 이래로 누가 최고 권력자가 되든 왕위를 탐내지 않고 장자로 이어지는 왕을 보필한다는 전통이 있었기 때문에 가능했다.

쩐 왕조가 들어설 무렵 북방에서는 신흥강국인 몽골이 금나라를 일차 굴복시키고 중앙아시아의 호라즘 왕국마저 무너뜨려 전 유라시아 대륙에 전운이 퍼져가던 중이었다. 베트남이 몽골이라는 가공할 적을 맞은 시기가 통치력이 무너진 왕조 말기가 아닌 신생왕조 초기였다는 점은 행운이라고 할 수 있다. 또한 쩐 왕조를 개창한 쩐투도는 유능한 정치인이자 행정가였다.

모두 다 쩐투도의 공은 아니겠지만, 그가 절대 권력을 휘두르던 쩐 왕조 초기 약 40년 동안[1] 베트남은 빠르게 체제를 정비해갔다. 중앙 정부 조직에 예부, 병부, 공부에 해당하는 사도(司徒), 사마(司馬), 사공(司空)을 추가하고, 법을 다루는 심형원(審刑院)과 역사를 편찬하는 국사원(國史院), 귀족 자제들의 교육을 담당하는 국자원(國子院) 등을 신설했다. 지방은 광역행정구역을 24개 로에서 12개 로로 줄여 중앙정부의 보다 직접적인 통제 아래 두고, 오늘날 군(郡)에 해당하는 중간행정단위 사(社)에까지 관리를 파견했다. 이를 기초로 쩐투도는 집권 10년 차에 전국 호구조사를 실시해 흐트러진 장적(帳籍)을 다시 작성했다. 모든 백성을 연령과 성별로 세세하게 기록한 장적은 징병과 조세 부과의 기초

---

1) 쩐투도는 쩐 왕조가 들어선 1225년부터 1264년 본인이 사망하기 직전까지 베트남의 실질적인 지배자였다.

가 되었다. 이를 통해 쩐 왕조의 중앙집권은 한층 더 강화되었다.

쩐 왕조는 세전(稅錢)이라는 이름으로 모든 문무 관리에게 처음으로 보수를 지급했고, 10년에 한 번씩 등급을 올리는 승진 제도도 만들었다. 정부가 돈 많은 유력자들의 집단이 아닌 왕의 정책집행기관임을 분명히 한 것이다. 그리고 왕조 수립 2년 뒤부터 과거시험을 재개했는데 7년마다 시행하도록 정기화하고 성적에 따라 합격자의 급을 나누어 관료 채용을 보다 체계화했다. 하급관원들을 뽑는 이원시(吏員試)도 계속 실시했다.

리 왕조 때 성문법이 형서 하나뿐이었던 데 비해, 쩐 왕조는 초기부터 각종 법전들을 편찬해 나갔다. 지방의 재판은 행정관이 알아서 처리했지만, 수도 탕롱에는 소송 관련 기관을 중복시켜 판결에 신중을 기하도록 했고 형 집행 기관도 따로 신설했다. 쩐 왕조의 법체계는 과거보다 훨씬 상세해졌고 엄하게 적용되었다. 특히 사유재산 보호가 강화되어 강도범은 참수하고, 절도범은 장형 80대에 얼굴에 글자를 새겼다. 물건을 훔친 자가 9배로 배상하지 못하면 본인은 물론 처자식까지 노비가 되었다. 채권자가 돈을 못 갚는 채무자를 감금할 수도 있었다.

쩐 왕조도 이전 왕조와 마찬가지로 농업 발전과 경제정책에 최우선순위를 두어 황무지를 개간하고 제방을 쌓고 농수로를 팠다. 제방 건설로 만들어진 도로들은 상업의 발전을 자극했다. 쩐 왕조는 상품 매매의 편의를 위해 각종 도량형을 통일했는데, 이는 행정력이 전국에 미쳐야 가능한 일이었다. 그리고 탕롱 성을 확장해 61개의 방(坊)을 설치하고 관리들을 배치했다. 각 방에는 특정 분야의 장인들을 모아 일하도록 했는데, 이로써 베트남의 수공업은 비약적인 성장의 기회를 얻었다.

거친 북방에 태양이 뜨다

　그들은 스스로를 '푸른 늑대의 후예'라 불렀다. 별이 쏟아지는 지평선을 배경으로 검은 실루엣과 긴 울음소리가 어우러지는 낭만적인 의미가 아니라, 언제나 생존의 한계를 넘나들어야 했던 거친 운명의 함축이었다. 그들은 척박한 광야에서 늑대의 무리처럼 크고 작은 수십 개의 부족으로 나뉘어 유목과 약탈과 전쟁에 의지하며 살았다. 원하는 것이 있으면 빼앗는다는 게 그들의 법이었고, 분열과 갈등과 살육은 영원히 반복될 것 같았다. 그런데 이 혼돈의 땅에 어느 날 새로운 사고와 신념을 가진 지도자가 나타나 그들을 지금껏 가보지 못한 길로 이끌었다.

칭기즈칸 초상	칭기즈칸 동상

　테무진은 몽골고원 북쪽 오논 강가에서 부족장의 아들로 태어났다. 어린 시절 아버지가 적에게 독살 당하자 동족들은 그의 가족을 버리고 모두 떠났다. 어머니와 어린 형제들만 남아 사냥과 채집으로 연명하던 중 식량을 놓고 싸우던 배다른 형을 활로 쏘아 죽였고, 이 때문에 평생 '형제를 죽인 자'라는 오명을 쓰고 살아야 했다. 테무진

본인이 적대 부족에게 붙잡혀 노예로 살다 탈출하기도 했다.

빈손뿐이던 테무진은 여러 집단들과 연합을 통해 조금씩 세력을 키워갔다. 먼저 아버지의 의형제였던 케레이트 부족 옹칸에게 찾아가 복종의 뜻을 밝히고 그의 도움을 받았다. 메르키트 부족이 자신의 아내를 빼앗아가자 옹칸과 의형제 자무카를 끌어들여 설욕했다. 몽골을 분열시키려는 금나라의 지원 속에 타타르 족을 공격해 승리했고, 테무진의 부상에 위협을 느낀 여러 부족들이 자무카를 중심으로 뭉치자 옹칸과 힘을 합해 이를 격파했다.

자무카 역시 당대의 영웅이었지만 가문과 서열을 중시하는 종래의 관습에 따라 귀족들만 중용하는 한계가 있었다. 반면에 테무진은 양치기라도 능력에 따라 직책을 맡겼고 적마저도 자신에게 충성을 맹세하면 형제로 대했다. 가족이나 부족의 틀 안에 안주할 수 없었던 유년기의 시련이 그에게 보다 개방된 가치관을 갖게 해준 것이다. 자무카와 테무진의 이 같은 차이는 수십 년에 걸친 경쟁에서 결정적으로 승부를 갈랐고, 훗날 몽골을 세계제국으로 성장시킨 원동력이 되었다.

테무진은 맏아들을 옹칸의 딸과 혼인시키려다 함정에 빠졌다. 이때 끝까지 그의 곁을 지켰던 19명의 전사가 아홉 부족 출신이었다는 것은 전통적인 부족 관념을 벗어난 새로운 정치체제가 출현했음을 알리는 사건이었다. 테무진은 흩어진 병사들을 모아 케레이트 부족을 습격해 승리를 거두었고, 이어 몽골의 패권을 다투던 마지막 경쟁자 나이만 왕국을 정복했다. 1206년 테무진은 쿠릴타이를 열어 '위대한 왕'이라는 뜻의 칭기즈칸 칭호를 얻고 인구 100만의 새 국가를 탄생시켰다. 칭기즈칸은 백성들을 10호, 100호, 1,000호, 10,000호 체제로 재편해 동원과 관리의 효율성을 높였다. 또한 부족 간의 납치와 몽골인을 노예로 삼는 행위를 금지하고, 자신을 포함해 모든 개인보다 법이 우위에 있다고 선언했으며, 시베리아 부족과 위구르족까지 친족 관계를 확대했다.

몽골군 전투도

　통일된 몽골의 최대 목표는 지난 1백 년간 자신들을 핍박해온 금나라의 타도였다. 여기에 필요한 병력과 물자를 얻기 위해 몽골은 먼저 중국 서북부에 있던 서하(西夏)를 공격해 2년 만에 정복했다.(1209년) 서하에 이어 금나라의 북쪽 방어를 맡고 있던 거란족 기병들까지 저항 없이 몽골군에 합류했다. 금나라의 군대도 여진족 외에 다양한 민족으로 구성돼 있었지만, 칭기즈칸의 다민족군이 공동체에 대한 충성과 결속력이 더 강했다.

　전쟁이 시작되고 그토록 두려워했던 금나라 군대에 서전에서 승리를 맛본 몽골군은 병력을 몇으로 나누어 황하 이북과 만주 전역을 휩쓸었다. 몽골군은 요새화된 대도시들은 우회한 채 작은 마을들을 하나하나 공략하며 눈에 보이는 모든 것을 불태우고 살해했다. 중원을 공포와 혼란의 도가니로 만든 몽골군은 금나라 수도 중도(中都, 오늘날의 베이징)를 점령하기 위해 다시 집결했다. 그러나 높은 성벽을 공격할 장비가 없는데다 포위기간이 길어지며 식량은 떨어지고 전염병이 창궐해 몽골군은 자칫 궤멸될 위기에 놓였다. 칭기즈칸은 이런 약점을 감춘 채 더 이상 공격할 의사가 없다면서 화평을 제안했다. 몽골군의 상태를 눈치 챈 금나라 조정에서 격론이 벌어졌지만 황제는 눈앞에서 지긋지긋한 적군이 사라진다는 유혹을 이겨내지 못했다. 금은 몽골에게 공주와 소년소녀 5백 명, 비단옷 3천 벌, 말 3천 마리를 공물로 보냈고, 이후에도 매년 상당한 공물을 바치겠다고 약속했다. 이로써 몽골은 엄청난 전리품과 함께 무사히 돌아갈 수 있었다.(1215년)

칭기즈칸은 서하에서 넘겨받은 실크로드의 교역을 되살리고 싶어했다. 유목민족인 그에게 중계무역 국가들의 넘치는 부와 호사는 오랜 선망의 대상이었다. 그는 자신의 대상(隊商)들이 세상의 서쪽 끝에서 온갖 진귀한 물건을 싣고 돌아오는 모습을 그리며 흡족한 미소를 지었을 것이다. 칭기즈칸은 중앙아시아의 대국 호라즘과 통상 협정을 맺고 450명의 상인들에게 비단과 금, 은 등 사치품을 가득 실어 보냈다. 경험이 풍부한 인도 상인을 영입해 상단의 지휘를 맡길 만큼 첫 번째 교역의 성공을 위해 많은 공을 들였다. 그런데 현 카자흐스탄 지역의 한 성주가 재물을 탐내 상인들을 첩자로 몰아 모두 학살하는 대형 사건이 발생했다. 격노한 칭기즈칸은 호라즘 술탄에게 사신을 보내 책임자 처벌을 요구했는데, 신흥강국의 우월감에 빠져있던 술탄은 오히려 사신을 모욕하고 살해했다. 이제 칭기즈칸에게 선택의 여지가 없었다. 1219년, 그는 신에게 "내가 일으킨 고난이 아니니, 복수할 힘을 달라"고 기도한 뒤 20만 대군을 이끌고 한겨울에 천산산맥

몽골군

을 넘었다. 몽골군은 월등한 기동력으로 적의 주력군을 피해 북쪽 도시들을 파괴했고 이를 방어하려 분산된 호라즘 군을 각개 격파했다. 칭기즈칸의 진격은 오늘날 파키스탄에 이르러서야 일단 멈추었다.[2] 칭기즈칸은 호라즘 원정 때 병력을 보내지 않은 서하를 다시 공격해 초토화시켰고, 최종 승리를 목전에 둔 1227년 병사했다. 그의 마지막 유언은 "땅 끝까지 정복하라"는 것이었다고 전해진다.

몽골의 주력군이 서쪽에 가 있는 사이 금나라가 일시적으로 세력을 회복했다. 금은 완안진화상(完顏陳和尙)이 1228년 대창원에서 400명의 군사로 몽골군 8,000명을 기습해 격파한 것을 시작으로 하남성과 섬서성 등에서 연승을 거두며 위수(渭水) 유역 등 점령지 일부

송나라 명장 맹공(孟珙)

를 탈환했다. 그러나 금은 정세를 오판하고 송나라를 침공해 두 개의 전선에서 국력을 소진하는 대실책을 저질렀다. 1217년, 송이 그동안 바쳐오던 세폐를 중단하자 군비에 쪼들리던 금 조정이 "금군이 몽골은 칠 수 없으나 송군에 이기고도 남을 만하다"며 송의 땅을 공격해 들어간 것이다. 송은 명장 맹공(孟珙)의 지휘 아래 거듭되는 금의 침략을 모두 막아내

2) 칭기즈칸은 별도의 부대를 편성해 서쪽으로 계속 진격하도록 했다. 제베와 수보타이, 바투가 이끄는 몽골군 7만 명이 1221년부터 6년간 러시아와 흑해 일대를 휩쓸다가 칭기즈칸의 사망 소식을 듣고 회군했다. 유럽의 입장에서는 악마와도 같은 군대가 나타나 온 세상을 불태우더니 어느 날 홀연히 사라진 것이다. 유럽은 안도했지만 더 큰 재앙이 기다리고 있었다. 몽골은 9년 뒤인 1236년 오고타이 칸의 명령으로 바투가 이끄는 원정군 10만 명을 유럽으로 출발시켰다. 이들은 먼저 러시아의 여러 제후국들을 정복한 뒤 유럽 대륙으로 향했다. 두 갈래로 길을 나눈 몽골군은 1241년 폴란드에서 최정예 튜튼기사단이 포함된 유럽 연합군 5만 명을 전멸시켰고, 거의 동시에 동유럽의 강호 헝가리의 10만 대군을 격파했다. 이어 몽골군은 이탈리아 북부와 오스트리아 빈으로 정찰부대를 보내 공격 지역을 고르던 중 오고타이 칸의 사망 소식이 전해지자 군대를 철수했다. 서유럽의 기독교 문명이 위기를 넘기는 순간이었다.

고 7년간의 전쟁을 승리로 마감했다.

그러는 사이 서쪽에서 돌아온 몽골이 오고타이 칸의 명령으로 모든 역량을 동원해 금나라를 공격하기 시작했다.(1232년) 한겨울에 벌어진 삼봉산(三峰山) 전투에서 참호를 파고 지구전을 벌인 몽골군 3만 명이 혹한에 노출돼 인마의 절반이 동상에 걸린 금나라 15만 대군을 전멸시켰고, 금의 희망이었던 완안진화상까지 전사했다. 금의 황제 애종(哀宗)은 개봉(開封)에서 귀덕(歸德)으로, 귀덕에서 다시 채주(蔡州)로 천도하며 필사적으로 저항했다. 다급해진 금은 송에 사신을 보내 절박하게 도움을 요청했다.(1233년) 금의 사신은 "금이 망하면 다음 차례는 반드시 송이다. 순망치한(脣亡齒寒), 입술이 없으면 이가 시리다고 했다. 두 나라가 연합해야 한다"고 호소했지만, 이미 너무 늦은 뒤였다. 송은 한 해 전 몽골이 사신을 통해 전해온 금에 대한 협공 제안을 받아들였다. 그리고 무엇보다 송에게 금은 백여 년간 복수의 칼을 갈아온 철천지원수였다. 송나라는 맹공 장군에게 정예군 2만 명과 군량미 30만 석을 주어 채주를 포위한 몽골군을 돕도록 했다. 채주에 도착한 송군은 몽골군과 연합해 성을 함락시켰고 이로써 금나라는 멸망했다.(1234년)

몽골과 금나라 전투

몽골의 개봉(베이징) 점령

베트남에게 중국은 한시도 방심할 수 없는 경계의 대상이었다. 면밀하게 정보를 수집하고 정세 변화에 맞춰 시시각각 대응책을 세워가야만 국가의 존립을 보장할 수 있었다. 그런 베트남이 화북에서 벌어진 몽골과 금의 사활을 건 싸움을 모를 리 없었다. 아직은 수천 리 떨어진 전란이었지만 언제든 그 불똥이 남쪽으로 번질 수 있다는 불안감이 베트남 위정자들의 마음속에 깃들기 시작했다. 쩐 왕조는 새 국가의 기틀을 갖춘 뒤 방위력 강화에 박차를 가했다.

쩐 왕조는 먼저 국경지역 소수민족들을 껴안으려 노력했다. 족장에게 공주를 시집보내거나 족장의 딸을 왕실에 맞아들이는 혼인정책으로 유대를 강화했다. 또한 족장들에게 관직을 주고 자기 부락을 마치 식읍처럼 장악할 수 있도록 허용해 환심을 샀다. 그래도 므엉족, 타이족 등 저항하는 부족들은 무력으로 진압했다. 남쪽의 참파는 빼앗긴 영토를 되찾겠다며 자주 국경을 침범했다. 이에 쩐 왕조는 1252년 참파를 공격해 왕비와 수많은 주민들을 잡아왔다. 이전 왕조에서 취득한 영토의 지배를 공고히 하고 몽골의 침략이 시작됐을 때 뒤로부터의 공격을 예방하기 위한 것이었다. 이때를 제외하고는 몽골과의 전쟁이 끝날 때까지 베트남과 참파의 대규모 교전은 없었다. 이는 참파 역시 몽골의 세력 확장에 위협을 느끼고 베트남을 방어막으로 인식하고 있었기 때문이다. 오히려 양국은 왕실혼인을 통해 사돈관계를 맺었고, 이때 할양받은 두 개 주를 제외하고 쩐 왕조는 침략전쟁을 통해 참파의 영토를 획득하지 않은 유일한 왕조가 되었다. 쩐 왕조는 베트남 중부 지역을 침범해 약탈하는 라오스에도 몇 차례 군대를 보내 더 이상 도발하지 못하도록 단속했다.

쩐 왕조의 정규군은 크게 수도를 지키는 금위군과 지방 요지를 지키는 지방군으로 나뉘었다. 금위군은 전쟁이나 반란이 일어났을 때 출동해 해당 지역의 지방군과 연합해 작전을 전개했다. 금위군은 절대적인 충성을 유지하도록 쩐씨 왕족의 출신지에서 선발했고 봉급을 지급했다. 지휘관은 왕족만을 임명했다. 지방군은 각 지역의 장정들 가운데서 뽑았는데, 평야지역에서는 정병으로 산간지역에서는 번병이라고 불렀다. 금위군의 수는 약 2만 명이었고, 금위군과 지방군을 다 합해도 그 수가 10만 명에 이르지 못했다. 그러나 이 같은 정규군 외에도 왕족들이 보유한 '왕후가동군(王侯家童軍)'이라 부르는 노비로 이루어진 사병들이 있었다. '2차 몽골항쟁 때 반끼엡에 집결한 베트남 병력이 20만 명이었는데, 동남 지방 군사들만을 모은 것이었다'라는 기록이 있을 정도로 '왕후가동군'의 규모는 엄청났다. 여기에 더해 왕족들은 전시에 사병 외에도 지방에서 군인들을 모집할 권한을 가졌다. 또한 향토방위를 위해 마을의 장정들로 구성된 방대(防隊), 즉 향군(鄕軍)이 있었다. 이들은 평상시에는 마을의 치안과 질서유지를 담당하다가, 전시에는 왕족의 사병들과 함께 싸움에 가담했다. 사실상 모든 성인 남자들이 그물망처럼 촘촘히 짜인 군대 조직 어딘가에 소속되도록 만든 것이다. 대몽항쟁 때 패전을 거듭해도 끝없이 충원됐던 병력자원의 비밀이 여기에 있었다. 베트남 사가들이 "위기에 처하여 병사 아닌 사람이 없었다"라고 기록할 수 있었던 것은 백성들의 항전 의지뿐만 아니라 이같이 효율적인 동원체제 덕분이기도 했다.

몽골의 침략 의사가 가시화되던 1253년, 쩐 왕조는 강무당(講武堂)이라는 사관학교를 세웠다. 귀족 자제들에게 전술 운용과 부대 지휘 등 군사지식을 연마시켜 뛰어난 장교들을 대량 배출했던 것이다. 이들이 몽골과의 전쟁에서 베트남군의 주축 역할을 했다. 강무당의 교육 과목이 구체적으로 어떤 것이었는지는 전해지지 않지만, 훗날 쩐꾸옥뚜언이 지은『병사요략』의 내용에 비추어볼 때 중국의 각종 병서들을 참고한 전략전술의 교리와 정신무장이 중심이 되었을 것으로 추정된다.『병사요략』은 중국의『손자병법』을 베트남의 자연환경에 맞게 편집했는데, 책의 서문에서 전쟁을 종교적인 의무처럼 신성시하는 한편 왕에 대한 충성과 애국심을 강조하였다.

2) 몽골의 1차 침입, 인내의 승리

··· 힘겹게 버텨낸 노(老)제국 - 몽골의 1차 송나라 침략(1235~1241) ···

몽골군의 공격

금나라를 멸한 직후에는 몽골과 송나라의 관계가 그리 나쁘지 않았다고 해도, 세계 정복을 향한 몽골의 야심은 언젠가는 송을 침략 대상으로 삼았을 것이 분명하다. 여기에 송의 섣부른 군사행동이 양국의 충돌을 앞당기고 말았다. 맹공이 금에서 개선하자 송은 축제 분위기였고 내친 김에 화북의 옛 영토를 되찾자는 강경파의 주장이 거세졌다. 특히 북송의 수도였던 개봉의 탈환은 국가적 숙원이었다. 송은 무려 20만 명을 동원해 북진했고, 텅 빈 개봉과 인근의 낙양을 손에 넣는데 성공했다. 그러나 송의 움직임을 예의주시하던 몽골이 이미 낙양에서 동쪽으로 200km 떨어진 동관(潼關)에 속속 군대를 집결시키고 있었다. 송군은 갑작스럽게 출병하느라 군량을 제대로 준비하지 못하고 현지에서 조달할 생각이었는데, 풍요롭던 개봉 일대가 몽골의 철저한 파괴로 잿더미가 되어 있어 병사들이 굶주림에 시달렸다. 여기에 몽골군의 공격이 시작되자 송군은 제대로 겨뤄보지도 못하고 패주하고 말았다.

송나라가 먼저 싸움을 걸었다는 명분까지 얻자 오고타이 칸은 쿠릴타이를 열어 남송 정벌을 결의하고 1253년 6월에 대대적인 원정에 나섰다. 몽골은 병력을 셋으로 나누어 서쪽은 사천, 중앙은 양양, 동쪽은 회남 방면으로 공격해 들어갔다. 몽골군의 초반 기세는 무서웠다. 1년여 만에 성도, 이주, 동천, 양양 등 송의 주요 거점들을 함락했고, 몽골의 중앙과 동쪽 부대가 황주(지금의 호북성 황강시(黃岡市))에서 합류해 장강을 넘어갈 준비를 했다. 그러나 몽골의 진격은 거기까지였다.

서구에서 만든 일부 역사다큐멘터리들은 몽골 기병과 송나라 보병의 모습을 늑대에게 쫓기는 양떼처럼 묘사한다. 그러나 양군의 전력 차이가 그렇게 절대적인 것은 아니었고, 송이 무기력하게 무너지지도 않았다. 몽골이 화북에서 어떤 짓을 했는지 전해들은 송의 백성들은 결사적으로 저항했다. 중국 회수 이남의 지형은 하천과 수로가 많아 몽골 기병대의 기동을 제한했고, 덥고 습한 기후는 평생 사막에서 살아온 병사들을 지치게 만들었다. 그리고 무엇보다 당시 송에는 유능한 군 지휘관들이 있었다.

몽골군이 거세게 남하해 오자 송의 조정은 맹공을 다시 전선으로 보내 이를 막도록 했다. 맹공은 과거 금나라의 거듭된 침략을 격퇴한 전공뿐 아니라 평소 청렴한 생활로 백성들의 존경을 받고 있었다. 그가 이끄는 송군이 접근해 오자 황주 인근에 진을 쳤던 몽골군은 서쪽 형주로 100km 넘게 이동해 감리현(監利縣)에서 도강을 준비했다. 장강이 직선으로 길게 흐르고 양안이 모두 평야지대라 몽골군이 어느 쪽으로 건널지 송군이 예상하기 어려운 지역이었다. 몽골군을 추격해 강 남쪽에 도착한 맹공은 병사들에게 낮에는 부대 깃발과 군복을 수시로 바꾸고 밤에는 수십 km에 걸쳐 횃불을 피우도록 해 송군의 병력을 부풀려 보이도록 했다. 강 건너에 엄청난 대군이 기다린다고 생각한 몽골 병사들은 겁을 먹어 사기가 떨어졌다. 그리고 송군이 강을 건너 기습하자 제대로 맞서 싸우지 못하고 달아났다. 맹공은 몽골군이 도강을 위해 만들고 있던 선박 등 각종 장비들을 불태웠고, 기세가 오른 병사들을 독려해 몽골군의 요새 24곳을 파죽지세로 격파했다.

1237년 10월, 몽골군이 다시 황강을 향해 남하해 황주가 위급해지자 송 조정은 맹공에게 이를 지원하라고 지시했다. 맹공은 수군을 이끌고 황주로 향하다 몽골의 선단을 만나 이를 섬멸하고 황주성으로 들어갔는데, 공포에 떨던 그곳 백성들이 "아버지가 오셨다"며 환호했다. 맹공은 수군과 야습을 과감하게 이용하고 적의 공성 전술을 미리 예상해 대처하며 수개월에 걸친 방어전을 승리로 이끌었다.

이제는 전장의 풍향이 바뀌었다. 자신감을 얻은 송의 조정은 맹공의 건의를 받아들여 실지 탈환을 위한 북진을 시작했다.(1238년) 곳곳에서 송의 장군들이 몽골군을 격파했고 이때 수복한 양양(襄陽)은 이후 대몽 전쟁의 중요한 거점이 되었다. 1240년, 송은 또 남침을 준비 중이던 옛 금나라 땅의 몽골 기지들을 급습해 전략물자들을 불살랐다. 방어에만 급급해오던 송군이 자신들의 후방을 공격해 들어오리라고는 생각지도 않았던 몽골군이 크게 낭패를 본 것이다.

서부지역의 전황은 여전히 몽골군에 우세하게 전개됐다. 1239년, 80만 대군을 동원해 사천을 강타한 몽골군은 장강 위에서 벌어진 수전에서 송군을 격파한 뒤 불길처럼 남진했다. 맹공은 이를 막기 위해 기병대를 이끌고 급히 기주(夔州, 지금의 충칭시 봉절현)에 도착했다. 몽골군의 숫자는 송군의 10배, 정면승부로는 절대 이길 수 없었다. 맹공은 몽골군이 반드시 통과해야 하는 지점 몇 곳에 군대를 집중 배치해 수비를 강화하고 이에 접근하는 몽골군을 협공하도록 했다. 결국 공격하다 지친 몽골군은 송군의 반격에 큰 피해를 입고 북쪽으로 퇴각하지 않을 수 없었다.

어느덧 맹공은 송나라 군대를 총지휘하는 지위에까지 올랐다. 그는 오고타이 칸의 사망 뒤 벌어진 몽골의 내전을 이용해 수차례 옛 금나라 땅에 군대를 보내 몽골군의 양식과 건초를 불살랐다. 송군의 선전을 보고 과거 몽골에 투항했던 송나라 장수들이 속속 다시 귀부하기 시작했다. 그런데 여기서 문제가 생겼다. 국망의 위기에서 잠시 벗어나자 황제가 맹공의 권력 확대를 경계하기 시작한 것이다. 송 황제 이종(理宗)은 맹공이 기뻐하며 보고한 화북의 한 유력 장군의 복귀를 '배반을 밥 먹듯 한 자"라는 이유로 거부했다. 화북을 뒤흔들 기회를 놓쳤다고 생각한 맹공이 항의의 뜻으로 사직서를 제출하자 곧바로 수리해버렸다. 맹공은 좌절감 때문인지 갑자기 병이 깊어져 다음해 가을 자신이 피 흘려 지켜낸 형주의 강릉에서 숨을 거두었다. 향년 51세, 아직은 송을 위해 더 많은 일을 했어야 할 나이였다.

몽골 제국의 제3대 칸은 오고타이의 맏아들 귀위크(1246~1248 재위)였다. 그는 현명하고 결단력 있는 인물이었던 것으로 전해지지만, 정적인 바투를 굴복시키기 위해 원정길에 올랐다 즉위 2년 만에 병사해 어떤 업적을 남기기에는 치세가 너무 짧았다. 귀위크가 죽자 그

의 사촌인 몽케가 칸의 자리에 올랐다.[3]

몽케 대칸은 한동안 중단됐던 송나라 침략을 재개했다. 몽케는 먼저 동생인 쿠빌라이를 보내 현재 중국 운남성에 있던 대리국(大理國)을 정복하도록 했다. 당시 대리국은 바이족(白族)이라는 강력한 기마민족을 중심으로 300여 년을 이어온 강국이었다. 다만 각 부족을 대표하는 귀족들의 세력이 왕권을 제약했고, 나시족(納西族)의 반발 등 민족 갈등 때문에 결정적인 순간 국력을 하나로 모으지 못했다.

대리국 왕은 수도인 대리성(大理城)을 둘러싼 창산(蒼山)의 고봉들을 난공불락의 방어막으로 믿고 있었는데, 제2도시인 여강(麗江, Lijiang)의 나시족이 성문을 열고 항복한 뒤 산길을 거쳐 대리성 바로 앞까지 몽골의 대군을 안내해 주었다. 대리성은 무려 1년간 항전했지만 1253년에 결국 함락되었다. 쿠빌라이는 그 직후 훌라구, 아릭 부케 등 몽골 내부 경쟁자들의 세력 확대가 심상치 않자 부장인 우량하타이에게 운남 주둔군의 지휘를 맡기고 중국 전선으로 돌아갔다. 몽골군 전략전술의 기초를 세웠던 명장 수부타이의 아들답게 우량하타이는 곤명(昆明, Kunming) 등 저항하는 도시와 마을들을 차례차례 무너뜨려 대리국 전역을 장악했다. 대리국 정복으로 몽골은 남서쪽에서 송을 공격할 수 있는 새로운 길을 열었다. 또한 이것은 몽골이 드디어 베트남과 국경을 맞대게 되었다는 의미이기도 했다.

여강 고성(古城)

곤명시

---

3) 몽케는 칭기즈칸의 막내아들인 톨루이의 아들이다. 몽골의 전통에 따르면 막내아들이 아버지의 지위를 물려받아야 했지만, 칭기즈칸은 용맹한 장수인 톨루이보다 현명한 오고타이를 후계자로 선택했다. 칭기즈칸의 사후 몽골 족장들이 전통에 따라 톨루이를 새로운 칸으로 선출했는데, 톨루이는 2년간 임시 칸으로 있다가 아버지의 뜻에 따라 형 오고타이에게 제위를 양보했다.

베트남은 호라즘처럼 몽골 대상(隊商)을 학살하거나 버마처럼 사신을 처형해 몽골을 자극하지 않았다. 오히려 몽골과의 충돌을 피하려 필사적인 외교 노력을 펼쳤다. 그러나 베트남이 애를 쓴다고 피할 수 있는 전쟁이 아니었다.

　몽골의 몽케 대칸은 송나라에 대한 두 번째 침략을 시작하기 한 해 전인 1257년, 운남 주둔군 사령관 우량하타이에게 베트남을 공격하라고 명령했다. 베트남을 점령해 남쪽에서 송을 치는 또 하나의 공격로를 확보하고 베트남 군민을 대송전쟁에 동원하겠다는 생각이었다. 우량하타이는 국경에 3만 대군을 집결시켜 놓고 베트남에 세 차례 사신을 보내 조공을 바칠 것과 송을 공격할 길을 빌려줄 것을 요구했다. 이것을 사실상의 항복 요구로 받아들인 베트남 조정은 몽골 사신을 감옥에 가두고 전쟁 상태에 돌입했다.

　베트남의 실권자 쩐투도는 전국에 총동원령을 내리는 한편 군 최고 사령관에 청년 장군 쩐꾸옥뚜언(Trần Quốc Tuấn, 陳國峻)을 임명했다. 누구도 예상하지 못한 파격적인 인사였다. 쩐꾸옥뚜언이 유능하고 명망 높긴 했지만 이제 겨우 25살에 불과했다. 더구나 쩐씨 정권 창업자의 적장손이자 리 왕조 후계자인 왕비의 아들로 당장 왕위에 오른다 해도 손색이 없을 그는 쩐투도의 잠재적 정적이기도 했다. 쩐꾸옥뚜언의 가슴속에는 억울하게 어머니를 빼앗긴 깊은 한이 도사리고 있었고, 한때 쩐투도에 대한 적개심을 공공연히 드러내며 관직에 나가지 않겠다고 말하기도 했다. 그런데 이런 위험 인물에게 군대의 지휘권을 맡긴 것은 쩐투도의 지략이 또 한 번 빛난 결정이었다.

쩐 왕조의 창업 과정에서 목숨을 잃고 재산을 빼앗긴 수많은 사람들의 원한의 씨앗이 뿌려졌다. 극단적인 부의 집중과 인적, 물적 징발

쩐꾸옥뚜언 동상

지폐의 쩐꾸옥뚜언 초상

체제의 강화는 백성들의 삶을 고달프게 만들었다. 백성들은 궁핍했던 고대사회의 일상적인 고통마저 절대 권력자 쩐투도에게서 책임을 찾으려 했다. 쩐투도는 모두에게 두려움과 증오의 대상이었다. 그런데 쩐씨 일가 밖에서 해결책을 찾을 수 없는 정치 상황이라면, 비록 왕족이지만 쩐투도의 대척점에 선 쩐꾸옥뚜언에게 희망을 걸지 않을 수 없었다. 백성들은 쩐꾸옥뚜언이 언젠가는 쩐투도를 타도해 부모의 원수를 갚고 이 땅에 정의를 세울 것이라고 마음대로 상상하며 위안을 얻었을 것이다. 그런 쩐꾸옥뚜언이 군대의 선두에 서는 것보다 군민의 마음을 하나로 묶고 충성과 자발적 희생을 이끌어내는 더 좋은 방법은 없었다. 다만 실질적인 군 통수권은 쩐투도가 쥐고 있

었으며, 쩐꾸옥뚜언이 칼끝을 자신에게 돌리지 않도록 몇 겹의 안전장치를 해놓았다.

우량하타이가 이끄는 몽골군은 베트남 국경을 넘어 파죽지세로 밀

고 내려왔다. 몽골군은 홍강과 로강을 따라 두 길로 나뉘어 남하했는데, 수도인 탕롱 서북쪽 약 50km 지점까지 접근하는 동안 전투다운 전투조차 없었다. 1258년 1월, 몽골군과 베트남 주력군은 홍강과 로강, 다강이 하나로 합쳐지는 비엣찌에서 강을 사이에 두고 마주쳤다. 베트남이 이곳을 본격적인 방어선으로 설정한 것이다. 몽골군은 주저 없이 강을 건너 베트남군에 큰 타격을 입혔다. 이때 전투 상황에 대한 구체적인 기록은 찾기 어렵지만, 세계 다른 지역에서 몽골군이 사용했던 전술에서 유추한다면, 주력부대가 베트남군과 대치한 것처럼 기만술을 쓰면서 수비가 허술한 지점을 골라 도강한 뒤 베트남군의 측면을 공격했을 가능성이 크다. 야전에서 몽골 기병대가 자유롭게 기동할 수 있도록 허용한다면 당시 어느 군대도 이를 저지할 능력이 없었다.

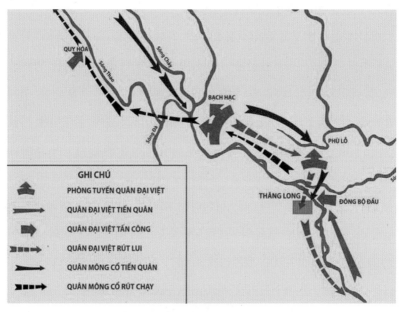

몽골의 1차 침입 전투도

몽골군은 퇴각하는 베트남군에 바짝 따라붙어 진격했다. 베트남은 급히 병력을 수습해 탕롱 북쪽 푸로(Phù Lỗ)에서 2차 방어선을 편성했다. 급한 대로 까로강(江)의 좁은 물줄기나마 앞에 두고 몽골군의 도강을 막으려는 것이었다. 그러나 이마저도 몽골군의 돌격에 허무하게 무너지고 말았다. 베트남군은 탕롱을 버리고 급히 후퇴했다. 몽골군은 저항하는 적에게 공포심을 불러일으키기 위해 무자비한 살육을 저지른 것으로 유명한데 이번에도 예외가 아니었다.

몽골군에 연거푸 참패하자 베트남 조정에서는 비관론이 고개를 들었다. 태종의 동생 등 일부 인사들은 송나라로 피신하자고 주장하기도 했다. 그러나 쩐투도는 흔들리지 않았다. 태종이 그에게 어떻게 해야 하느냐고 묻자 그는 "제 머리가 어깨 위에 붙어있는 한 폐하는 걱정할 필요가 없습니다"라며 큰소리를 쳤다.

전선에서는 쩐꾸옥뚜언이 몽골군의 진격 속도를 늦추기 위해 악전고투하고 있었다. 베트남군은 후퇴하며 건물과 다리와 도로를 파괴하고, 몽골군의 식량이 될 수 있는 모든 것을 불태웠다. 몽골군은 쉽게 탕롱을 점령했지만 텅 빈 도시에서 식량을 구하지 못해 굶주림에 시달린 데다 병사들 사이에 낯선 풍토병이 퍼지기 시작했다. 더구나 우량하타이는 시간이 없었다. 이제 곧 시작될 송나라 침공전에서 남쪽의 일익을 맡아야 했기 때문이다. 베트남이라는 나라를 겁만 줘도 굴복하거나 쉽게 격파할 수 있는 남쪽의 야만인 부족쯤으로 여겼던 자신의 생각이 얼마나 잘못된 것이었나 뼈저리게 느끼기 시작했다. 우량하타이는 사신을 보내 화의를 제의했지만 베트남은 단호히 거절했다.

적군의 초조함을 알아차린 베트남군이 반격을 시작했다. 남쪽으로 퇴각했던 베트남군은 몰래 홍강을 건너 탕롱 건너편에 있는 동보더우(Đông Bộ Đầu)의 몽골군 주둔지를 공격해 점령했다. 비록 작은 요새였지만 개전 후 처음으로 베트남군이 승리를 거둔 것이다. 강 건너 아군 진지에 검은 연기가 피어오르고 승리의 기쁨에 겨워 미친 듯이 강둑을 내달리는 베트남군 기병들을 탕롱 성벽 위에서 바라본 몽골 병사들은 충격을 받았다. 그들의 예상과는 달리 베트남 병사들은 물소를 모는 목동이 아니었던 것이다.

우량하타이는 더 이상 머뭇거릴 수 없어 군대를 북쪽으로 돌려 철수했다. 되돌아가는 길이 순탄치는 않았다. 몽골군은 특히 탕롱에서 국경 사이 중간쯤 되는 옌바이 성 뀌화(Quy Hóa)에서 소수민족인 무엉족 군민의 기습공격으로 큰 타격을 받았다. 침략할 때 저질렀던 만행을 고스란히 돌려받은 것이다. 반면에 퇴각하는 몽골군은 허겁지겁 이동하느라 주변을 약탈할 여유도 없이 지나가 베트남 북부에서는 "몽골군이 진짜 불적(佛敵, 부처 같은 적)이었다"라는 조롱 섞인 우스갯소리가 유행하기도 했다. 몽골군이 물러간 다음해에 베트남은 몽골에 사신을 보내 강화를 맺고 3년에 한 번씩 조공을 바치겠다고 약속했다. 또 다른 침략을 막으려는 노력의 일환이었다.

철수하는 몽골군을 요격한 뀌화 전투(1258년)

1차 대몽 항쟁의 승리는 극심한 피해에도 불구하고 베트남에게 여러 가지 소중한 자산을 안겨주었다. 먼저 몽골군도 무적은 아니라는 사실을 입증했으며, 최선을 다해 싸우면 이길 수 있다는 자신감을 얻었다. 몽골군의 가장 큰 무기인 공포심에 어떻게 대응해야 하는지 배웠고, 그들이 청야전술과 유격전에 얼마나 취약한지에 대해서도 전술적인 지식을 갖추게 되었다. 무엇보다 아무리 강한 외적이 쳐들어오더라도 왕부터 백성까지 하나로 뭉쳐 막아내겠다는 강력한 투쟁 의지를 갖는 전기가 되었다.

3) 몽골의 2차 침입, 기사회생

대륙의 주인이 바뀌다

- 몽골의 2차 송나라 침략 (1258~1259) -
- 몽골의 3차 송나라 침략과 멸망 (1268~1273) -

몽케 대칸은 1258년 송나라에 대한 대대적인 공격을 명령했다. 그는 군대를 셋으로 나누어 서쪽 사천성 공략은 자신이 직접 지휘하고, 과거 최대 격전지이었던 호북성 무창(武昌, 우창) 방면은 둘째 동생인 쿠빌라이, 운남에서 올라오는 별동대는 현지 주둔군 사령관인 우량하타이가 지휘하도록 했다.

몽골의 대군이 남하하자 사천성의 대다수 성들은 겁에 질려 싸워보지도 않고 항복했다. 그러나 쾌속 진격하던 몽골군은 이번에는 오늘날의 중경 북쪽에 있는 조어성(釣魚城)에서 제동이 걸렸다. 조어성의 군민 10만 명이 왕견(王堅)의 지휘 아래 똘똘 뭉쳐 몽골의 공격을 기다리고 있었다. 조어성은 험준한 지세를 이용해 쌓은 산성으로 그 아래 세 강이 모여 흘렀다. 넓은 외성 안에 논밭과 풍부한 물이 있어 식량을 얼마 정도는 자체 조달할 수 있었고, 몽골군에 쫓긴 피난민들이 성안으로 몰려들어 병사를 징발할 인력자원도 충분해졌다.

송나라 병사들은 무려 200차례가 넘는 몽골군의 공격을 효과적으로 막아냈다. 몽골군이 성을 포위해 외부 지원을 차단했지만, 전략물자를 넉넉히 비축한 조어성은 전혀 다급한 상황이 아니었다. 성벽 위의 병사들이 몽골군을 향해 물고기 꼬리와 밀가루 떡을 던지며 "우리는 10년도 더 버틸 수 있다"고 큰소리를 치기도 했다. 몽골군 장군들 가운데는 조어성 주변에 소수의 병력만 남겨두고 주력은 장강을 따라 이동해 쿠빌라이의 동부군과 합류한 뒤 송의 수도로 진격하자고 주장한 사람도 있었다. 그러나 승리에 도취된 대다수의 몽골 장군들은 패배를 인정할 수 없다며 성을 함락시키고 가자고 고집했다. 그러나 여름이 되자 북방의 사막에서 온 병사들에게 견디기 힘든 더위가 시작됐다. 위생 상태마저 불량한 몽골군 진영에는 감기와 이질, 말라리아 같은 전염병이 창궐했다. 몽케 대칸마저 이질에 걸려 쓰러지자 몽골군은 5개월 만에 포위를 풀고 물러나지 않을 수 없었다.(1259년 7월) 몽케는 그 직후 진중에서 사망하고 말았다.

몽케 대칸이 죽자 몽골군은 일단 송나라에서 철수했다. 송의 동부전선에서 싸우던 쿠빌라이는 마음이 바짝 타들어갔다. 자신이 중국에, 훌라구는 서아시아에 묶여 있는 사이 수도 카라코룸에서 쿠릴타이가 열리면 그곳 방어를 맡고 있던 막내 동생 아릭 부케가 대칸으로 선출될 것이 자명했기 때문이다.[4] 몽골군의 주력이 송 정벌에 동원돼 있으니 그들을 데리고 돌아가면 무력경쟁에서 승산이 있었지

4) 칭기즈칸의 막내아들 툴루이에게는 몽케와 쿠빌라이, 훌라구, 아릭 부케 네 아들이 있었다.

만, 자신이 함부로 철수했다가는 운남성에서 올라오던 우량하타이가 고립될 위험이 컸다.

고민하던 쿠빌라이는 송의 예상을 깨고 장강을 건너 악주(顎州)를 포위했고, 깜짝 놀란 송의 조정은 가사도(賈似道)에게 군사를 주어 이를 구원하도록 했다. 송의 원병 규모가 부담스러웠고 우량하타이도 어느 정도 북상해왔기 때문에 쿠빌라이는 다시 장강을 넘어 철수했다. 이때 가사도는 몽골군 후미를 공격해 170여 명을 사살했고, 이를 자신이 쿠빌라이를 격퇴한 것으로 포장하는데 성공했다. 가사도는 몽골의 2차 침략을 막아낸 진정한 공로자인 왕견을 제치고 일약 구국의 영웅으로 떠올랐으며, 그 전공을 바탕으로 정권을 장악했다.

예상대로 카라코룸에서 쿠릴타이가 열려 아릭 부케가 대칸으로 선출됐다. 그러나 쿠빌라이는 이를 인정하지 않고 내몽골에서 별도의 쿠릴타이를 열어 자신도 대칸의 지위에 올랐다. 이때부터 4년간에 걸쳐 형제 사이에 전쟁이 벌어졌는데, 정통성에서는 아릭 부케가 앞섰지만 월등한 군사력과 배후에 중국이라는 병참기지를 가지고 있던 쿠빌라이가 최후의 승리를 거두었다. 아릭 부케가 항복해오자 쿠빌라이는 누가 옳았다고 생각하느냐 물었고, 아릭 부케는 "그때는 우리가 옳았고 지금은 형이 옳소"라고 대답했다.(1264년)

내전을 수습한 쿠빌라이는 다시 송나라로 관심을 돌렸다. 송나라 정복은 자신이 떠맡은 역대 대칸들의 숙원사업일 뿐 아니라 이를 완수한다면 아직도 마음으로 승복하지 않는 몽골 내 경쟁세력들에게 권위를 인정받을 수 있기도 했다. 그 사이 송의 수도 임안에서는 어린 황제가 즉위하고 가사도가 독재 권력을 굳히고 있었다. 가사도는 전시경제의 안정을 위해 재정을 긴축하고 통화개혁과 공전법을 실시하며 부패한 장군들을 처벌하는 등 정치인으로서는 어느 정도 재능을 발휘한 인물이었다. 그러나 그는 압도적인 적에 맞서 국가를 구할 지도력이 없었던 것은 물론, 당장 눈앞의 위기를 극복하기 위해 경쟁자인 장군들에게 권한을 넘길 용기조차 없었다.

쿠빌라이는 과거 두 번의 침공 실패 원인을 면밀히 분석한 뒤 이 번에는 전선을 넓게 펼치지 않고 송나라의 최고 요충지를 공략해 결전을 유도하기로 전략을 세웠다. 그의 여러 참모들은 형주 땅 양양 (지금의 호북성 샹양)을 송의 방어 중추로 지목했다. 1268년, 드디어 몽골의 10만 대군이 양양으로 진격해 성을 포위했다. 양양성에서는 지역 군벌 여문환(呂文煥)이 자신의 정예병사 2만여 명과 수만 백성들을 독려하며 방어에 나섰다. 몽골군은 과거 조어성에서의 패전을 거울삼아 견고한 양양성을 직접 공격하지 않고 외부 지원을 끊어 고사시키는 작전을 택했다. 가사도 역시 양양성의 중요성을 알았기 때문에 연거푸 지원군을 보냈는데, 모두 성 외곽에서 몽골군에 패해 물러나고 말았다. 만약 송군이 몽골군의 배후를 초토화하고 유격전으로 보급로를 끊었다면 또 한 번의 승리도 가능했겠지만, 가사도는 똑같은 정면공격 실패만 반복하며 전전긍긍할 뿐이었다. 비로 강물이 불어 한때 배를 타고 물자를 지원해주기도 했지만 몽골군이 강을 목책으로 막아 이마저도 중단됐다.

그렇게 양양성은 5년 넘게 홀로 버텼다. 그러나 식량이 떨어지고 상황은 점점 더 절망적이 되어갔다. 여문환은 매일 황제가 있는 남쪽 하늘을 바라보고 눈물을 흘리며 원군을 기다렸지만 아무도 그들을 도우러 오지 않았다. 그 사이 몽골군은 이슬람 기술자들을 데려와 투석기를 제조한 뒤 양양성과 부교로 연결돼 있던 강 건너편의 번성(樊城)을 맹폭했다. 무려 14일간 계속된 몽골군의 공격으로 마침내 번성이 함락됐다. 양양성의 병사와 백성들은 급격히 동요하기 시작했다. 여문환은 서둘러 투석기를 모방해 만들고 방어 대책을 세웠지만, 이미 군민들 사이에 체념의 분위기가 퍼지며 도망자가 속출했다. 쿠빌라이는 여문환에게 사신을 보내 "너는 헛된 공명을 바랄지 모르겠지만, 성안의 사람들은 어떻게 되란 말인가?"라며 아프게 투항을 권고했다. 1273년 2월, 여문환은 백성들의 안전을 조건으로 성문을 열지 않을 수 없었다.

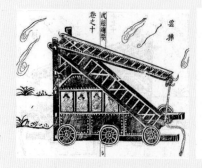

송나라 무기

　양양 방어선이 무너지며 이제 송의 운명은 바람 앞의 등불에 불과했다. 쿠빌라이는 양양성을 점령한 다음해인 1274년 9월에 최측근인 바얀에게 20만 대군을 주어 송의 수도를 향해 진격하도록 했다. 출정 전에 쿠빌라이는 바얀을 불러 "짐의 백성들을 함부로 죽이지 말라"고 지시했다. 이제 송의 땅을 점령의 대상이 아닌 통치의 영역으로 보기 시작한 것이다. 바얀은 쿠빌라이의 뜻에 따라 연도의 백성들에게 식량과 약까지 나누어 주었고, 점령지 백성들은 약탈자에서 갑자기 보호자로 바뀐 바얀의 군대를 '왕자의 군대'라고 부르며 환영했다.

　가사도는 송나라에 남아 있던 사실상 모든 병력인 13만 명을 긁어모아 장강 하류인 무호(지금의 안휘성 우호)로 출진했다. 가사도는 어떻게든 이 병력으로 몽골군을 저지할 방도를 찾는 대신, 바얀에게 사신을 보내 칭신(稱臣)하고 세폐를 바치겠으니 휴전하자고 애걸했다. 바얀은 단칼에 거절했다. 군 사령관이 전투 대신 항복에 목을 매고 있으니 병사들이 목숨을 걸고 싸울 의지가 생기는 게 더 이상했다. 바얀이 가사도의 진영을 강 양쪽 기슭에서 동시에 공격하자 송군 병사들은 뿔뿔이 흩어져 그 거대했던 군세가 일거에 휘산했다.

　이제 송나라에는 군대의 형태를 갖춘 방어력이 없었다. 몽골군이 천천히 이동하는 동안 각지에서 송의 관리들이 항복하거나 도주했다. 바얀이 송의 수도 임안(지금의 저장성 항주)에 다가가 고정산(皐亭山)에 진을 치자 모든 것을 포기한 송의 태후가 황제를 데리고 나와 항복했다. 쿠빌라이는 바얀에게 전령을 보내 목에 밧줄을 걸고 양을 끄는 고대 중국의 항복 의식을 면제해 주라고 지시했고, 송의 태후는 울며 "천자께서 자비로이 너를 살리시니 마땅히 망궐배사(望闕拜謝)[5]하여야 한다"고 6살 난 황제를 타일렀다. 이로써 파란만장했던 송 왕조는 역사의 무대 뒤로 사라졌다.

송나라가 마침내 무릎을 꿇자 이제 다음 목표는 베트남이었다. 쿠빌라이 대칸이 젊은 시절 대리국을 정복하면서 화려한 군사 경력의 막을 열었기 때문에, 그때 고락을 같이 했던 운남 주둔군은 각별한 의미가 있었다. 그 군대가 베트남에서 겪은 패배를 쿠빌라이는 자신의 치욕으로 여겨 복수하고 싶어 했다. 그런 개인적인 이유가 아니더라도 몽골에게는 동남아시아로 정복지를 넓혀갈 전진기지로서 베트남이 꼭 필요했다. 베트남을 속국으로 만든다면 열대지방의 기후와 지형에 익숙한 현지인들을 용병으로 징발할 수 있고, 바다에 서툰 몽골군의 약점을 베트남 수군으로 보완해 남중국해를 지배할 수 있었다.

베트남의 입장에서는 몽골에 패할 경우 경제적 수탈에 그치지 않고 전쟁도구로 내몰려 소모될 운명이었기 때문에, 민족의 존망을 걸고 저항하지 않을 수 없었다. 그동안 베트남에서는 태종에서 성종(1258~1278), 다시 인종(Nhân Tông, 仁宗, 1279~1293)으로 왕위가 이어졌다. 또한 최고 실

---

5) 신하가 천자의 대궐 쪽을 향해 절을 하는 중국의 예법

권자였던 쩐투도가 1264년에 사망하고 그 후계자도 5년 만에 세상을 뜨자 권력의 축이 왕과 왕자들에게 완전히 옮겨갔다. 성종이 태상황으로 물러나고 인종이 즉위하자 성종의 친동생 쩐꽝카이(Trần Quang Khải, 陳光啓)가 최고 대신인 태위가 되어 군과 정부를 장악하고 새 왕을 보위했다.

송나라가 멸망한 뒤 몽골의 2차 베트남 침입까지 6년간 양국은 첨예한 외교전을 펼쳤다. 베트남은 내부 역량을 기르는 한편 조공 외교를 통해 몽골의 침략을 피해보려 애썼다. 몽골은 금, 은, 진주, 물소 뿔, 상아뿐 아니라 유학자와 의사, 점성가들까지 보내라고 요구했다. 베트남은 오만한 몽골 사신들의 비위를 맞추며 공납을 최대한 깎는 한편 베이징에 코끼리를 보내는 등 대칸의 환심을 사려 노력했다. 그런데도 몽골은 공납 요구를 감당하기 힘들 만큼 높여가며 베트남을 압박해 갔다.

몽골은 다루가치(達魯花赤)를 파견해 내정 간섭을 시도했지만 베트남의 반발로 실패했다. 몽골이 인종의 친조(親朝)를 요구하자 베트남은 왕의 당숙인 쩐지아이를 대신 보냈다. 그러자 몽골은 쩐지아이를 왕으로 봉한 다음에 군대로 호위해 귀국시켰는데, 국경에서 베트남군대와 충돌해 패했고 쩐지아이는 혼란 중에 겨우 탈출해 탕롱으로 귀환했다. 이제 두 나라의 전쟁은 피할 수 없게 되었다.

몽골은 먼저 베트남 남쪽의 참파부터 공격했다. 몽골은 참파에 행중서성(行中書省), 즉 중앙정부기관인 중서성(中書省)의 출장소를 설치했다. 이는 남해무역을 장악하고 장차 벌어질 전쟁에 필요한 식량과 병력을 차출하겠다는 의도였다. 베트남을 고립시키고 남북에서 동시에 공격하겠다는 군사적 목적도 있었다. 멀쩡한 남의 나라에 지방관청을 설치했으니 참파가 두 눈을 뜨고 이를 지켜볼 수는 없었다. 인적, 물적 수탈은 물론 자칫 국권까지 그대로 넘어갈 판국이었다. 태자 하릿지(Hari-jit)[6] 등 참파의 강경파들이 몽골 관리들을 체포해 감옥에 가두었다.

격분한 몽골은 즉시 원정군을 보냈다. 쿠빌라이는 송나라 정복에 공을 세우고 천주(泉州) 성주로 봉해져 있던 소게투(Sogetu 또는 Sodu)를 차출해 지휘를 맡겼다. 1282년 음력 12월, 350척의 배에 나눠 탄 만여 명의 몽골군이 참파의 수도 비자야 인근에 상륙했다. 사막에서 나고 자란 몽골군 병사들이 한 달이 넘는 항해로 기진맥진해 있었기 때문에 소게투는 일단 해안에 주둔지를 세우고 휴식을 취했다. 항복을 요구하는 몽골의 사신들이 참파 왕궁을 여러 차례 방문했지만 성과를 기대하기보다는 시간 끌기 목적이었다. 그리고 상륙 약 4주 뒤 몽골군이 진영에서 나와 공세를 취하기 시작했다. 그동안 참파도 전투준비에 노력을 기울였다. 수도로 가는 길목에 야자나무들을 잘라 목책을 세우고 중동식 투석기도 1백대 이상 만들어 배치했다. 궁수만 수천 명이었고 전투코끼리도 있었다. 그러나 야전에서 몽골군을 꺾을 군대는 당시 세계 어디에도 없었다. 새벽에 몽골군의 기습으로 시작된 전투는 정오쯤 되자 학살로 변해 있었다. 참파군은 퇴각하지 않을 수 없었고, 몽골군은

---

6) 하릿지 태자는 즉위한 뒤 체만(Ché Mân, 1288~1307) 왕으로 불리었다. 체만은 자신의 딸을 베트남 인종에게 시집보내 혼인동맹을 맺는 등 우호관계를 군건히 했다. 훗날 몽골의 침략이 끝나고 양국 관계가 소원해지자 이제는 왕위를 넘기고 태상황으로 물러나 있던 인종이 참파를 방문해 9달이나 궁전에 머물렀다. 인종의 제의로 체만은 아름다운 베트남 공주를 새 왕비로 맞는데, 고령 탓에 판단력이 흐려졌는지 결혼 선물이라며 오(O)와 리(Lý) 주의 넓은 땅을 베트남에 주었고 이것이 그의 사후 새로운 갈등과 전쟁의 원인이 되었다.

여세를 몰아 비자야 성을 점령했다. 몽골군이 기대했던 전쟁 양상은 여기까지였다.

예상과는 달리 참파 국왕인 인드라바르만 5세와 하릿지 태자는 항복하는 대신 밀림 속으로 피신해 각지의 유격전을 지휘했다. 소게투는 참파군 지휘부를 잡으러 밀림 속으로 계속 군대를 투입했지만 낯선 지형 때문에 병력 손실만 누적됐다. 말라리아 등 열대 질병이 병사들을 위협했고, 해안에서 내륙까지 보급선을 유지하는 것도 힘에 부쳤다. 소수의 정예 병력으로 참파의 수도를 격파해 항복을 받겠다던 계획은 완전한 실패로 결론 내려졌다. 소게투는 다급히 본국에 지원을 요청했다.

참파로부터 급보를 전해들은 쿠빌라이는 한족 병사 7천 명에 다른 피정복민족 병사 8천 명을 더해 지원부대를 만들어 파견했다. 그러나 이 충성심 없는 군대가 참파를 향해 출발하자마자 뿔뿔이 흩어지는 변고가 일어났다. 몽골 정부가 도주자들을 붙잡아 중형에 처하고 새로 병사들을 징집하면서 적지 않은 시간이 소요됐다. 그 사이 참파 원정군의 소게투는 견디다 못해 수도에서 물러나 북쪽 베트남과의 국경지대로 이동했다. 어렵사리 병사들을 다시 끌어 모은 지원부대가 페르시아인 오마르(Omar Batur)가 이끄는 수군의 도움으로 참파의 수도 인근에 도착했지만 아군은 이미 떠난 뒤였다. 원정군을 찾아 다시 북쪽으로 항해하던 지원부대는 태풍을 만나 함선 대부분이 침몰하는 참사를 당했다. 오마르가 남은 함선들을 수습해 중국으로 되돌아 갔고, 몽골은 결국 참파 정복을 포기할 수밖에 없었다. 소게투의 원정군은 참파 국경지대 일부를 차지하고 농사까지 지으며 북쪽에서 벌어질 베트남 침략에 합류하기 위해 대기했다.

몽골은 참파 침략 과정에서 여러 차례 베트남에 사신을 보내 길을 빌려주고 군량을 제공하라고 요구했다. 베트남은 참파가 멸망하면 자신들 역시 버티기 어렵다는 사실을 인식하고, 식량은 조공 형식으로 제공하겠지만 남진로는 열어줄 수 없다며 거절했다. 1284년 말, 중국 각지에서 무려 20만 명[7]의 대병력이 베트남 접경 광서성으로 이동했다. 쿠빌라이의 아들 토곤(Togan)이 이끌 이 군대에는 몽골족 정예병과 옛 금나라 땅에서 모은 북방민족 병사들, 옛 송나라 땅에서 징집한 조금은 덜 미더운 한족 병사들이 망라돼 있었다. 토곤은 다시 베트남에 참파로 가는 길을 열고 군량을 제공하라고 요구했지만 베트남의 대답은 똑같았다. 전쟁은 임박했고 전력의 열세는 불을 보듯 명확했다.

흉포한 적의 침략을 앞두고 민심이 흔들리자 인종은 전국의 덕망 있는 촌로들을 모아 저항과 항복 중 어느 쪽을 선택해야 하는지 물었다. 왕 앞에 선 모든 촌로들은 죽더라도 함께 싸우겠다고 대답했다. 베트남인들은 이를 연홍회의(延洪會議)라고 부르며 외세의 침입에 대한 저항정신의 표상으로 삼고 있다. 연홍회의는 인종의 깊은 지혜와 정치력을 보여주는 사례의 하나이다. 이 결의를 통해 인종은 대몽 항전이 왕과 귀족들만의 싸움이 아닌 나라의 존망을 건 백성 모두의 전쟁임을 각인시켰다.

인종은 삼촌인 쩐꽝카이 대신 전쟁영웅인 쩐꾸옥뚜언을 다시 불러

---

7) 2차 베트남 침략 때 몽골군 병력이 50만 명이었다는 기록도 있지만, 지나치게 부풀려진 숫자라는 견해가 많다.

태위로 임명하고 군 통수권을 주었다. 쩐꾸옥뚜언은 물론 왕족이었지만 태상황 성종과 아버지가 다른 형제여서 왕실 가족이라 하기에는 조금 거리가 있었다. 그러나 지금은 혈통보다 군사적 재능과 명성이 절실히 필요했다. 국가 존망의 책임을 맡게 된 쩐꾸옥뚜언은 지도층의 단결부터 탄탄히 다지려 노력했다. 사서에 따르면 쩐꾸옥뚜언은 쩐꽝카이와 사이가 나빴다고 하는데 먼저 화해의 손을 내밀었다. 두 사람의 긴밀한 협력은 가장 어려웠던 몽골의 2차 침략기간 동안 풍전등화 같던 나라의 운명을 구하는 데 큰 힘이 되었다.

인종은 마지막으로 문관인 장낫즈앙을 참파에 보내 양국의 오랜 원한을 풀고 동맹을 맺었다. 참파가 몽골군을 도울 가능성은 적었지만, 관계를 미리 명확히 해두는 것이 베트남이 전략을 세우고 군대를 배치하는데 복잡한 변수를 줄여주었다. 이제는 베트남도 할 수 있는 준비는 모두 마쳤다.

1284년 12월, 토곤이 이끄는 몽골 주력군이 국경을 넘었다. 토곤의 육군은 베트남군의 저항을 뚫고 랑썬을 지나 반끼엡까지 진격했고, 그곳에서 바다와 강을 거슬러온 오마르의 수군과 합류했다. 쩐꾸옥두언은 두 부대의 합류를 막아보려 애를 썼지만 실패했고, 토곤과 오마르의 몽골군은 개전 한 달도 안 돼 수도 탕롱을 점령했다. 인종은 겨우 몸을 피해 작은 배를 타고 홍강을 따라 내려가 남쪽으로 피신했다. 토곤은 탕롱에 입성한 뒤 성에 남아있던 베트남 백성들을 학살하고 큰 잔치를 열어 승리를 축하했다. 중국 운남성에 주둔하던 몽골군도 나시루딘(Nasirruddin)의 지휘에 따라 강줄기를 따라 남하하며 곳곳의 저항을 격파하고 탕롱성에 들어와 토곤 본대와 합류했다.

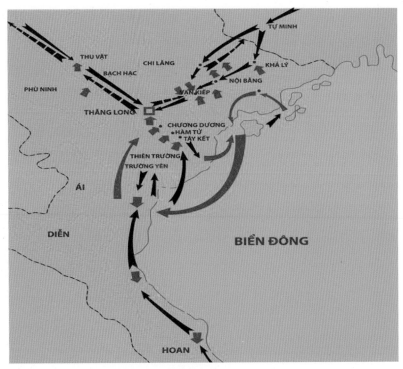

몽골의 2차 침입 형세도

탕롱에서 퇴각한 베트남군은 남동쪽으로 70km 떨어진 남딘 지방에 재집결했다. 몽골군이 추격해 오며 곳곳에서 격렬한 전투가 벌어졌고 베트남군은 다시 물러나지 않을 수 없었다. 베트남 지휘관들 가운데 가장 두드러진 활약을 보였던 쩐빈쫑(Trần Bình Trọng, 陳平仲)이 몽골군에 포위돼 포로가 되었는데, 그의 용기에 감복한 몽골의 장군이 항복을 권했지만 거부했다. 몽골 장군이 "경은 북국의 왕자가 되고 싶지 않은가"라며 회유하자, 쩐빈쫑은 "나는 북국의 왕자가 되기보다 차라리 남국의 악귀가 되겠다. 쓸데없는 질문으로 나를 욕되게 하지 말고 네가 하고 싶은 대로 하라"고 대답하고 참수당하는 순간까지 의연함을 잃지 않았다. 쩐빈쭝은 본래 레 왕조의 후손이었는데, 태상황인 성종이 그의 인품과 용맹을 아끼어 왕족으로 입양했다. 쩐 왕조는 군 고위 장교로 오직 왕족들만 임명했기 때문에, 우수한 인재를 등용하기 위해 왕족 입양이라는 편법을 종종 사용했다. 성종은 여기에 그치지 않고 그를 과부가 된 자신의 누이와 결혼까지 시켜 왕실의 일원으로 만들었다. 그러한 믿음에 쩐빈쭝은 죽는 순간까지 충성으로 보답한 것이다.

토곤은 참파 쪽에 머물러 있던 소게투에게도 북상을 명령했다. 소게투의 군대는 응에안 지방을 거쳐 탕롱을 향해 진격했다. 쩐꾸옥뚜언은 성종의 동생이자 전임 태위였던 쩐꽝카이 등 여러 왕자들에게 사병을 이끌고 가 소게투의 진격을 저지하도록 했다. 그러나 성종의 또 다른 동생인 쩐익딱이 휘하 장수들을 데리고 소게투에게 투항하면서 남부전선이 무너지고 말았다. 쩐익딱은 훗날 원나라 수도로 가서 안남국왕으로 봉해졌으며 죽는 날까지 매국행위를 계속했다. 또 쩐 왕조의 오랜 신하였던 레딱은 베트남의 역사와 문화 지리를 총망라해 정리한 『안남지략』(安南志略)[8]을 지어 몽골군에 바쳤다. 일종의 침략 안내서였다. 서민과 노비들까지 일어나 나라를 지키겠다고 힘을 모으는데, 그동안 온갖 특혜를 누려온 왕족과 고위관리 가운데 배신자들이 나왔던 것이다. 절망에 빠진 인종은 항복까지도 고려했다. 인종은 자신의 여동생을 토곤에게 바치며 강화를 요청했는데, 토곤이 인종에게 직접 와서

---

8) 모두 20권이던 이 책은 19권이 소실되지 않고 지금까지 전해져 베트남사 연구에 중요한 자료로 쓰이고 있다.

항복하라고 요구해 협상은 소득 없이 끝났다.

그러나 다수의 베트남 군민은 저항 의지를 버리지 않았다. "계속 적에게 저항하는 것은 백성에게 불행을 가져다 줄 뿐이니 차라리 항복하는 것이 낫지 않겠느냐"는 인종의 물음에, 쩐꾸옥뚜언은 "폐하의 분부는 백성을 아끼는 군주로서 당연하신 말씀입니다. 그러나 항복하시려면 그에 앞서 신의 머리를 베십시오. 신이 있는 한 우리나라는 절대 망하지 않습니다"라고 설득했다. 그리고 격장사(Hịch tướng sĩ, 檄將士)를 지어 군대와 백성들에게 나라의 위급함을 알리고 함께 힘을 모아 싸울 것을 독려했다. 지금까지 남아 있는 이 유명한 문장의 내용을 축약하면 다음과 같다.

유제비장격문(諭諸裨將檄文), 즉 '장졸들에게 보내는 격문'이라는 말로 시작되는 격장사는 먼저 자신을 희생해 나라를 구한 고금의 중국 애국지사들을 여럿 열거한다. 그리고 베트남의 현실을 설명한다.

"우리는 조국이 위기에 처한 고난의 시기에 태어났다. 그동안 적의 사신들이 우리 관리들을 개나 염소처럼 멸시했고, 우리 재산을 노리는 저들의 탐욕은 끝이 없었다. 이러한 조국의 처지 때문에 나는 먹지도 자지도 못하고 뺨에는 눈물이 가슴에는 피가 흐른다. 나는 적의 가죽을 가르고 살점을 뜯고 피를 마실 수 없어 치가 떨린다. 만약 그럴 수 있다면 나는 천 번이라도 기꺼이 죽을 것이다.
너희들은 나의 지휘 아래 오랫동안 복무해 왔다. 너희들이 옷이 필요하면 내가 입혀주었고, 쌀이 필요하면 내가 먹여주었고, 헐벗으면 내가 옷을 주었고, 계급이 낮으면 내가 높여 주었다. 그런데 지금 너희들은 황제가 모욕을 당하는데도 침묵하고 나라가 위협을 받는데도 무관심하다. 만약 우리가 패해 포로가 된다면, 맙소사, 너희 재산은 적의 손에 떨어지고 아내와 아이들은 노예가 될 것이다.

내가 분명히 말한다. 지금 상황은 마땅히 불 위에 장작을 쌓거나 뜨거운 물을 마셔야 하는 위기로 여겨야 한다. 병사들을 훈련시켜 모두 명사수로 만들어라. 쿠빌라이의 머리를 대궐 아래 매달고 토곤의 살점을 거리에서 썩게 해야 한다. 그렇게 되면 너희들의 봉록이 계속 주어져 처자식과 함께 편안한 노후를 보낼 것이고, 너희들의 명예는 역사에 기록돼 수백 년을 이어질 것이다.

몽골과 우리는 결코 같은 하늘 아래 살 수 없는 적이다. 너희들이 적과 싸워 나라의 치욕을 씻지 않고 군사들을 훈련시켜 적을 몰아내지 않는다면 스스로 적에게 항복하는 것과 다름없다. 만약 그렇다면, 마침내 적이 쫓겨났을 때 너희들은 하늘과 땅 사이에 어떻게 머리를 들 수 있겠느냐?"

애국심과 단결을 호소하고 그동안의 나라의 은덕을 강조하며, 무엇보다 패했을 때 상황과 승리했을 때의 밝은 미래를 대비해 싸워야하는 이유를 설명했다. 비록 수백 년 뒤 우리와 문화가 달라 일부 내용과 표현들이 생경하게 느껴지지만, 지금도 충분히 공감할 수 있는 내용이다.

암울한 전황에도 불구하고 자원입대가 줄을 이어 베트남군은 단기간에 25만 대병력을 다시 편성할 수 있었다. 이를 기초로 쩐꾸옥뚜언은 전세의 반전을 시도했다. 쩐꾸옥뚜언과 그의 사위 팜응우라오(Pham

Ngu Lao, 范五老) 장군은 수백 척의 배에 병사들을 태워 은밀히 강을 건넌 뒤 반끼엡에 있는 몽골군 보급기지를 기습했다. 토곤은 베트남을 공격하면서 1차 침입 실패의 원인을 되풀이하지 않기 위해 중국 국경에서 최전선까지 15km마다 식량 보급기지를 세웠는데 그 중심지가 반끼엡이었다.

베트남군이 반끼엡의 몽골군 기지를 점령하는 데는 실패했지만, 이를 기점으로 몽골군 보급선에 대한 전방위적인 공격이 시작되었다. 총력전이었다. 쩐 왕족의 사병, 향군(鄕軍), 부락민 등 너나없이 여건에 맞춰 몽골군의 창고와 수송부대를 공격했고, 그만한 힘이 없으면 길에다 함정이라도 팠다. 몽골군은 압도적인 기동력에 병력의 수에서도 우위에 있었지만, 분산돼 있고 보루(堡壘)를 견고히 쌓지 않는 등 방어에 허점이 있었다. 게릴라전에 의한 피해가 갈수록 늘어났고 전방에 군량 보급도 점차 지장을 받았다.

토곤은 자신의 배후가 취약하다는 사실을 깨닫고 대도(大都)에 지원을 요청했지만 세계 곳곳에서 전쟁을 치르고 있던 몽골 정부는 더 이상 베트남 전선에 투입할 병력이 없었다. 토곤은 전쟁을 빨리 끝내야겠다고 생각하고 타잉화까지 올라와 있던 소게투에게 서둘러 북진하라고 독촉했다. 토곤 자신도 타잉화에 모여 있는 베트남 왕과 군대에 대한 공격을 직접 지휘했다. 베트남 주력군이 남북 협공에 밀리며 2차 대몽항전의 최대 고비를 맞게 되었다. 이대로 있다가는 붕괴를 피할 수 없다고 판단한 쩐꾸옥뚜언과 쩐꽝카이는 논의 끝에 큰 모험을 하기로 결정했다. 토곤의 관심을 북쪽으로 돌려놓은 뒤 분산된 몽골군을 각개 격파하는 작전이었다.

토곤과 소게투의 군대가 남북 양측에서 조여오자 베트남 왕과 고위 장군들이 배를 타고 바다로 향했다. 오마르의 몽골 수군이 추격했지만 베트남 배들이 먼바다로 나가자 별다른 생각 없이 철수했다. 타잉화에서 필사적인 저항이 계속됐지만 전쟁에 거의 패했다는 분위기가 베트남 전역에 퍼져나갔다. 왕이 외국으로 망명한 줄 알고 여기저기서 투항하는 장수들도 나타났다. 그런데 사라졌던 베트남 왕과 군대가 중국과 접경인 꽝닌 지방에 상륙해 탕롱 쪽으로 남하했다. 배후의 위협을 막아야 한다고 판단한 토곤은 서둘러 군대를 거두어 탕롱으로 돌아갔다. 그러자 베트남 왕과 군대는 다시 배를 타고 타잉화로 돌아와 흩어진 병력을 모았다.

당시 몽골군은 병력을 대폭 보강한 소게투가 닌빈[9]까지 진출해 있었고, 그곳에서 탕롱 사이에 여러 주둔지들이 홍강을 따라 포진해 있었다. 베트남 왕이 타잉화에 돌아왔다는 보고를 받은 토곤은 소게투에게 남쪽으로 군대를 돌려 잔여 세력을 일소하라고 지시하고, 오마르에게도 군함 60척을 이끌고 가 소게투를 돕도록 조치했다. 그런데 재편성을 마친 베트남군이 이들을 피해 배를 타고 홍강을 거슬러 오르며 강 유역의 몽골 주둔지들을 격파하기 시작했다.

쩐꾸옥뚜언은 홍강 하구에서 탕롱 중간에 있는 흥옌(Hưng Yên)의 몽골군 요새를 공격해 점령했다. 깜짝 놀란 토곤이 직접 군대를 끌고 내려왔다. 이때 베트남에 계절이 바뀌어 쩐꾸옥뚜언이 그토록 기다리던 우기가 시작되었다. 장대비가 되었다 보슬비가 되었다를 반복하며 끈

9) 닌빈은 하노이에서 남쪽으로 93km 떨어진 곳으로 남딘 남부와 접해있다.

질기게 내리는 비로 홍강 유역은 드넓은 습지로 변했다. 베트남군은 치밀한 압박과 유인으로 몽골 기병대를 강가 진흙 펄에 몰아넣은 뒤 발이 빠져 아우성치는 몽골 병사들을 천천히 척살했다. 몽골군의 최대 장점인 기동성이 무력화되고 수차례 패배를 거듭하자 토곤은 더 견디지 못하고 퇴각했다. 전쟁의 풍향이 바뀐 것이다. 곳곳에서 승전이 이어졌다. 쩐꾸옥뚜언의 손자인 청년장군 쩐꾸옥또안이 떠이껫(Tây Kết) 탈환전의 선봉에 섰고, 쩐녓주엇이 이끄는 송나라 망명자 부대가 함뜨(Hàm Tử)를 점령했다. 쩐꽝카이는 탕롱 바로 아래 쯔엉드엉(Chương Dương)을 공격했다. 베트남군이 탕롱까지 공격해 들어오자 토곤은 허겁지겁 북쪽 쟈럼(Gia Lam)으로 철수했다가 다시 반끼엡으로 이동했다.

그 사이 소게투와 오마르는 타잉화로 진군해 이미 떠나버린 베트남 왕을 찾아 헤맸다. 인종은 거꾸로 닌빈에서 소게투가 남겨놓은 소수의 몽골 부대를 공격했는데, 몽골 병사들이 소게투가 아닌 토곤 쪽으로 달아나면서 소게투는 북쪽의 전황을 전혀 전해 듣지 못했다. 아무런 정보도 없는 소게투와 오마르는 탕롱으로 가 토곤과 합류하기 위해 홍강을 따라 북상하다 떠이껫(Tây Kết)에서 베트남군의 습격을 받아 대패했다. 전투 중 소게투는 포로로 붙잡혀 처형됐고, 오마르는 겨우 목숨을 건져 배를 타고 중국으로 달아났다. 이로서 수년간 인도차이나 동부를 휘저었던 몽골의 참파 원정군이 소멸되었다.

수세에 몰린 몽골군은 몇몇 성들에 틀어박혀 움직일 수 없게 되었다. 보급선이 끊어진데다 베트남의 청야전술로 어디서도 쌀 한 톨 구할 수 없었던 몽골 병사들은 굶주림에 시달렸다. 우기가 계속되면서 진중에 전염병도 퍼졌다. 토곤이 1차 침략의 실패 원인을 분석해 원정군에 중국 의사들을 대거 동행시켰지만 근본 해결책은 되지 못했다.

토곤은 결국 철군을 결심했다. 몽골군은 중국 광서성과 운남성의 본래 주둔지를 향해 북동쪽과 북서쪽 두 갈래로 나뉘어 빠르게 퇴각했다. 토곤 자신은 킵차크 출신 시도르(Sidor)가 이끄는 수군의 배를 타고 무사히 귀환할 수 있었다. 그러나 육로로 이동한 대부분의 부대는 베트남군의 격렬한 반격에 시달렸다. 쩐꾸옥뚜언은 홍강 북쪽에 5만 명의 병력을 보내 몽골군의 앞을 가로막았다. 반끼엡, 노이방, 카리 등에서 격렬한 전투가 벌어졌고 무려 5만 명이 넘는 몽골군 병사들이 포로로 붙잡혔다. 포위망을 겨우 빠져나온 몽골군 병사들도 국경에 도착하는 순간까지 분노한 베트남 군민의 매복 공격에 시달려야 했다. 1285년 8월, 베트남의 전 영토가 몽골군으로부터 해방됐다.

인종은 반 년 만에 잿더미가 된 수도 탕롱으로 돌아왔다. 그는 전쟁에서 공을 세운 장군과 관리들을 골고루 포상했다. 특히 총사령관인 쩐꾸옥뚜언을 왕으로 책봉해 흥다오브엉(興道王)이라는 작위를 수여했다. 이 때문에 쩐꾸옥뚜언을 쩐흥다오(Trần Hưng Đạo, 陳興道)라는 이름으로도 많이 부른다. 인종은 다음해 몽골에 대한 유화책으로 포로들을 모두 돌려보냈다.

비록 몽골의 침략을 막아내고 승리했지만 전쟁으로 베트남 전역은 폐허가 되었다. 여기에 자연재해까지 겹치면서 곳곳에서 기근이 들었다. 인종은 백성들의 삶을 보살피기 위해 세금을 깎아주고 빈민을 구제했으며 라오스에 대한 원정 계획을 연기했다. 이 같은 선정 속에 베트남의 국내 상황은 조금씩 안정을 되찾아갔다.

4) 몽골의 3차 침입, 대역사의 완성

베트남 2차 침입 실패는 몽골제국 전체에 큰 충격을 안겼다. 유라시아 대륙을 휩쓸면서 이처럼 작은 나라에게 두 차례나 무참하게 패한 적이 없었다.[10] 또한 연이은 패전으로 인한 인적, 물적 손실은 몽골이 일본 원정을 중단해야 할 정도로 막대했다.『원사』「안남전」은 2차 침입 패배 다음 해 호남성의 한 관리가 올린 다음과 같은 내용의 상소문을 실었다.

"계속하여 일본과 참파, 베트남을 공략했던 탓에 우리 군은 죽고 상하고 지친 자가 많습니다. 민초들 역시 오랫동안의 무거운 부역과 병역으로 도처에서 유랑하며 탄식하고 있습니다 … 베트남은 여전히 사신을 보내어 우리와 군신 관계를 유지하고 있으니 먼저 민의 힘을

---

10) 몽골의 1차 베트남 침략이 실패한 직후인 1260년, 지금의 팔레스타인 갈릴리에서 일한국의 몽골군이 이집트의 노예전사 집단인 맘루크 부대와 격돌해 참패했다. 이를 전장에 흐르던 시냇물의 이름을 따 아인잘루트 전투라고 부르는데, 이로써 몽골의 시리아와 이집트 정복이 좌절됨은 물론 서진 자체가 멈췄다는 역사적 의의가 있다.
그러나 아인잘루트 전투는 몽골군 병력이 1만 명밖에 안 됐다는 점에서 베트남·몽골 전쟁과는 규모를 비교할 수 없다. 이집트군의 병력은 몽골군의 두 배였던 것으로 추정된다. 이는 일한국의 훌라구 칸이 몽케가 죽은 뒤 새로운 대칸을 선출하기 위해 대다수 병력을 이끌고 몽골의 카라코룸으로 가고, 부하인 키트부가에게 일부 병력만 남겨두었기 때문이다. 키트부가는 기독교인 투르크족으로 뛰어난 장수이기는 했지만 전력의 열세를 극복할 창의력은 부족했다. 군대의 구성도 몽골군은 몽골족뿐 아니라 킵차크족과 타타르족, 심지어 이제 막 정복된 아랍인 병사들까지 섞여 있었다. 반면에 이집트군은 이민족 청년을 노예로 구입해 오랜 세월 각종 전투기술을 가르친 맘루크들이며, 대부분 몽골과 같은 전술을 구사하는 투르크족 출신이었다.
물론 유라시아 대륙을 휩쓴 공포의 몽골군에 맞선 그들의 분투와 전투 결과의 역사적 의의를 폄하하는 것은 아니지만, 그때 이집트군은 베트남군보다는 훨씬 좋은 조건에서 싸웠다고 할 수 있다. 또한 훌라구가 돌아와 패전에 대한 복수를 시도했지만, 이슬람으로 개종한 킵차크한국의 베르케가 일한국의 후방을 공격해 실패했다. 그 뒤로도 이 같은 몽골 내부의 분쟁 때문에 일한국의 중동 공략에는 1, 2만 명을 동원하는 것이 고작이었고, 베트남 침략처럼 수십 만 명의 원정군을 파견하는 일은 불가능했다.

양성하는 것이 좋을 듯하며, 그렇지 않으면 민의 부역을 감하여 고역
을 줄여주며 양식을 저장하고 무기를 구비한 다음 내년의 좋은 계절
에 출병하는 것이 상책이라 아뢰옵니다 … ”

몽골은 제국의 수치를 씻기 위해 3차 침입을 준비했다. 2차 침입에
실패한 직후 몽골의 추밀원은 쿠빌라이 대칸에게 베트남 정벌을 재개
할 것을 요청했다. 이번 침입은 이전보다 훨씬 강도 높고 전략적이고
잔인할 것이었다. 그러나 강렬한 복수욕에도 불구하고 실제 군사행동
에는 2년여의 시간이 필요했다. 당시 쿠빌라이는 카이두와의 내전을
마무리해야 했고, 베트남 침입 실패뿐 아니라 송나라 병합과 일본 원
정 과정에서 입은 손실을 보충해야만 했다.

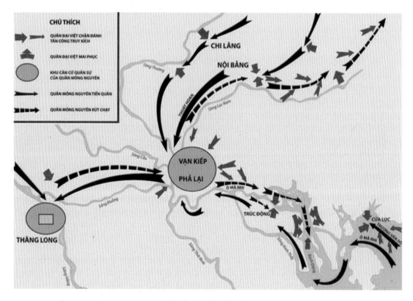

몽골의 3차 침입 형세도

1287년 11월, 드디어 모든 준비를 마친 몽골은 베트남 국경을 다시 넘었다. 쿠빌라이의 아들 토곤이 총사령관으로 몽골족 정예군 7만 명의 지휘를 맡았다. 중국 운남성과 해남성에서 징발한 현지인 2만1천명이 협공 부대를 편성했고, 아바치(Abachi)가 이끄는 1천 명의 돌격대가 선봉에 섰다. 그리고 오마르의 수군이 500척의 대선단으로 육군의 진격을 지원했다.[11] 쿠빌라이는 역전의 노장인 아릭 카이야(Arigh Khai-ya), 나시루딘(Nasirruddin)과 자신의 손자인 에센 테무르(Esen Temür)까지 베트남 공격에 합류시키는 등 원정의 성공을 위해 최대한 노력을 기울였다.

몽골은 베트남의 청야(淸野)전술에 맞서기 위해 필요한 군량을 모두 바닷길로 운반해 간다는 계획이었다. 이미 이전 2차 침입 때부터 몽골은 군사전술에 큰 변화를 감수했다. 본래 군수품의 현지 조달이 몽골군의 기본 원칙이었다. 몽골은 기병들에게 최소한의 식량만 휴대하게 해 기동력을 극대화했으며, 보급 문제에 얽매이지 않고 신속하게 이동해 목표를 공격했다. 이를 통해 그때까지 상상도 못했던 장거리 원정들을 성공시키며 세계제국을 건설할 수 있었다. 그런데 2차 베트남 침입 때 육상에 보급기지들을 건설했고, 그것이 게릴라 공격으로 제 기능을 못하자 이번에는 아무도 없는 바다로 군량을 나르기로 한 것이다. 이는 몽골인들의 유연한 사고를 보여주며, 또한 몽골이 베트남 정복을 위해 모든 방법을 고민하고 시도했다는 뜻이기도 하다.

---

11) 베트남 사료에는 3차 베트남 침략 때 몽골군의 규모를 30만 명에서 최대 50만 명으로 추산하는 기록들이 많다. 그러나 이는 지원 인력의 포함 여부와 함께 정치적 과장이 작용했을 것으로 보인다.

몽골군은 2차 침입 때와 마찬가지로 육군을 둘로 나누어 1진은 중국 광서성에서 출발해 베트남의 국경도시 랑썬으로 향하고, 2진은 운남성에서 출발해 홍강을 따라 진격해 들어갔다. 그리고 수군은 군량을 가득 실은 채 광동성을 출발했다. 토곤이 이끄는 몽골 주력군은 국경에 배치된 베트남군의 저항을 단기간에 일소한 뒤 랑썬을 거쳐 바익당강 하류인 반끼엡까지 밀고 내려왔다. 토곤은 여기서 일단 멈추어 수군을 기다렸다.

서전의 참패는 2차 대몽항전 승리의 감동이 채 가시지 않았던 베트남에게 큰 충격이었다. 인종은 패전의 책임을 물어 쩐꾸옥뚜언을 군법회의에 회부했다. 신상필벌의 원칙과 왕의 권위를 지키기 위해서는 군최고 지휘관이라도 법의 예외를 둘 수 없었던 것이다. 그러나 인종은 심리를 지연시켜, 쩐꾸옥뚜언의 군 재편성 작업을 방해하지 않으려 노력했다.

연이은 패배에도 불구하고 베트남 군민 전체가 싸우겠다는 의지를 굽히지 않았다. 베트남 병사들은 팔에 '몽골군을 죽이자'는 뜻의 살달(殺韃)이라는 글자를 새겼는데, 몽골군이 이 문신을 한 포로들을 학살했기 때문에 더욱 필사적으로 싸울 수밖에 없었다. 가능한 모든 수단을 사용해 적에게 저항하고, 만일의 경우 숲이나 산속에 숨었다가 다시 공격하자는 현수막이 마을마다 나붙었다. 군량미를 모두 태우고 후퇴한 쩐꾸옥뚜언이 지방의 부자들에게 식량 지원을 요청했는데, 대가로 명목상의 관직밖에 주지 않았는데도 대다수가 적극 호응했다.

풍전등화 같던 베트남의 전황은 이번에는 해전에서 실마리를 풀기 시작했다. 그런데 여기서 우리는 대단히 독특한 장군 한 명을 만나게 된다. 쩐카인즈(Trần Khánh Dư, 陳慶余)는 베트남 동쪽 변방인 년후에(Nhân Huệ)에서 하급장교의 아들로 태어났다. 보잘것없던 지위의 그는 1차 대몽항전 때 북부 전선의 몽골군 추격에서 두각을 나타냈고 성종의 눈에 들어 왕족으로 입양됐다. 쩐빙쫑이 그러했듯이 고위장교 후보가 된 것이다. 쩐카인즈는 이어 산악부족들의 반란을 성공적으로 진압하며 군내 서열을 높여갔다. 군 지휘관으로서 쩐카인즈는 천부적인 재능의 소유자였다.

그러나 쩐카인즈는 탐욕스럽고 온갖 비행을 서슴지 않는 부도덕한 성품을 지니고 있었다. 여색까지 밝혔는데, 그만 최고 권력자 중 한 사람인 쩐꾸옥뚜언의 며느리와 불륜을 저질렀다. 엄한 도덕론자였던 쩐꾸옥뚜언은 인간 이하로 여겨오던 자에게 모욕을 당하자 대노해 조정을 움직여 사형선고를 내리도록 했다. 탕롱의 서호 물가에 처형장이 마련되고 꿇어앉은 쩐카인즈의 목 위로 집행인의 무거운 칼날이 떨어지려는 순간, 미리 말을 맞춰놨던 왕의 사자가 구경꾼들을 헤치고 나와 사면을 알렸다. 목숨은 건졌지만 쩐카인즈는 모든 지위와 재산을 박탈당했다. 하는 수 없이 그는 고향으로 돌아가 숯을 구워 팔며 겨우 생계를 이었다.

그렇게 세월이 흘렀으면 비참한 신세로 삶을 마감했을 것이다. 그런데 역사의 흐름이 쩐카인즈에게 또 한 번의 기회를 안겨 주었다. 몽골의 2차 침략이 임박해오자 태상황 성종과 황제 인종 그리고 주요 군 지휘관들이 빈탄에 모여 몽골과의 전쟁 계획을 논의했다. 이 소식을 들은 쩐카인즈는 팔아서 여비로 쓸 숯을 잔뜩 메고 빈탄으로 갔는데 차마 회의장 앞에는 나타나지 못하고 주변을 쭈뼛거리며 맴돌았다. 그런데 쩐카인즈의 재능을 항상 아까워하던 성종이 소식을 듣고 그를 불러 과거의 죄를 용서했고 얼마 뒤 장군의 직위까지 회복시켜 주었다.

쩐카인즈가 최고의 공을 세운 것은 3차 대몽항전 때였다. 1287년 몽골의 공격이 시작됐을 때, 쩐카인즈는 베트남 수군 전진기지인 북부 번돈(Vân Đồn) 섬의 지휘를 맡았다. 그러나 쩐카인즈는 오마르가 이끄는 몽골 수군과의 첫 전투에서 대패하고 말았다. 가뜩이나 평판이 나쁜 쩐카인즈가 함대까지 잃어버리자 그를 죽이라는 목소리가 조정 내에서 높았다. 쩐카인즈는 단 며칠만 기회를 주면 큰 공을 세우겠다며 왕에게 간청해 처벌을 잠시 유예 받았다. 그가 치밀한 첩보망을 통해 몽골 수송선들이 내려올 것을 알고 있었다고 추정케 하는 대목이다.

베트남 주력 함대를 격파한 오마르는 당당하게 홍강을 거슬러 올라가 반끼엡에서 토곤의 육군과 합류했다. 그리고 수송선단이 군량을 실어오기를 기다렸다. 여기서 하나 풀리지 않는 의문이 있다. 수많은 전투 경험이 있는 오마르가 왜 수송선들을 무방비로 방치했는가 하는 점이다. 아무리 베트남 수군을 와해시켰다 해도, 전함들을 북으로 돌려 수송선단과 함께 내려와야 하는 것은 일반인도 상식으로 생각할 일이다. 아마도 빨리 자신과 합류하라는 토곤의 명령을 오마르가 거역하지 못했거나, 수송선단 지휘관이 중국 해적 집안 출신인 장문호(張文虎)였다는 점에서 오마르와 뿌리 깊은 반목이 있지 않았나 추측할 뿐이다.

장문호의 몽골 수송선단은 전투함대가 항로를 깨끗이 정리했으리라 믿고 유유히 남하했다. 70척의 대형 범선 안에는 몽골 원정군 10만 명이 아껴 먹으면 일 년 정도는 버틸 수 있는 쌀 7만 석[12]과 말먹이인 건초가 산더미처럼 실려 있었다. 그 사이 쩐카인즈는 흩어졌던 군함들을 모으고 다른 지역 수군들까지 총동원해 일살필기의 기회를 노리고 있었다. 그는 오늘날 관광명소가 된 하롱베이의 수많은 섬들 뒤에 배들을 숨겨 놓았다. 그리고 무방비 상태의 몽골 수송선단을 번돈 섬 인근에서 급습했다.

몽골은 송나라 수군을 넘겨받아 전쟁에 동원했고, 따라서 수군의 편제와 장비도 송나라와 거의 같았다. 당시 중국의 전함은 돛뿐만 아니라 선원들이 발로 밟아 돌리는 수차를 양 옆에 장착했다. 따라서 육중한 선체에도 불구하고 빠른 항속과 민첩성을 발휘할 수 있었다. 그러나 오로지 돛에만

몽골 침입 당시 송나라 전함

의존하는 수송선들은 물에 뜬 거대한 창고와 같았다.

베트남의 소형 군선들이 벌떼처럼 달려들자 몽골 수송선들은 제대로 피해보지도 못한 채 차례로 침몰해갔다. 장문호를 비롯한 몽골군 지휘관들은 작은 배로 옮겨 탄 뒤 재빨리 북으로 달아났고, 그 뒤로

---

12) 쌀 1석(섬)은 약 144㎏으로 장정 한 명의 일 년 소비량으로 추정된다. 쌀 1석은 약 2가마니로 환산할 수 있다.

수십 척의 배들이 불에 타오르며 바다를 붉게 물들였다. 그리고 그 안에 실려 있던 엄청난 양의 쌀과 건초들도 연기 속으로 사라져 갔다. 이로써 베트남의 청야전술을 극복하려던 몽골의 기본전략은 개전 초 단한 번의 전투로 물거품이 되었다.[13]

················ **[역사의 현장 3-1]** 번돈 해전 ················

베트남 북부의 대표적인 휴양지인 하롱(Hạ Long)시는 옅게 낀 바다 안개 사이로 갖가지 모습의 섬들을 드러내며 아침을 시작한다. 부두 앞에는 수십 척의 유람선들이 모여 관광객을 맞을 채비에 분주하다.

하롱의 아침

하롱베이는 남쪽 바익당강 어귀의 옌흥(Yên Hưng)에서 시작해, 하롱과 껌파(Cẩm Phả)를 지나 북쪽 번돈(Vân Đồn)에 이르는 120km 길

---

13) 쩐카인즈는 3차 대몽항전 이후로도 50년 이상 더 살며 네 명의 왕을 모셨다. 그동안 침파 원정 등 여러 건의 대내외 전쟁에 참가해 녹슬지 않은 군사적 능력을 과시했다. 동시에 쩐카인즈는 번돈 수군 사령부의 물건을 내다 팔아먹는 등 변함없는 부패와 독직으로 악명을 떨쳤다. 손가락질하는 사람들에게 그는 "장군은 매이고 병사들은 오리이다. 매가 오리를 잡아먹는 게 왜 이상한 일인가?"라고 반박했지만, 그의 후원자인 왕조차도 이 궤변에 동의하지 않았다.

의 해안과 부근의 1,969개 섬들을 일컫는다. 2억 년간 비와 파도가 석회암을 깎아 만든 기암괴석들은 잔잔한 바다와 어우러져 자연이 빚은 예술품이라 불릴 정도로 아름답다. 그러나 지상낙원처럼 보이는 이 하롱 앞바다에서 1287년, 베트남과 몽골의 전투 함대들이 지옥과도 같은 격전을 벌였다.

하롱 앞바다

그에 앞서 몽골의 3차 침입 발발 직후에 베트남의 전투함대가 몽골의 수송선단을 기습해 전쟁의 향배를 초기에 결정지었는데, 하롱베이의 가장 북쪽 번돈 섬 앞바다에서의 전투였다. 하롱에서 번돈으로 가려면 국도를 한 시간 이상 달려야 한다. 중국 국경으로 이어지는 이 도로는 양국 무역품들을 실은 차들로 분주하다. 도로 주변에는 철도와 공장지대가 이어진다.

하롱시 북부 도로

가는 도중에 껌파에 있는 쩐꾸옥뚜언 사당에 들렸다. 언덕에서 바다를 내려다보도록 지은 작은 사당이었는데, 베트남군 장교 몇 명이 사당에 들러 분향하고 예를 올리는 모습이 보였다. 개혁 개방을 했다지만 공산국가 장교들이 사당에 참배하는 모습은 항상 북한을 의식하며 자라온 필자에게는 어색하게 느껴졌다.

껌파의 쩐꾸옥뚜언 사당

언덕에서 바라 본 전경

베트남 장교들

국경으로 향하는 도로에서 벗어나 다리를 건너 번돈 섬으로 들어갔다. 이곳과 주변 600여 개의 작은 섬들을 묶어 인구 4천 명의 번돈 구(區)를 이룬다.

하롱시에 비해 아직 외부에 덜 알려진 번돈 해변은 훨씬 조용하고 깨끗했다.

　번돈 섬 앞바다는 주변의 섬들이 큰 포물선을 그리듯 에워싸고 있다. 몇 겹으로 이어지는 작은 섬들은 함대를 숨겨놓고 적을 기다리는데 이점을 주었고, 파도를 막아주어 미풍에 느리게 움직이는 몽골의 수송선을 베트남 수병들이 노를 저어 공격하기에도 알맞은 장소였다.

　몽골군 수송선단이 궤멸됐지만 아직 전투력이 훼손된 것은 아니었다. 토곤은 서두르면 전쟁에 이길 수도 있다고 스스로를 독려했다. 토

곤은 먼저 원정군의 베이스캠프 격인 반끼엡 주변의 점령지를 확대했다. 인근 요새들을 차지해 반끼엡으로 연결되는 세 개의 도로에 대한 지배를 공고히 하고, 불과 얼마 전까지 쩐꾸옥뚜언이 주둔했던 마오라 (Mao La) 항구도 장악했다. 2차 침입 때 쩐꾸옥뚜언이 기습 상륙전으로 반끼엡을 공격하고, 그후 베트남 군민의 게릴라 공격으로 몽골군의 보급선이 분절되었던 아픈 경험 때문이었다. 반끼엡에는 견고한 방벽을 둘러 세우도록 했다.

그리고 토곤은 탕롱에 대한 공격을 개시했다. 오구치의 무시무시한 돌격대가 육로로, 오마르의 수군이 홍강을 건너 탕롱성을 양쪽에서 공략했다. 인종은 다시 수도를 버리고 홍강 하류인 티엔쩡(Thiên Trường)으로 피신하지 않을 수 없었다. 토곤과 오마르가 바짝 따라붙어 한때 인종이 포로가 될 뻔한 위기도 있었지만, 거미줄 같은 홍강 지류에서 작은 배들로 몽골 기병과 군선들을 혼동에 빠뜨려 겨우 탈출할 수 있었다. 인종이 추격권에서 멀어지자 토곤은 오마르에게 전선을 맡기고 탕롱으로 돌아갔다.

번돈해전 소식이 퍼지며 패전의 운명을 직감했기 때문이었을까, 3차 침입 때 몽골군 병사들은 유난하다 할 정도로 심한 잔학행위를 저질렀다. 몽골군은 탕롱에 들어가 관청을 불태우고, 무덤을 도굴하고, 집집마다 다니며 사람들을 죽이거나 끌고 갔으며, 차마 입에 담지 못할 범죄들을 자행했다.

몽골은 몇몇 도시들을 더 점령했지만, 그후 전선이 정체됐다. 베트남군의 격렬한 저항과 함께 벌써 군량 부족으로 몽골군 병사들이 굶주리기 시작한 것이다. 몽골군의 말들도 마르고 쇠약해졌다. 말들은 들판의 풀을 뜯으면 되지 않나 생각할 수도 있겠지만, 야생의 풀로 배를 채우려면 하루 종일 먹고 소화하는데 시간을 보내야 하며 더구나 풍토가 다른 낯선 풀을 잘 먹으려 하지도 않았다. 그래서 군사 원정에는 반드시 건초를 함께 수송해 갔는데, 그것이 하롱베이의 바다에서 불타버린 것이다.

토곤의 절박한 지원요청을 받은 아버지 쿠빌라이는 번돈해전에서 무사히 돌아온 일부 수송선에다 급히 식량과 배들을 보충해 새로운 선단을 구성했다. 이번에는 오마르의 전투함대를 중국 해남성(海南省, Hainan)까지 불러 장문호의 수송선단을 호위해 함께 출발하도록 했다. 조심스럽게 베트남 북부해안을 따라 내려온 몽골군의 연합함대가 바익당강 어귀를 20km 정도 남겨놓은 꾸아룩(Cửa Lục) 해협 입구를 지날 무렵 기다리던 베트남 수군과 맞닥뜨렸다. 이곳은 오늘날 하롱베이 관광의 중심지인 하롱시 앞바다로 수많은 섬과 바위가 산재해 있어 전함들이 은신해 있기에는 최적의 장소였다.

지옥을 옮겨놓은 것 같은 대전투가 벌어졌고, 베트남이 또다시 승리를 거두었다. 오마르 함대가 전함의 숫자나 크기·장비 면에서 모두 우위에 있었는데 왜 패했으며 전투 양상은 어떠했는지 정확한 기록을 찾기가 어렵다. 다만 다도해의 지형과 물길에 익숙한 베트남 수군이 기습을 가했고, 당황한 몽골 전함과 수송선들이 뒤엉켜 제대로 전투력을 발휘하지 못했으며, 전투 초기부터 일부 배들이 달아나면서 몽골군의 전체 대형이 무너진 게 아닌가 추정된다. 그리고 무엇보다 베트남군 수병들은 자신의 목숨을 바쳐서라도 나라를 지키겠다는 의지에 차있던 반면, 몽골군 수병들은 대부분 징발된 한족들이었다. 바다 위 난전

속에 한족 병사들이 정복자인 몽골을 위해 얼마나 충성을 보였을지는 쉽게 상상이 가는 일이다.

몽골 수송선들은 배의 무게를 줄이기 위해 군량을 마구 바다에 내던진 뒤 탈출을 시도했지만, 베트남의 재빠른 군선들을 피할 수 없었다. 수많은 몽골의 배들이 불에 타거나 나포되었다. 베트남의 연대기들은 이때 300척의 몽골 군선을 빼앗았다고 다소 과장돼 보이게 기록했고, 중국의 『원사』 「안남전」도 베트남 수군의 배 숫자가 늘어났다고 시인했다.

이제는 모든 희망이 사라졌다. 우기는 바짝바짝 다가오고, 곳곳에서 베트남군의 습격으로 전사자들이 늘어났다. 몽골군 장군들은 토곤에게 이대로 베트남에 머물다가는 참사를 겪을 것이라고 계속 진언했다. 토곤은 눈앞의 암담한 현실과 이대로 본국으로 돌아갔을 때 맞닥뜨릴 가혹한 책임추궁 사이에서 갈등했다. 1288년 여름, 토곤은 드디어 결단을 내렸다. 그는 "베트남은 너무 덥고 습하며 군대는 지쳤다"면서 철군을 선언했다. 몽골군은 두 갈래로 나뉘어 육로로는 랑썬을 향해 그리고 해로로는 바익당강을 통해 퇴각하기로 했다. 육로로 철수하는 부대는 토곤이, 해로 쪽은 오마르가 지휘했다.

베트남은 몽골군을 순순히 돌려보내지 않았다. 쩐꾸옥뚜언은 병력을 둘로 나누어 사위인 팜응우라오 장군에게 북쪽 국경 쪽에 매복해 몽골군의 퇴각로를 끊도록 했다. 그리고 자신은 나머지 병력을 이끌고 바익당강으로 향했다. 최후의 격전지로 진군하던 쩐꾸옥뚜언은 호아(Hóa)강을 건너며 "만일 몽골군을 이기지 못하면, 우리는 다시 이 강을 건너지 않을 것이다"라고 맹세했다.

쩐꾸옥뚜언은 350년 전 응오꾸엔이 남한군을 물리친 전술을 다시 사용하려 하였다. 몽골군도 이 같은 의도를 충분히 예상하고 기마부대가 강변을 따라 내려가며 선단을 보호하도록 했다. 그러나 베트남군이 다리와 도로들을 끊어 놓았고 곳곳에 숨어있는 유격부대의 위협 때문에 이동이 여의치 않았다. 결국 몽골 기마부대는 원망 어린 수군 병사들의 시선을 뒤로 한 채 떠날 수밖에 없었다.

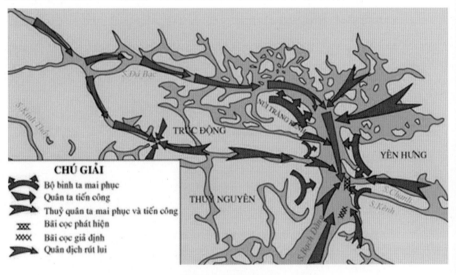

바익당강 전투(1288년)

바익당강은 여러 지류가 합쳐져 흐르는 까닭에 물살이 빠르고 수심이 깊으며, 양쪽 강변은 절벽과 정글로 이루어져 있었다. 쩐꾸옥뚜언은 강바닥에 나무말뚝을 박아 놓고 한 쪽 강변에 염초와 볏짚을 실은 배들을 매복시켰다. 그리고 몽골 수군이 내려오자 군선을 보내 싸움을 걸었다. 베트남군의 소형 군선들은 몽골 전함 앞에 갑자기 나타나 화살을 쏘아 대고는 얼른 달아나기를 반복했다. 그때마다 전투대형을 갖추느라 법석을 떤 몽골 수군 병사들은 점점 짜증이 났다. 그리고 드디어 베트남 수군 본진이 눈앞에 나타나자 잘 걸렸다는 기분으로 총공격을 가했다. 이제 막 밀물이 끝나가는 시점이었다. 베트남 전함들은 짧게 교전한 뒤 몽골 수군을 도저히 당해내지 못하겠다는 듯 달아나기 시작했다. 잠시 강 위에서 추격전이 벌어졌고, 베트남 전함들을 거의 따라잡았다 싶었던 순간 몽골 전함들이 썰물로 낮아진 강바닥의 나무말뚝에 걸려 기울어졌다. 그때 베트남 전함들이 일제히 돌아서 화공을 퍼부었다. 강 양쪽에 숨어있던 육군까지 뛰어나와 공격에 가담했다. 이날 전투로 몽골군선 100여 척을 침몰시키고 400여 척을 노획했으며 오마르 등 많은 장수와 병사들을 생포했다.

·········· [역사의 현장 3-2] 대몽항전 최후 격전지 ··········

바익당강은 하이퐁과 하롱 사이를 가르며 흐른다. 짧은 강이지만 아열대 평야 위에서 여러 지류들과 합하고 나뉘기를 반복하며 풍

부한 수량을 품어 온다. 백등강(白藤江)이라 이름 붙여진 연유는 백(白)은 물 색깔이 희다는 뜻이고 등(藤)은 지류들이 등나무 넝쿨처럼 얽혀있다는 의미이다. 하류의 폭은 1km 남짓인데 서쪽의 깜강(Sông Cẩm)과 합류한데다 강 하구가 갑자기 넓어져 특히 밀물과 썰물 때는 강물의 흐름이 거세다.

바익당강 위에는 하노이에서 하롱베이로 가는 다리가 놓여 있고 지금도 추가로 다리를 짓고 있다. 그러나 다리까지 길을 돌아가기 싫은 사람들이 지금도 아주머니 사공이 젓는 나룻배를 이용하는 모습을 종종 볼 수 있다.

넓은 바익당강 위로 화물선들이 활기차게 오고 다닌다. 그러나 급류뿐 아니라 곳곳에 암초들이 숨어있어 등대로 위험을 알려야 한다. 이것이 응오꾸옌과 쩐꾸옥뚜언이 바익당강 하류를 결전의 장소로 택한 이유이다.

하이퐁 시 건너편 주택가 강변의 아직 개발 안 된 소택지처럼 보이는 곳에 대역사의 유적이 남아 있다. 1288년 쩐꾸옥뚜언이 몽골군과 마지막 전투를 벌이기 위해 박아 놓은 말뚝들이 아직까지 썩지 않고 남아있는 것이다. 당시에는 강 한가운데였던 곳이 700여 년의 세월 동안 강의 흐름이 바뀌어 뭍이 되고 그 땅 속에 묻혀있던 것이다. 베트남 정부는 1959년 수로를 파다 우연히 이것을 발견하고 일부는 꺼내 박물관에 전시하고 나머지 대부분은 물에 담근 채 보존하고 있다.

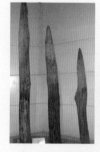

하노이역사박물관전시

유적지 전경

물속에 보이는 말뚝들

연못 옆에는 유적의 역사적 배경과 발굴 결과를 설명한 비석이 서 있다. 이에 따르면 쩐꾸옥뚜언은 강의 지형을 이용해 암초 사이에 말뚝을 박았다. 말뚝들을 강 상류 쪽으로 비스듬하게 기울여 약 1미터 간격에 지그재그로 꽂았으며, 그렇게 길이 120m, 폭 30m의 수중 장애물 지대를 만들었다. 오랜 세월이 흐르고도 약 300개 정도의 말뚝들이 썩지 않고 남았는데, 목재는 15cm에서 33cm 굵기의 철목(鐵木, ironwood)과 티크(Teak Wood)들이었다.

유적지 옆에 서있는 철목은 왜 쩐꾸옥뚜언이 말뚝의 재료로 썼는지 한눈에 알 수 있을 만큼 높고 곧게 솟아 있다. 철목은 아카시아계 수종으로 자르기 힘들 정도로 무겁고 단단하며, 티크는 열대 낙엽수인데 단단할 뿐 아니라 기름이 많아 물에 강하다.

바익당강 유적비   철목

유적지 부근에 쩐꾸옥뚜언의 사당이 있고, 거리에는 바익당강 전투의 승리를 기리는 벽화가 그려져 있었다. 베트남인들이 가장 존경하는 쩐꾸옥뚜언은 전국 곳곳에 사당이 있는 것 같다.

쩐꾸옥뚜언 사당   바익당강 전투 벽화

베트남 북동부 유적지 탐사를 마치고 하노이로 돌아가는 길에 본 대평원의 석양이 매우 아름다웠다.

육로로 퇴각하던 몽골군의 운명도 순탄치 않았다. 베트남군의 매복 공격에 시달리던 토곤은 병력을 소규모로 산개해 후퇴하도록 지시했다. 이는 유목민족 군대의 특기로 농경민족을 침략할 때 정규군과의 교전을 피하고 싶으면 수십 명 단위로 흩어져 지나친 뒤 순식간에 다시 집결하는 방식이다. 다만 이 전술은 소규모 부대가 마주치는 현지 주민들이 싸울 능력과 의지가 없을 때 가능한 것이었다. 몽골 병사들 앞에는 결사적으로 싸울 준비가 되어있는 베트남 농민들이 있었다. 2차 침입이 끝나고 몽골 포로들을 돌려보냈다 호의를 침략과 학살로 되돌려 받은 베트남인들은 몽골 패잔병을 살려 보내지 말아야 할 절실한 이유가 있었다. 결국 몽골 육군 중 살아서 국경을 넘어간 사람은 소수에 불과했다. 토곤은 겨우 목숨을 건져 귀국했지만, 그를 맞는 분위기는 예상대로 싸늘했다. 분노한 쿠빌라이는 아들을 만나주지도 않고 수도에서 수천 리 떨어진 양주(揚州)로 유배 보냈다.

침략군이 물러간 뒤 탕롱으로 돌아온 인종은 곧바로 사신을 보내 강화를 요청했다. 베트남의 사신은 토곤이 귀국한 지 바로 며칠 만에 원나라 수도 대도(大都, 현재의 베이징)에 도착해 조공을 바치며 원을 상국(上國)으로 받들겠다고 약속했다. 인종은 계속해서 사신을 보내 전쟁에 대해 사과하고, "베트남은 덫에 갇힌 동물처럼 생존을 위해 싸울 수밖에 없었다"며 이해를 구했다. 쿠빌라이는 과거보다 다소 누그러진 어조로 "왜 참파 공격로를 열어주지 않았느냐"고 질책한 뒤 오마르 등 붙잡혀 있는 몽골 장군들을 돌려보내라고 요구했다. 베트남 정부는 원나라 사신을 극진히 대접하고 오마르를 배에 태워 송환했는데, 중국으로 향하던 배가 도중에 침몰하는 사고가 일어났다. 베트남은 쿠빌라이에게 오마르를 구조하려 했지만 너무 무거워 실패했다고 해명했는데, 사실은 그를 돌려보내서는 안 된다는 쩐꾸옥뚜언의 진언에 따른 것이었다고 전해진다.[14)]

베트남과 원나라는 서로 전쟁포로들을 돌려보내는 등 한때 우호적인 분위기가 조성되었다. 그러나 자신을 직접 알현하라는 쿠빌라이의 요구를 인종이 병을 핑계로 거부하자 양국 관계가 급격히 냉각되었다. 쿠빌라이는 베트남이 사신을 보내는 족족 억류하고 또다시 베트남 정벌을 준비했다. 사실 쿠빌라이는 마음속으로 베트남 정복의 야심을 한시도 버리지 않았다. 칭기즈칸 이후 계속된 정복 사업이 베트남에서 멈춰버린 것이 몽골제국의 수장으로서 자신의 체면을 크게 손상시켰다고 여긴 것이다. 이 때문에 쿠빌라이는 1288년 5월 토곤이 패해 돌아왔는데 벌써 7월에 대규모 해상전투 훈련을 지시했을 정도였다. 원나라 대신들은 더 이상의 베트남 원정은 무리라고 생각했지만 황제의 의지 앞에서는 누구도 반대의 목소리를 낼 수 없었다. 그러다 1294년 쿠빌라이가 병으로 사망하자 출병은 취소되었다. 오랜 전쟁이 드디어 끝난 것이다. 쿠빌라이의 손자로 원의 황제 자리를 이은 테무르(Temür, 成宗, 1294~1307 재위)는 구금됐던 사신들을 석방하고 베트남과 국교를 정상화했다. 이후 원나라는 왕조 말까지 베트남과 우호관계를 지속했다.

베트남은 본격적인 국가 재건에 나섰다. 무엇보다 무너진 제방과

---

14) 쿠빌라이가 오마르를 직접 거명해 돌려보내라고 요구한 것은 수차례 패전에도 불구하고 사막에서 일어난 원나라에 오마르만큼 믿을만한 수군 전문가가 없었기 때문으로 보인다. 그만큼 베트남도 그를 혹시 모를 재침략의 위험인물로 간주했을 것이다.

황폐해진 간척지 등 농업생산시설 복구가 급선무였다. 또한 조국은 해방됐지만 오랜 전쟁에 백성들의 삶이 도탄에 빠져있었다. 인종은 전쟁 피해를 입은 지역의 조세를 면제해줬고, 정부가 나서 빈민 구제에 힘을 기울이도록 했다. 많은 것을 잃고 고통 받은 시기였지만, 세 차례의 대몽항전을 통해 베트남은 안으로는 강화된 왕권으로 정치적 통합을 이루고 밖으로는 동남아 군사강국의 위상을 떨쳐 대외관계의 안정을 누릴 수 있었다. 이를 기초로 베트남은 장기간의 평화와 번영을 구가할 수 있었다.

쩐꾸옥뚜언은 인종과 그 뒤를 이은 영종(英宗, 1276~1320 재위)을 보필하다 말년에 자신의 장원(莊園)이 있는 반끼엡으로 돌아가 여생을 보냈다. 수십 년간 전군을 지휘했고 외적을 세 차례나 막아내 만백성의 존경을 받는 그였지만 왕에 대한 충성과 겸양을 잃지 않았다. 왕이 그에게 어떠한 호칭이라도 사용할 수 있도록 윤허했지만, 왕이 직접 정해준 '흥다오브엉(Hưng Đạo Vương, 興道王)' 외에 다른 이름을 사용하지 않았다. 전해오는 이야기에 따르면 쩐꾸옥뚜언은 뜰에서 산책을 하다 차남에게 "진정한 권력자라면 나라를 얻어 후세에게 물려줘야 한다는데 그런 야심이 있느냐"고 물었다. 차남이 무릎을 꿇고 "송태조도 미천한 농민이었지만 기회를 놓치지 않고 스스로 나라를 세웠습니다"라고 답하자, 갑자기 칼을 빼어들고 "내 아들이 역적이었다"며 내리치려 했다. 가족들이 허겁지겁 달려오고 장남이 눈물로 호소해 목숨은 살려줬지만 그 후 다시는 차남을 보지 않았다.

이것이 사실이라면 차남에게 너무 가혹했던 처사로 보이지만, 왕에 대한 절대적인 충성의 표현으로 쩐꾸옥뚜언 본인도 살고 아들들도 목숨을 보전할 수 있었다고 보아야 한다. 왕은 그를 믿었을지 모르지만, 왕의 숨은 귀와 눈들은 한시도 긴장을 늦추지 않고 그를 감시하고 있었을 것이다. 동서양을 막론하고 나라를 구한 영웅이 전쟁이 끝난 뒤 왕좌를 빼앗거나 제거되지 않고 천수를 누린 경우는 오히려 드물었다.[15]

쩐꾸옥뚜언이 병에 들어 임종이 임박하자 영종이 직접 문병을 갔다. 왕은 병상의 노신(老臣)에게 "북쪽 나라에서 또다시 침략해오면 어떻게 해야 하는가"라고 물었다. 그는 다음과 같이 대답했다. "적이 불과 바람처럼 포효하며 몰려온다면, 이를 막기는 쉽습니다. 그러나 적이 서둘러 승리하려 하거나 백성을 약탈하지 않고 누에가 뽕잎을 갉아먹듯 참을성을 보인다면, 우리는 뛰어난 장군을 보내 장기를 두듯 정교한 전술을 구사하며 싸워야 합니다. 군대는 부모와 자식처럼 하나의 마음으로 단결해야 합니다. 또 백성을 자애롭게 대해야 합니다. 그래야 우리는 깊은 뿌리와 흔들리지 않는 기반을 가질 수 있습니다." 국가안보에서 사상전(思想戰)의 중요성을 강조한 쩐꾸옥뚜언의 교훈은 700년이 지닌 지금 우리에게도 큰 울림이 있다.

---

15) 일부에서는 쩐꾸옥뚜언의 셋째 아들인 쩐꾸옥땅(Trần Quốc Tảng, 陳國顙)이 쩐 왕조 시조인 태종의 정통성을 부인하고 자신의 할아버지인 옌신왕(Yên Sinh vương, 安生王) 쩐리에우 가계로 왕위를 이양하려는 음모에 가담했다고 주장한다. 이 때문에 현 왕가에 충성하는 아버지·맏형과 갈등을 빚어 부자의 인연을 끊게 됐다는 것이다. 그러나 이는 쩐꾸옥땅이 아무리 왕족이라 해도 역모를 저지른 뒤 어떻게 목숨을 부지했는지 설명하기가 궁색해진다. 쩐꾸옥땅은 쩐 왕조의 고위 장군으로 일했고 아버지 쩐꾸옥뚜언이 사망한 뒤 13년을 더 살다 죽었다.

4

명(明)의 지배와 해방

4. 명(明)의 지배와 해방

1) 무너지는 왕국

영원한 것은 없다. 철옹성 같던 쩐 왕조의 통치체제도 시간이 흐르며 조금씩 이완되었다. 오랜 평화 속에 쩐 왕조의 전성기를 구가했던 제5대 명종(Minh Tông, 明宗, 1314~1329 재위)[1] 치세 말기부터 이미 망국의 조짐들이 나타나기 시작했다.

명종 자신은 백성의 질고(疾苦)를 근심하며 제왕의 도를 지키기 위해 일평생 노력한 왕이었다. 그는 기근이 발생하면 즉시 곳간을 열어 빈민을 구제하고 세금을 감면했다. 강이 범람하자 신하들의 반대를 무릅쓰고 직접 강가에 나가 제방 보강을 지휘하기도 했다. 또한 국경의 안정에 힘을 기울이고 외적이 쳐들어오면 군사를 이끌고 나가 맞서 싸웠다.

명종

---

1) 후에 태상황으로 실권을 행사하다 1357년 사망.

그런데도 오늘날의 사가들은 명종이 국가를 이끌어 나갈 장기 비전과 역량이 부족했다고 박하게 평가한다. 겉으로는 번영하는 듯 보였던 왕조가 안에서부터 썩어가는 것을 그는 깨닫지 못했다는 것이다. 권력자들이 농민의 토지를 강탈하면서 나라에 세금을 내고 부역과 군역을 담당할 인적 자원이 부족해졌다. 불교계도 넓은 땅을 잠식하고 노비와 농노를 소유하며 타락해 갔다. 여기에 왕실의 내분이 통치체제를 위에서부터 뒤흔들었다.

중전에게 아들이 없자 후궁들이 낳은 왕자들 가운데 누구를 후계자로 선정해야 하는지를 놓고 궁정 안에서 편을 나누어 격론이 벌어졌다. 후계자를 당장 정하자고 주장한 간신 쩐칵쭝(Trần Khắc Chung, 陳克終)은 시간을 두고 적자 탄생을 기다리자는 중전의 아버지 쩐꾸옥쩐(Trần Quốc Chẩn, 陳國瑱)을 모함해 옥사시켰다. 쩐꾸옥쩐이 선왕인 영종(英宗)을 모시고 참파를 공격해 속국으로 만들었던 유능한 장수였다는 점에서 그의 죽음은 쩐 왕조에 큰 손실이 아닐 수 없었다.

명종은 1329년 둘째 아들 헌종(Hiến Tông, 憲宗, 1329~1341 재위)에게 황제 자리를 물려주고 본인은 태상황이 되었다. 명종은 장남인 쩐둑(Trần Dục, 陳昱)을 엉성하고 미친 사람이라고 부를 정도로 미워해 서인으로 내치고 차남을 후계자로 택했다. 실제로 쩐둑의 사려 없는 행동은 훗날 쩐씨 왕족 전체에 큰 화를 부른 불씨가 되었다. 즉위 당시 헌종의 나이는 11살, 국정은 태상황 명종이 전담했고 헌종에게는 아무런 실권도 주어지지 않았다. 그렇게 왕위를 지키던 헌종은 23살 젊은 나이에 병으로 세상을 떠났다. 『대월사기전서』는 헌종이 총명함과 정의로움으로 백성들 사이에 명망이 높았다고 기록했다. 그가 오래 살아 실제로 일할 기회가 주어졌다면 쩐 왕조의 역사가 어떻게 달라졌을까 궁금하다.

헌종 치세 때 라오스와 참파 등 외적의 침입이 잦아졌다. 대규모 반격이 이어졌지만 전대와는 달리 베트남이 종종 패배하는 일들이 벌어졌다. 인도차이나에서 베트남이 더 이상 무적이 아니었던 것이다. 특히 명종이 직접 지휘했던 1335년의 라오스 원정은 수많은 병사들을 잃고 참패로 끝났다. 베트남의 전력 약화는 대몽 항쟁 때 청년장교로 참전했던 유능한 장군들이 노쇠해져 이 시기에 잇따라 사망한데도 큰 원인이 있었다. 명장(名將)과 현신(賢臣)들이 사라진 자리를 무능하고 부패한 관리들이 차지해 갔지만, 아집이 강해 인재의 옥석을 가리는 데 서툴렀던 명종은 이를 알아차리지 못했다.

뚜옹

헌종 사후 태상황 명종은 자신의 열 번째 아들인 유종(Dụ Tông, 裕宗, 1341~1369 재위)을 황제로 옹립했다. 당시 나이 6살, 실권은 여전히 아버지 명종이 쥐고 있었다. 유종은 그저 먹고 노는 게 낙이고 일이었다. 문제는 명종이 사망(1357년)한 뒤에도 21살의 젊은 왕이 여전히 주색과 사치에서 벗어나지 못하고 국정을 돌보지 않았다는 것이다. 유종은 새 궁전에 호수와 동산을 만들어 그 안에서 술을 마시고 원나라에서 유입된 창극 뚜옹(Tuồng)을 보거나 부자들을 모아 도박을 하며 모든 시간을 보냈다. 국정이 흔들리면서 도탄에 빠진 농민들이 곳곳에서 봉기했고, 남쪽에서는 참파의 세력이 무섭게 일어서고 있었다.

지금은 사라진 왕국이지만 참파의 문화 역량은 결코 베트남에 뒤지지 않았다. 참파는 인도의 힌두교를 받아들여 캄보디아 앙코르와트보다 이른 시기에 수많은 사원들을 세우고 정교한 조각으로 장식하는 등 7세기부터 13세기에 걸쳐 예술의 절정기를 이루었다. 성지(聖地)였던 베트남 중부 미선(Mỹ Sơn)에는 수많은 건축 유적들이 옛 왕국의 영화를 간직하고 있다.

참파는 고질적인 분열로 스스로의 발전을 가로 막은 나라였다. 오늘날 베트남 중부 평야지대에 있던 참파는 비옥한 토지 덕분에 일찍부터 농업이 발달했다. 그리고 멀리 중동에서부터 중국을 잇는 해상 중계 무역은 막대한 부를 축적할 수 있게 해주었다. 경제력으로 치면 베트남을 능가하는 참파였지만 1,300년 동안 15개 왕조가 교체될 정도로 왕위 다툼이 끝없이 반복됐다.[2] 참파를 단일 국가로 보지 않고 여러 국가의 연합체로 보는 사람도 있을 정도이다. 더구나 14세기에 이슬람교가 들어오면서 전통 힌두교와 종교 갈등까지 벌어졌다. 수십 년간 유례없는 혼돈 상태가 계속됐다. 그러다 1360년 이슬람 세력이 지지하는 포 비나수르(Po Binasuor, 1360~1390 재위)가 오랜 내전을 끝내고 모든 경쟁세력을 하나의 체제로 묶어내며 왕위에 올랐다.

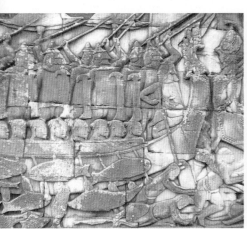

캄보디아 바이욘(Bayon)사원 벽에는 크메르군이 톤레삽 호수 전투에서 참파군을 격멸하는 모습과 육상전투 중에 크메르 병사가 참파 병사를 창으로 찌르는 모습 등이 조각돼 있다. 전성기의 참파는 크메르 제국을 위협할 정도로 강국이었다.

베트남에서는 포 비나수르를 쩨봉응아(Che Bong Nga, 制蓬莪)라고 불렀

---

2) 192년에 건국된 참파는 1470년 베트남 26만 대군의 침략을 받아 초토화됐다. 그 뒤로는 영토의 상당부분을 잃고 자치국으로 전락해 1832년까지 명맥만을 유지해갔다.

다. 쩨(Che)는 아저씨 또는 장군을 의미하는 참파어 'Cei'를 음역한 것이고 봉응아(Bong Nga)는 꽃을 뜻하는 말레이어 'Bunga'에서 온 것이니, 쩨봉응아는 우리말로 '꽃 장군'으로 해석할 수 있다. 이름은 부드럽고 재미있지만 포 비나수르는 곧 베트남 사람들에게 공포의 대상이 되었고, 이후에도 '붉은 왕'이라고 불리며 악의 대명사로 여겨졌다.

포 비나수르는 즉위와 동시에 베트남에 빼앗긴 옛 영토의 수복을 선언했다. 그리고 다음해 그가 이끄는 참파 원정군은 배를 타고 베트남 국경 주둔군을 우회해 북상한 뒤 꽝빈에 상륙해 관청을 불태우고 주민들을 포로로 잡아 돌아갔다.(1361년) 영종의 침공으로 참파가 속국이 된지 정확히 50년 만에 공수가 뒤바뀐 것이다. 그토록 두려워하던 베트남군이 눈앞에서 지리멸렬하는 모습을 보고 참파군과 포 비나수르는 자신감을 얻었다. 포 비나수르는 1362년과 1365년, 1366년에 연이어 육로로 당시 베트남의 최남단인 꽝찌와 꽝빈 지방에 쳐들어가 재물을 빼앗고 주민들을 붙잡아 갔다.

아무리 정치가 어지럽다고 베트남 중앙정부가 이를 묵과할 수는 없었다. 베트남의 대규모 원정군은 1368년 국경을 넘어 참파의 옛 수도인 인드라푸라³⁾ 인근까지 진격했다. 이곳에서 참파군과 맞닥뜨린 베트남군은 대패해 물러나야 했다. 참파를 침공만 하면 승리는 정해져 있는 것처럼 안이하게 대응한 결과였다. 참파군이 이미 여러 차례 국경 지역을 약탈하며 전력의 우위를 보여줬음에도 불구하고 베트남은 여

---

3) 오늘날의 다낭(Đà Nẵng)이다.

전히 과거의 일만 생각하고 있었던 것이다.

사원을 지키는 신 드바라팔라(Dvarapala)의 석
상이다. 쩨봉응아는 이 수호신과 같은 힘과 능
력으로 꺼져가던 운명에서 민족을 구하고 싶었
을 것이다. (베트남 동즈엉미술관 소장)

말을 탄 격구선수 조각은 인도 문화가 참파의
종교뿐 아니라 생활 곳곳에 영향을 미쳤음을
보여준다. (베트남 광찌미술관 소장)

위기 상황이었다. 그런데 강한 지도력으로 이를 극복해야 할 탕롱의
궁정에서는 오히려 해괴한 정변이 일어나 가뜩이나 흔들리던 쩐 왕조
체제를 거세게 뒤흔들었다. 옛날 명종에게 버림받았던 장남 쩐둑은 뚜
옹을 부르던 인기 여가수를 사랑해 이미 다른 남자 가수와 혼인해있
던 여인을 데려다 아내로 삼았다. 이때 여가수의 몸속에는 전남편의 아
기가 잉태되어 있었는데, 쩐둑은 아이를 쩐녓레(Trần Nhat Le, 陳日禮)라고
이름 짓고 친자식처럼 키웠다. 어느덧 장성한 쩐녓레는 대궐을 드나들
며 출중한 인물과 언변으로 황제 유종(裕宗)의 생모 헌자태후(憲慈太后)의
마음을 사로잡았다. 그리고 유종이 34살의 나이에 후사 없이 죽자 후
계 결정권을 가진 헌자태후가 주변의 격렬한 반대에도 불구하고 쩐녓
레를 다음 황제로 지명했다.(1369년)

황제가 된 쩐녓레는 곧바로 숨겨왔던 마각을 드러냈다. 그는 양아버

지의 성을 버리고 친아버지 성에 따라 즈엉넛레(Duong Nhat Le, 楊日禮)라고
이름을 바꿨다. 그리고 쩐 왕조를 즈엉 왕조로 교체하기 위해 수많은

드라마에서 묘사한 즈엉넛레의 모습이다. 베트
남 사람들이 지금도 그를 얼마나 혐오하는지
드러난다.

쩐씨 유력자들을 죽였다. 양아
버지 쩐뚝과 헌자태후마저 살해
해 은혜를 원수로 갚았다. 쩐씨
왕족들이 반격을 가해 두 차례
의 쿠데타를 통해 가까스로 즈
엉넛레를 몰아내 처형할 수 있
었다. 그러나 즈엉넛레의 약 일
년 통치기간 중 벌어진 대학살
은 지도층의 붕괴로 쩐 왕조 멸
망과 나아가 베트남 주권 상실
의 중요한 원인이 되었다. 즈엉

베트남 남딘에 있는 예종의 사당이다. 무능한
그는 쩐 왕조의 적폐를 푸는 지난한 노력 대신
왕조의 자멸을 택했다.

넛레를 타도한 명종의 셋째 아
들 쩐푸(Trần Phủ, 陳頊)는 스스로
왕의 자리에 올랐다. 그가 쩐 왕
조의 제8대 황제 예종(Nghệ Tông,
藝宗, 1370~1372 재위)이다. 비록 왕

위는 되찾았지만 예종은 소심하고 우유부단한 성격으로 국내외 위기
를 극복할 역량이 부족했다.

참파의 포 비나수르는 베트남의 혼란을 지켜보며 호시탐탐 기회를
노렸다. 비록 승리했지만 1368년 베트남의 대반격을 경험한 포 비나수

르의 공세는 위축되어 있었다. 그런데 간신히 목숨을 구한 즈엉넛레의 어머니 등 추종세력들이 참파로 달아나 쿠데타의 부당성을 호소하며 베트남 공격의 길안내를 자청했다. 덕분에 포 비나수르는 국경지대가 아닌 베트남의 수도 탕롱을 직접 노릴 수 있게 되었다.

공격을 재개한 참파군은 1371년 배를 타고 베트남 북부에 상륙한 뒤 탕롱성을 공격했다. 잘 훈련된 참파군의 기세에 눌린 예종과 베트남 조정은 탕롱을 버리고 달아났다. 베트남 수도가 참파에 함락된 것은 사상 초유의 일이었다. 참파군은 궁궐을 약탈하고 수많은 백성들을 포로로 잡아 끌고갔다. 참파군이 철수하자 예종은 슬그머니 탕롱으로 돌아왔다. 사태를 수습할 자신을 잃은 예종은 측근인 레뀌리(Le Quy ly, 黎季犛)[4]와 도뜨빈(Đỗ Tử Bình)에게 군대의 지휘를 맡겼다. 예종이 쿠데타를 할 때 가담했던 외척 레뀌리는 그저 평범한 수준의 전략가였고, 장군 도뜨빈은 훗날 매우 무능한 자로 판명이 났다.

레뀌리(훗날 호뀌리로 개명)는 왕위를 찬탈한 반역자이자 외적에 패해 나라를 망하게 한 무능한 지도자였다. 그러나 동시에 그는 성실한 학자였고, 혼란의 시대에 새로운 질서를 제시한 개혁가였다. 다만 그의 정치적 능력과 주변 여건이 이를 따라가지 못했던 것이다.

예종은 동생 예종(Due Tong, 睿宗, 1373~1377 재위)에게 왕위를 물려주고

---

[4] 레뀌리의 두 고모가 쩐 왕조 제5대 명종의 후궁이 되어 예종(藝宗)과 예종(睿宗, 주에똥)을 낳았다. 즉, 레뀌리와 두 왕은 외사촌지간이다. 또한 레뀌리 본인이 명종의 사위가 되어 왕실과 몇 겹의 인척 관계를 맺었다.

자신은 태상황이 되었다. 복수심에 불타는 새 왕은 대규모 반격을 준비했다. 1376년 12월, 병사를 기르고 군비를 갖추기를 수년, 예종은 12만 대군을 이끌고 참파를 정벌하러 출정했다. 많은 신하들이 원정의 불리함을 들어 반대했지만 그의 고집을 꺾지 못했다. 참파가 바닷길로 탕롱을 직격했듯이 베트남군도 배로 이동해 참파의 수도 비자야[5] 부근에 상륙했다. 격전을 예상했지만 해변은 고요했다. 예종은 정찰대를 풀어 부근을 수색했는데, 비자야성까지 텅 비어 있었고 붙잡힌 참파군 포로들은 포 비나수르와 백성들이 모두 겁을 먹고 정글로 달아났다고 자백했다. 자만에 빠진 예종과 베트남군 병사들은 당연히 있을 법한 일이라고 생각하고 비자야성으로 행진을 시작했다. 그러나 이것은 포 비나수르의 함정이었다. 베트남군은 비자야성 부근에 숨어있던 참파군의 기습공격을 받고 속수무책으로 학살당했다. 이 한 번의 전투로 예종이 죽고 12만 베트남군도 거의 전멸했다. 함께 출정했던 레뀌리와 도뜨빈은 그 와중에도 목숨을 건졌다. 레뀌리는 보급품 수송 부대를 맡고 있었으니 어쩔 수 없었다 하더라도, 후군(後軍)을 지휘하던 도뜨빈까지 포위당한 왕을 구하지 않고 달아난 것은 극형을 당해도 마땅한 행동이었다. 그런데도 두

참파군 병사들

---

5) 오늘날의 꾸이년(Quy Nhơn)이다.

사람은 탕롱으로 돌아와 계속 승승장구했다.

태상황 예종은 전사한 왕의 둘째 아들 쩐히엔(Trần Hiện, 陳晛)을 새 왕으로 즉위시켰다. 쩐히엔 역시 유약한 인물이어서 나라의 권력이 점점 신하들에게 넘어갔다. 쩐히엔은 비자야 전투에서 도망쳐 백의종군하고 있던 도뜨빈을 다시 중용해 군대의 모든 지휘권을 맡겼다. 그리고 참파의 침략에 대비한다며 조상들의 무덤을 파 부장품을 비밀 장소로 옮겼다. 이런 용렬한 지도부가 외적의 침입을 막을 수는 없었다. 포 비나수르가 1377년과 1378년 연거푸 탕롱을 공격했을 때 베트남군은 달아나기에 바빴다. 베트남의 수도가 10년도 안 되는 기간에 세 번이나 참파군에 점령되는 치욕을 당한 것이다.

더 큰 문제는 포 비나수르가 베트남 공격의 목적을 약탈에서 정복으로 바꾸었다는 사실이다. 잇따른 원정의 승리로 참파의 영토는 계속 북쪽으로 넓어졌고, 반대로 베트남의 영토는 수백 년 전 응오꾸엔이 독립을 쟁취하던 때 수준으로 줄어들었다. 인도차이나 반도의 주도권은 완전히 참파로 넘어갔고, 베트남은 국가의 존립마저 걱정해야 하는 처지가 되었다. 이때 레뀌리가 어렵게 반전의 계기를 만들어냈다.

1380년, 포 비나수르가 홍강 삼각주의 턱밑인 타잉화까지 공격해 왔다. 부랴부랴 레뀌리가 이를 저지할 책임을 맡고 출정했다. 레뀌리는 적과의 정면승부를 피하며 시간을 끄는 소극적인 전략을 선택했다. 포 비나수르는 보급선이 길어진 상태에서 베트남 영토 안에 너무 오래 머무는 것이 부담스러워지자 군대를 돌려 퇴각했다. 적에게 타격 한 번 가하지 못하고 아군만 피해를 입었지만 그래도 베트남이 포 비나수르를 상대로 거둔 최초의 승리였다. 레뀌리는 일약 전쟁영웅으로 떠올랐고 그 힘으로 도뜨빈을 밀어내고 군 최고지휘관의 자리에 올랐다. 레뀌리는 1382년에도 부하인 응우옌다프엉(Nguyễn Đa Phương)의 분전으로 포 비나수르의 공격을 잘 막아냈다.

그러나 거기까지였다. 기세가 오른 레뀌리가 함대를 동원해 참파를 공격하려다 태풍으로 병력만 잃은 채 회군했다. 이어 포 비나수르가 서부 고원지대를 통해 은밀히 이동해 탕롱 북쪽 홍강 유역에 나타나자 허를 찔린 베트남군은 우왕좌왕했다. 급히 부대를 편성해 참파군을 막으러 보냈지만 매복공격을 당해 대패했다. 공황 상태에 빠진 태상황인 예종은 참파군이 아직 탕롱 쪽으로 진격하기도 전에 허겁지겁 달아났다. 한 신하가 물에까지 들어가 배를 붙잡고 울며 백성들을 버리지 말라고 애원했는데도 예종은 뿌리치고 강을 건너가 버렸다. 이번에도 응우옌다프엉이 얼마 안 되는 수비군과 백성들을 독려해 탕롱성을 겨우 지켜낼 수 있었다. 탕롱 점령에 실패한 포 비나수르는 무려 6개월 동안 홍강 삼각주 일대를 샅샅이 훑으며 약탈한 뒤 돌아갔다.

베트남 백성들은 인도차이나 최강국에서 갑자기 주변국의 사냥감으로 전락해 버린 현실이 도무지 믿어지지 않았다. 그때의 참담한 상황을 『대월사기전서』는 이렇게 기록했다. "참파는 레 왕조, 리 왕조 이래 병사는 많아도 겁이 많아서 우리 군대가 가면 가족을 데리고 도망치거나 울면서 항복했다. 그런데 쩨봉응아에 이르자 사람들을 모아 훈련시켜 점차 옛 습관을 버리고 용기와 인내심을 길러 침략을 되풀이 하면서 우리나라의 큰 걱정거리가 되었다."

연이은 패전과 국가 위기 속에서도 정치적 혼란은 점점 더 깊어졌다. 쩐히엔 왕은 레뀌리의 권력이 지나치게 비대해지자 제거하려고 했다. 그러나 이를 눈치 챈 레뀌리가 먼저 움직였고, 태상황 예종에게 쩐히엔 왕의 자질이 부족하다고 설득해 폐위시키는데 성공했다. 국정 운영에 자신감을 잃은 예종은 오로지 레뀌리의 말만 믿고 따랐다. 레뀌리는 정부 안의 친왕파를 일소한데 이어 군(君)으로 강등된 쩐히엔에게 끝내 자살을 강요했다. 쩐히엔은 별도의 시호조차 정해지지 않아 이후 폐제(廢帝)라는 이름으로 불렸다. 쩐히엔이 죽기 전 그에게 충성하는 장군들이 군대를 동원해 폐위를 번복시키려 하자 그가 막았다는 기록도 있다. 사실이라면 왕위를 되찾고 왕조를 지킬 기회를 스스로 버린 쩐히엔은 제왕의 자격이 없다고 보아야 할 것이다.

태상황 예종은 11살 난 자신의 막내아들을 다음 왕으로 지명했는데, 그가 순종(Thuận Tông, 順宗)이다. 레뀌리는 자신의 딸을 순종과 결혼시키며 권력을 더욱 공고히 했지만, 참파의 침략은 어쩔 도리가 없었다. 1389년, 레뀌리는 타잉화 지방에 다시 들어온 참파군을 격퇴하기 위해 수군을 이끌고 출정했다 계략에 속아 대패했다. 그는 전장에 부하들을 버리고 허겁지겁 도망쳐 왔다. 이 일로 레뀌리는 장수로서 자신의 한계를 절감했다. 그는 군 총사령관직에서 스스로 물러나고 19살인 쩐캇쩐(Trần Khát Chân, 陳渴真, 1370~1399)을 상장군으로 임명해 대참파전의 일선 지휘를 맡겼다. 100여 년 전 쩐투도가 몽골 침입을 앞두고 25살의 쩐꾸옥뚜언을 군 총사령관으로 영입했던 예에 따른 것이다. 쩐캇쩐은 몽골 2차 침입 때 "북국의 왕자가 되느니 차라리 남국의 악귀가 되겠다"며 순국한 쩐빈쫑 장군의 후손이기도 했다. 이 두려움 없는 청년 장군은 병사들에게 싸우겠다는 의지를 북돋우어 주었다. 그리고 오랜 전쟁에 종지부를 찍을 새로운 변수가 등장했다. 신무기인 화포였다.

1390년 1월, 백여 척의 대함대를 이끌고 온 포 비나수르가 홍강을 거슬러 탕롱으로 진격했다. 쩐캇쩐이 이끄는 베트남 수군은 탕롱 바로 아래 오늘날 흥옌(Hưng Yên)성 부근에서 기다리다 이들을 기습했다. 병력의 규모는 한참 열세였지만 베트남군에게는 비장의 무기인 화포가 있었다. 참파에서 온 한 망명객이 녹색 칠을 한 배가 포 비나수르가 탄 기함이라고 알려줬다. 화포를 장착한 베트남의 신형 전함들은 쏟아지는 화살도 아랑곳 않고 참파의 전방 호위선들을 피해 포 비나수르 전함에 접근했다. 그리고 일제히 화포에 불을 붙였다. 포 비나수르의 파란만장한 삶이 끝나는 순간이었다. 포 비나수르가 전사하자 참파군은 더 이상 싸워볼 엄두를 내지 못하고 황망히 퇴각했다. 그리고 한 사람의 능력과 권위에 전적으로 의존했던 참파는 곧바로 쇠퇴했고 그후 다시는 지역의 패권국으로 부활하지 못했다.

베트남의 전함

베트남군이 사용한 화약무기는 초기 형태의 산탄포(散彈砲)였던 것으로 추정된다. 불꽃놀이 재료였던 화약을 처음 무기로 만들려 했던 것은 10세기 초 중국의 오대십국 왕조들로 화살에 대나무 화약통을 묶어 로켓처럼 발사했는데 결과가 그리 신통치 않았다. 북송(北宋) 때는 일종의 화염방사기인 화창(火槍)이 등장해 창끝에 매단 화약통에 불을 붙여 적 병사의 얼굴에 들이댔다. 금(金)의 공격으로 강남까지 밀려난 남송(南宋) 때 화약의 폭발력을 높여 탄환을 발사하는 데 성공함으로써 비로써 효과적인 살상력을 갖추게 되었다. 원나라 쿠빌라이 칸은 이 신무기에 깊은 인상을 받아 금속통에 화약과 탄환을 채워 쏘는 화총(火銃)을 제조해 일선 부대에 보급했다. 최고의 비밀병기였지만 주변 각국은 나라의 명운을 걸고 제작법을 캐려 노력했다. 그 결과 우리나라도 최무선이 화약과 화포를 개발해 1380년 진포에서 왜적을 섬멸하는 대첩을 거두었고, 비슷한 시기 베트남 쩐 왕조도 대포의 실용화에 성공했던 것이다. 베트남의 대포 개발은 레뀌리의 장남 레

호 왕조 시대 돌대포

호 왕조 시대 돌포탄

화약무기를 개발하는 레응우옌쯩

14세기 베트남 대포

응우옌쯩(Le Nguyên Trừng)이 주도했다. 학자이자 장군이며 기술자이기도 했던 레응우옌쯩은 훗날 왕이 된 아버지를 도와 베트남군을 총지휘해 명나라에 맞섰고, 패배해 포로로 끌려간 뒤에는 명 천자가 그의 지식을 높이 사 군대에 대포 운용을 가르치는 일을 맡겼다고 한다.

2) 호(胡) 왕조의 창업과 허무한 멸망

참파와의 전쟁은 끝났지만 왕조를 지키려는 자와 바꾸려는 자들의 싸움은 이제 정점을 향해 치달았다. 레뀌리는 태상황 예종(주에똥)을 부추겨 사형 선고를 내리거나 암살하거나 자결을 강요하는 등 갖은 방법으로 정적들을 하나씩 제거했다. 판단력을 잃고 휘둘리던 예종이 그나마 사망하자 레뀌리는 더 이상 거리낄 게 없었다.

레뀌리는 임금인 순종을 겁박해 수도를 탕롱에서 자신의 세력 근거지인 타잉화(Thanh Hóa)로 옮겼다.(1397년) 그리고 천도 다음해 순종에게 이제 겨우 세 살인 태자를 왕위에 올리고 태상황으로 물러나도록 강요했다. 순종은 모든 요구에 순순히 따르며 목숨만이라도 부지하려했지만, 이제 새 왕조를 꿈꾸는 레뀌리는 권력에 위협이 될 작은 가능성마저 그냥 넘어가지 않았다. 퇴위한 뒤 도교 사원에 들어가 있던 순종은 레뀌리가 보낸 병사들에게 비참한 최후를 맞았다. 태상황이 시해당하고 쩐 왕조의 운명이 경각에 이르자 참파 전쟁의 영웅인 쩐캇쩐 등 마지막 충신들이 레뀌리 제거를 모의했지만 발각됐고, 무려 370여 명의 관리들이 이에 연루돼 처형당했다.

레꿰리는 다음해 어린 황제를 겁박해 퇴위시키고 스스로 황제의 자리에 올랐다.(1400년) 이로써 쩐 왕조는 176년의 장대한 역사를 마감했다. 왕위에 오른 레꿰리는 나라 이름을 다이응우(Dai Ngu, 大虞), 연호는 타잉응우옌(Thánh Nguyên, 聖元)으로 정하고 자신의 성도 레씨에서 본래 조상의 성인 호(Hồ, 胡)씨로 바꾸었다.

호 왕조의 새 수도인 서도(西都) 성문

호 왕조 궁전의 용장식 난간 유적이다. 후대 왕조 때 용의 머리 부분은 모두 파괴했다.

호꿰리의 선조는 중국에서 10세기 중엽 오대십국의 전란을 피해 베트남으로 이주해 왔고, 그의 고조부가 레씨 집안에 양자로 들어가면서 성을 바꾸었다. 그후 호꿰리의 고모 두 명이 명종(明宗, 5대 황제)의 후궁이 되어 각각 예종(藝宗, 8대 황제)과 예종(睿宗, 9대 황제)을 낳으면서 그의 가문은 최고 세도가의 지위를 얻었다. 호꿰리의 친척이 다시 예종(睿宗)의 왕비가 되었고, 본인은 명종의 사위이자 순종(順宗, 11대 황제)의 장인이기도 했다.

이렇듯 몇 겹이나 되는 혼맥 속에 쩐 왕실은 호꿰리를 강력한 후원자로 믿고 의지했다. 그도 한때는 외사촌인 예종(藝宗)과 함께 목숨을 걸고 쯔엇넛레 왕을 쫓아내는 쿠데타에 가담하는 등 쩐 왕조를 지키기 위해 헌신했다. 호뀌리가 국정을 장악한 뒤 진행한 초기 개혁조치들은 안팎으로 위협받는 쩐 왕조의 부흥을 위한 것이었다. 그러나 왕을 능가할 정도로 권력이 강해지자 그의 마음속에서 스스로 왕이 되겠다는 야심이 꿈틀대기 시작했다. 호뀌리는 왕조 말기의 찌든 적폐를 일거에 혁파하고 도탄에 빠진 백성들의 삶을 구제하며 북쪽에서 흥기한 명나라의 위협에 총력 대응하기 위해서는 새로운 왕조가 필요하다는 논리로 스스로를 합리화했다. 비록 평범한 장군이자 외세에 국권을 잃은 황제였고 그래서 오랫동안 망국의 원흉으로 낙인찍혀 왔지만, 사실 호뀌리는 시대의 요구를 제대로 꿰뚫고 있었으며 해법으로 제시한 정책들도 올바른 방향이었다. 다만 이를 성취할 능력과 기회가 부족했던 게 그와 베트남 민족의 비극이었다.

쩐 왕조 말기의 오랜 혼란은 필연적으로 권문세가에 의한 토지겸병을 불러왔다. 유력자들이 땅을 뺏고 개간해 늘려가면서 많은 백성들은 유랑하거나 농노로 편입될 수밖에 없었다. 세금을 낼 공전(公田)과 병역에 동원할 장정들을 확보하지 못하면 새 왕조의 재정을 충당하고 외적의 침략을 막아낼 방법이 없었다.

호뀌리는 과감하게 한전법(限田法)을 실시했다. 모든 귀족과 관리, 백성들에게 신분에 따라 토지 소유의 한도를 정해주었다. 그리고 5년마다 자기 땅 위에 이름과 면적을 적은 푯말을 세우도록 하고 푯말이 없는 땅은 모조리 압수해 국유지로 만들었다. 쩐씨 왕족을 비롯한 구 지배층의 물적 토대가 한꺼번에 붕괴됐고, 호뀌리 정권에 도전할 신흥세력의 등장도 예방할 수 있었다. 대신 국고에는 엄청난 세수가 쏟아져 들어왔고, 이는 새로운 중앙집권 체제를 세우는 자원으로 사용되었다.

동전을 지폐로 바꾸는 화폐개혁도 단행했다. 통보회초(通寶繪鈔)라는 베트남 최초의 지폐를 발행한 것이다. 액면에 따라 7가지 종류인 지폐를

베트남 최초의 지폐 통보회초

발행한 뒤 그때까지 써오던 동전의 사용을 금지했다. 백성들은 가지고 있던 동전을 관아에 들고 가서 모두 지폐로 바꿔야 했다. 당시 베트남 상공업이 지폐가 필요할 정도로 발달한 게 아니었는데도 무리한 화폐개혁을 실시한 것은 국가 재정을 확보하고 동전을 녹여 무기로 만들기 위한 조치였다. 그러나 종이에 각종 동물을 그려 넣은 지폐는 백성들에게 아직 낯설고 믿음이 가지 않았다. 특히 대량 거래를 해야 하는 상인들은 화폐 교환 과정에서 재산이 노출된 데다 지폐 가치가 하락하면 큰 손해를 볼 수가 있어 불만이 컸다. 호뀌리는 새 지폐의 유통을 위해 강압적인 수단을 동원했다. 동전을 사용하거나 감추어만 두어도 화폐 위조죄와 같은 형벌을 가했고, 상인들이 물건 값을 올리거나 심지어 마음대로 가게 문을 닫는 것조차 금했다.

호뀌리는 연이은 전쟁 자금을 충당하기 위해 정세(丁稅), 즉 인두세를 대폭 인상했다가 각지에서 반란이 일어나는 후유증을 겪었다. 왕이 된

뒤 이를 개선해 토지 소유량에 따라 세금 액수를 달리하고 빈민에게는 면세 혜택을 주었는데, 여전히 세율이 높아 백성들의 원한을 샀다. 또한 상선(商船)에 매기는 세금도 배의 숫자뿐 아니라 크기까지 고려해 액수를 정했는데, 역시 세율을 높이기 위한 방편이었다.

14~15세기 제작된
연꽃에서 나오는 소년 불상

불교 사원들도 개혁의 칼날을 피해 가지 못했다. 왕과 귀족들의 기부가 쌓이면서 쩐 왕조 말기 사원들은 막대한 토지를 보유하고 있었다. 농민들은 세금과 부역을 피하기 위해 사원으로 몰려들어 일부는 승려가 되고 일부는 농노가 되었다. 종교계의 이익을 건드리는 것은 정권 탈취만큼이나 어렵고 위험한 일이었지만 호뀌리는 주저하지 않았다. 도첩이 없는 자들을 모두 사원 밖으로 내쫓았고, 승려들도 50세 미만은 다시 시험을 치러 합격해야만 자격을 주었다. 호뀌리는 승려들에게 병역 의무를 부과했고, 참파와의 전쟁에 사원의 사병들을 동원하기도 했다.

호뀌리는 한편으로 유학을 적극 장려했다. 그 자신이 경서에 조예가 깊은 유학자이기도 했다. 호뀌리는 과거시험을 향시·회시·전시 3단계를 거쳐 3년마다 실시하도록 정례화했다. 1405년의 과거시험에서는 170명이나 합격자를 냈는데, 이는 왕조 교체 과정에서 관리들을 대거 처형해 정부가 인력난을 겪고 있던 데다, 자신이 뽑은 관리들을 새 왕조의 지지기반으로 삼으려 했기 때문이다. 호뀌리는 과거시험 합격자 중 일부를 독학관으로 임명하고 전국 각지에 파견해 지방민들을 교육하도록 했다. 또한 호뀌리는 베트남 문자인 쯔놈의 사용을 장려하고 국가 법령에도 쯔놈을 쓰도록 해 민족주의적인 성향을 드러냈다. 그가 직접 쯔놈으로 시경을 번역하고 주석을 붙인 『국어시의』(國語詩義)는 대궐에서 교재로 쓰기도 했다.

14세기 베트남 대포

이와 같은 일련의 개혁으로 국내 질서를 수습한 호뀌리는 점증하는 명나라의 위협에 맞서 국방력을 강화하는데 힘을 쏟았다. 쩐 왕조 말기 중원의 패자가 된 명은 아직 체제가 불안정하던 건국 초기에는 베트남과 원만한 관계를 유지했다. 명은 홍건적의 난에서 시작된 원나라

축출 전쟁이 한창일 때 베트남에 먼저 사신을 보내 화친을 제의했고, 1368년에 주원장이 황제의 자리에 오른 뒤 베트남이 축하 사절을 보내 조공하자 유종(裕宗)을 안남국왕에 봉해 정식 국교를 수립했다.

그러나 국내 혼란을 수습하고 대외팽창이 가능할 만큼 힘을 갖추자 명은 강국의 본색을 드러내 베트남에게 갖은 요구를 해오기 시작했다. 운남성에서 일어난 소요를 진압하는데 필요하다며 군량미 5천 석을 달라고 했고, 광서성 반란 토벌을 이유로 군량미 2만 석을 요구했다. 여기에 승려와 여자 안마사, 환관들까지 보내라고 통보했다. 오랜 전란에 시달린 베트남에게 너무 벅찬 요구들이었지만 호뀌리는 물자와 인력을 긁어모아 보내면서 어떻게든 명나라와의 충돌을 피하려고 노력했다. 그러나 명의 비위를 맞춘다고 온전히 안전을 보장받을 수는 없음을 호뀌리도 알고 있었으며, 장차 일어날 수 있는 전쟁에 대비해 방어 준비를 서둘렀다.

귀족들의 사병에 크게 의존했던 쩐 왕조와는 달리 호뀌리는 군 조직을 하나로 통합해 왕이 지휘하도록 바꾸었다. 병력 확보를 위해 호적을 다시 정비해 두 살 이상 남자는 모두 등록하게 하고 이를 회피하면 중죄로 다스렸다. 지방의 군사 요충지마다 아들과 가신들을 배치해 중앙과 유기적으로 협조하도록 했다. 군함에 갑판을 하나 더 얹어 전투병의 활동공간을 넓히고 그 아래층에서 노를 젓도록 했으며, 대형 어선들도 언제든 군함으로 쓸 수 있도록 개조했다. 무기를 대량 제조해 전국 4곳의 병기고에 쌓아놓아 유사시 병사들을 중무장시킬 준비를 했다. 명의 침략이 임박하자 호뀌리는 북쪽의 주요 강기슭에 목책을 세우도록 했는데 그 길이가 400km나 되었다.

호뀌리는 즉위 1년 만에 태상황으로 물러나고 황제의 자리를 둘째 아들인 호한트엉(Hồ Hán Thương, 胡漢蒼)에게 물려주었다. 쩐 왕조의 피가 절반인[6] 아들이 왕이 되면 왕권 찬탈에 대한 비난도 조금은 가라앉을 것이라는 기대 때문이었다. 물론 모든 실권은 여전히 호꾸이리가 쥐고 있었다. 호꾸이리는 명의 침략을 외교적으로 막아보기 위해 난징(南京)에 사신을 보내 새 왕에 대한 책봉을 요청했다. 베트남 사신은 명 황제에게 '쩐 왕조에 후손이 없어 외손자가 왕위를 계승하게 됐다'고 설명했다. 당시 명은 태조 주원장이 적손자인 건문제에게 제위를 물려주고 죽자 주원장의 넷째 아들인 주체(영락제)가 베이징에서 반란을 일으켜 격전 끝에 정권을 장악한 직후였다.(1402년 6월) 명 조정이 베트남의 정변을 모를 리 없었지만 3년여에 걸친 내란을 수습하느라 당장은 개입할 여력이 없었다. 베트남에 사신을 보내 형식적인 조사를 벌인 뒤 명은 호꾸이리의 아들을 안남국왕으로 책봉했다.

영락제

영락제가 집권한 정란(靖難)의 난

6) 호한트엉의 어머니는 명종의 공주였다.

대내외 정책이 순탄하게 진행되고 있다고 생각한 호뀌리는 과거 침략에 대한 복수와 향후 대명 전쟁 시 후방의 위협을 제거하기 위해 참파를 공격했다. 참파는 포 비나수르가 죽은 뒤 다시 내분에 시달리고 있었다. 호뀌리는 즉위한 해에 참파를 공략했다 실패했지만, 2년 뒤 재정비된 군대를 보내 대승을 거두었다. 참파 국왕은 영토 일부를 떼어주며 강화를 요청하지 않을 수 없었다. 기세가 오른 호뀌리는 아예 참파를 병합할 목적으로 1403년 20만 대군을 일으켜 침략했다. 베트남군은 수도 비자야를 포위했지만 참파군이 끈질기게 저항하고 한 달 만에 군량이 떨어지자 철수하고 말았다. 망국의 위기에 놓인 참파는 명나라에 사신을 보내 도움을 청했고, 명이 이를 받아들여 전쟁을 중단하도록 베트남에 중재했다.

베트남의 약세를 본 참파는 난징에 사신을 보내 '베트남이 다시 참파를 침범하고 명에 올리는 귀중한 공물을 가로챘다'고 고자질했다. 여기에 중국 광서성의 한 타이족 추장이 과거 자신들의 영토를 베트남이 빼앗았다고 호소했다. 명은 베트남에 문책 사절을 보내 참파 공격이 결코 이롭지 않은 결과를 가져올 것이라고 경고하고 문제가 된 광서성의 영토를 반환하라고 요구했다. 놀란 호뀌리는 무려 59개 촌을 명에 바치며 사태를 진정시키려 했다.

여기에 양국 관계에 불을 붙이는 사건들이 연이어 일어났다. 쩐 왕조의 관리 한 사람이 명 조정에 나타나 '호뀌리가 사실은 쩐씨 왕을 죽이고 권력을 찬탈했다'고 증언했다. 이어 쩐 왕조의 후손임을 자처하는 쩐티엠빈(Trần Thiêm Bình, 陳天平)이 도착해 호뀌리의 비리를 고발하고 올바른 왕통을 복원시켜 달라고 호소했다. 호뀌리가 책봉을 받기 위해 자신들을 속였다는 사실에 명의 조야는 분개했다. 명 조정은 쩐티엠빈을 귀국시켜 새로운 왕으로 세우기로 결정했다. 그런데 이 쩐티엠빈의 정체에 대해서는 미심쩍은 점들이 많다. 중국의 사서마저 이 자가 명나라가 만든 가짜 왕족일 가능성이 있다고 기록할 정도였다. 베트남 정세를 뻔히 알면서도 호 왕조의 수립을 허용하고는 이제는 침략의 명분을 찾기 위해 마치 호뀌리의 쿠데타를 모르고 있었다는 듯 명 조정이 연극을 했던 것으로 보인다.

명나라는 숙적 몽골과의 전쟁을 위해 기병 육성에 많은 공을 들였다. 이를 위해 말에 익숙한 몽골족과 여진족 용병들을 적극 기용하기도 했다. 오늘날의 전차부대와 같은 중무장 기병대에 대해 명은 큰 자부심을 가졌다.

상황이 심상치 않음을 직감한 호뀌리는 지금의 도지사 격인 안무사들을 소집해 싸울지 굴복할지를 논의했고, 예정된 결론이지만 전쟁도 불사한다는 결의를 했다. 1406년, 명나라 군대가 쩐티엠빈을 호송해 국경을 넘어오자 충돌이 벌어졌다. 명나라군은 곧바로 퇴각했고 쩐티엠빈은 붙잡혀 처형당했다.

장보

이 소식을 들은 영락제는 왕을 시해하고 나라를 빼앗은 호씨 부자를 응징하겠다며 베트남 정벌을 선언했다. 그리고 그해 11월 명의 20만 대군이 베트남 땅에 들어섰다. 명의 원정군은 둘로 나뉘어 동군은 광서성에서 랑썬을 거쳐 서진하고 서군은 윈난성에서 출발해 홍강을 따라 남진했다. 과거 중국의 침략 경로 그대로였다. 동군은 장보(張輔), 서군은 목성(沐晟)이 지휘했는데, 명나라 장군 다수가 대몽전쟁과 내전을 거치며 풍부한 실전 경험을 가지고 있었고 특히 장보는 당대의 명장이었다.

호뀌리 정권은 선조들이 중국 침략군을 물리친 모든 전술들을 동원해 맞섰다. 즉, 적이 먹을 수 있는 모든 것을 불태우고 퇴각하는 청야전술, 소규모 부대들이 끊임없이 적 후방에 나타나 공격하고 사라지는 유격전술, 보급로를 끊어 적의 진격을 늦추며 전쟁을 장기전으로 몰아 적이 기아와 풍토병에 시달리게 만드는 지구전술 등이 준비되어 있었다. 그러나 문제는 백성들의 싸우겠다는 의지였다.

국방력 강화를 위해서였지만 호 왕조가 무거운 세금과 부역을 부과하자 농민들은 당장의 삶이 궁박해진데 불만을 품게 됐다. 여기에 쩐 왕조 통치기반의 일부였다가 기득권을 잃은 불교세력의 반발, 정권 교체와 개혁정책으로 손실을 입은 귀족들의 저항이 어우러져 호 왕조를 고립시켰다. 호 왕조도 민심의 이반을 알고 있었다. 명의 침략을 앞두고 열린 궁정 대책회의에서 호뀌리의 왕자 한 명은 "나는 싸우는 것은 두렵지 않으나 따르지 않는 백성이 두렵다"라고 말했다. 그러나 이는 누구를 원망할 일이 아니었다. 외적에 맞서 국력을 하나로 묶는 일은 통치자의 임무였다. 전쟁을 목전에 둔 순간까지도 호 왕조는 백성을 동원의 대상으로만 여겼지 그들의 마음을 얻으려 노력하지 않았다. 쩐 왕조 때 몽골과의 전쟁을 앞두고 왕이 촌로들을 모아 '침략자와의 싸움은 우리 백성 모두의 전쟁'이라는 결의를 이끌어냈던 '연홍회의(延洪會議)'와 같은 정치적 퍼포먼스조차 시도하지 않았다.

노회한 명나라는 '왕권을 찬탈한 역적 호뀌리를 징벌한다'는 명분을 내걸어 침략 의도를 감추며 베트남의 분열을 파고들었다. 명의 대군이 몰려오자 베트남 병사들은 목숨을 구할 방도부터 찾았고, 백성들은 침략자를 방관했다. 옛 쩐 왕조 귀족 중 일부는 투항한 뒤 길안내를 자처하기도 했다. 이 같은 상황에서는 높은 방벽도 신묘한 전략도 소용이 없었다. 중국의 사서에 나오는 '명나라군이 탕롱성을 점령해 장기전에 필요한 식량과 견고한 진지를 얻었다'는 기록은 당시 베트남의 절망적인 상황을 잘 보여준다.

명나라군은 개전 두 달 만에 탕롱과 호 왕조 수도인 서도를 점령했다. 열대 풍토병을 걱정한 난징의 영락제가 너무 빨리 진군하지 말라고 지시했지만, 장보는 승기를 잡았다고 판단하고 남쪽으로 후퇴한 베트남 지휘부를 맹렬히 추격했다. 결국 호뀌리는 다음해 여름 하띤(Hà Tĩnh)에서 붙잡혀 중국으로 압송됐는데, 난징에서 참수됐다고 전해질

뿐 그의 최후에 대해 정확한 기록조차 남아있지 않다. 이로써 베트남은 400년 이상 지켜온 독립을 잃고 또다시 중국의 지배를 받게 되었다.

기대 이상의 대승을 거둔 명나라는 환호했다. 영락제는 베트남에 교지군(交趾郡)이라는 이름을 붙여 자국 영토로 귀속시켰다. 장보를 영국공(英國公)[7]에, 목성을 검국공(黔國公)에 봉하는 등 원정군 장졸들에게도 포상 잔치를 열었다. 그러나 분열로 나라를 빼앗긴 베트남 민족에게는 식민지 백성의 뼈저린 시련이 기다리고 있었다. 그리고 명의 베트남 정복은 신생국 조선에게도 큰 충격을 주었다. 조선의 지배층은 사대의 국제질서를 존중한다고 해서 명이 독립을 보장해주지 않는다는 사실을 똑똑히 목격했다. 조선의 태종과 세종이 그토록 자주 국방에 노력한 것도 국제사회의 엄혹한 현실을 경험으로 알았기 때문이다.

············ **[역사의 현장 4-1] 호(胡) 왕조의 수도** ············

호뀌리가 순종을 끌고 옮겨간 수도로 서도(西都)라고 불렀다. 호

---

7) 중국의 작위 중 국공(國公)은 왕(王) 다음가는 위치로 군공, 현공, 후, 백, 자, 남보다 높았으며 세습이 가능했다.

꿰리는 이곳에서 수많은 피를 뿌린 뒤 스스로 황제의 자리에 올랐다. 타잉화(Thanh Hoá)성 빈록(Vĩnh Lộc)현. 하노이 시에서 남쪽으로 150km 그리고 타잉화 시에서는 북서쪽으로 45km 떨어져 있는데, 옛 왕도인 만큼 교통편이 좋다.

돌로 만든 동서남북 네 개의 성문과 성벽이 거의 완벽한 형태로 남아 있다. 성채는 남북으로 870m, 동서로 883m의 사각형 모형이며, 정문이라 할 수 있는 남문이 높이 9.5m, 폭 15m로 보는 이를 압도하는 웅장한 크기이다. 동남아시아에 현존하는 유일한 석조 성채이며, 독창적인 건축술로 이후 지어진 베트남 성곽들에 큰 영향을 미쳤다. 2011년 유네스코가 세계문화유산으로 인정했다.

서도(西都)의 남문(南門)

성문뿐 아니라 5~6m 높이의 성벽 하단도 큰 돌을 깎아 치밀하게 맞춰 쌓았다. 각각의 석재는 평균 길이가 1.5m, 두께 1m로 이 같은 거대한 돌덩어리 약 1만7천 개가 들어간 대공사였다.

남문의 아치형 통로   직사각형의 돌들을 치밀하게 짜맞춘 성벽

아직은 관광객이 적어 누구나 성문 위로 올라갈 수 있었다. 성문 위는 최근에 공사를 해 평탄하게 정리해놓았고, 생각보다 훨씬 넓어 유사시 방어군 지휘부와 무기가 기동할 수 있는 충분한 공간이 있었다.

지금 남아있는 성채는 타인노이(Thành Nội, 內城), 즉 왕궁과 관청을 보호하는 성벽이다. 성의 전체 면적이 경복궁의 한 배 반 정도에 불과하니 수도의 백성들을 모두 수용할 수는 없는 일이었다. 서민들 주거지는 성채 밖으로 이곳은 흙으로 둑을 쌓고 여기에 대나무 울타리를 세운 방벽을 둘러쳐 방어했다.

성채 내부는 건물 한 채 남지 못하고 논밭이 되었다.

흙을 다져 세운 성벽 상부가 무너져 언덕처럼 보인다.

기록에 따르면 성채 안에 여러 개의 왕궁이 있었다고 하지만, 지금은 모두 사라지고 논밭 사이로 소들이 풀을 뜯고 있어 세월의 무상함을 느끼게 한다. 또한 해자(垓子)가 내성을 둘러싸고 이를 건너기 위해 동서남북 문 앞에 돌다리가 있었으며, 해자는 수량 유지를 위해 수로로 인근 부오이(Bưởi)강과 연결되어 있었다고 하지만, 이 역시 모두 메워지고 다리의 흔적으로만 남아있다.

남문 위에서 내려다본 모습이다. 돌로 복원한 길이 해자 위 다리가 있던 곳이다.

남문 벽에는 거대한 성문의 돌쩌귀를 단 흔적들이 남아 있다.

3) 후쩐(後陳) 왕조 봉기가 실패한 이유

쩐 왕조 복원이라는 명나라의 개전 명분은 어느새 사라져 버렸다. 베트남인들을 위무하기 위해 3년간 조세와 부역을 면제해주겠다고 선포했지만 호 왕조의 잔여 세력이 소멸하자 이 역시 흐지부지됐다. 그리고 중국에서 무능하고 탐욕스러운 관리들이 떼 지어 오면서 본격적인 수탈이 시작됐다. 애당초 명나라 군대가 좋은 일을 하려고 온 것은 아니었다.

명의 식민정부는 반란을 우려해 베트남인들이 무기를 제조하거나 소지하는 것을 금지했다. 그리고 저항의 수단이 제거된 베트남인들을 무자비하게 착취했다. 병합 1년도 안 돼 베트남에서 거둬들인 세금이 우마 23만6천 마리, 벼 1천360만 석, 배 8천670척 등이었다. 가난한 산악국가였던 중세 베트남의 경제를 거의 거덜 내다시피 한 것이다.

16세부터 60세까지 모든 남자는 군역과 부역에 동원됐다. 둔전 개발과 도로 공사, 광산 채굴, 진주조개 채취, 수렵 등 주민들에게 강요된 부역은 이루 헤아릴 수 없었다. 게다가 수확물은 모두 명에서 가져갔다. 갖은 트집을 잡아 사유 재산을 몰수하기 일쑤였다. 그리고 숙련된 기술자와 지식인 수천 명을 명으로 끌고 갔다.

명나라군의 진격

명은 베트남 풍속을 야만적이라고 매도하며 중국의 문화와 풍속을 따르도록 강제했다. 머리를 짧게 깎거나 고유 의상을 입는 것마저 금지했다. 이는 명 나름대로 선진문명을 전파하겠다는 의도이기도 했다. 베트남 정복 10여 년 뒤, 한 관리가 상소를 올려 "교지(交趾) 사람들이 아직도 야만적인 관습에 젖어 있어 부모가 돌아가셨을 때 흰옷이 아닌 검은 옷을 입고 상중에도 평소처럼 일하며 행동을 삼가지 않습니다"라고 보고하자, 명 천자가 놀라 "그들에게는 부모도 없는가?"라고 물었다는 기록은 이 같은 의식을 보여준다.

그러나 한편으로는 고유문화를 말살해 베트남 민족을 아예 소멸시키겠다는 목적도 분명히 있었다. 명은 베트남어로 기록된 책들을 모두 불태우거나 빼앗아 갔다. 이때 가져간 수많은 책들은 지금까지 남아있는 게 한 권도 없을 정도로 철저하게 폐기했다. 그 결과 베트남은 15세기 이전의 모든 문학작품이 사라지는 문화적 재앙을 겪었다.

이 같은 강압 통치를 실시하기 위해 명은 베트남에 10만 명 이상의 군대를 주둔시켰다. 여기에 베트남 현지인 부대를 조직해 명나라군을 보조했고, 탕롱을 비롯한 군사 요충지들 사이에 도로를 확충해 보급과 신속한 병력 이동이 가능하도록 했다. 베트남 전체가 병영(兵營)이 된 듯한 살벌한 분위기를 조성했다. 관리들도 가능하면 중국에서 직접 파견하고 싶어 했지만, 지원자 부족으로 인력이 모자라자 명에 협조적인 자들을 대거 등용해 관직에 앉혔다.

그러나 오랜 세월 자주권을 누렸던 베트남인들이 명의 지배에 순응할 수는 없었다. 명의 원정권 사령관이었던 장보가 종전 몇 달 뒤 귀국하자 곧바로 반란이 일어났다. 여러 독립투쟁 세력 가운데 쩐 왕조 8대 황제 예종(藝宗)의 아들로 알려진 쩐꾸이(Trần Ngỗi,

명나라 무신(武神)상　　　　　명나라 투구

陳頠)가 가장 두각을 나타냈다. 그는 황제를 자칭해 간정제(Giản Định Đế, 簡定帝, 1407~1409 재위)라 불리었으며 연호까지 제정했다. 쩐꾸이는 그동안 명에 협조해 세력을 유지해 왔던 여러 옛 쩐 왕족들의 귀부를 받아 힘을 키운 뒤 응에안 지방에서 탕롱을 향해 진격했다. 쩐꾸이의 군대가 지나는 곳마다 백성과 관리들이 구름처럼 몰려나와 뒤를 따랐다고 기록돼 있다. 놀란 명 조정은 운남성에 주둔하고 있던 목성에게 예하 병력 4만 명을 이끌고 가 탕롱의 명나라군을 지원하도록 지시했다.

TRIỀU ĐẠI HẬU TRẦN
(1407-1413)

Giản Định Đế
(1407 - 1409)

Trùng Quang Đế
(1409 - 1413)

후쩐 왕조 봉기 기념비

강을 사이에 두고 대치하던 두 나라 군대는 1408년 12월 30일, 새해를 이틀 앞두고 정면으로 충돌했다. 쩐꾸이 황제는 직접 북을 두드리며 병사들을 독려했고, 옛 쩐 왕족 장군들이 영웅적으로 분전해 베트남군이 대승을 거두었다. 숱한 병사를 잃고 군대를 감독하러 갔던 병부상서까지 전사한 명나라군은 탕롱으로 급히 퇴각했다.

그러나 승기를 놓치지 않고 탕롱을 공략하고 싶어 했던 쩐꾸이 황제와 준비도 없이 탕롱성을 공격했다 실패할 수 있다는 공신들 사이에 의견 다툼이 벌어졌고, 의심에 쌓인 황제가 공신 수장들을 죽이면서 반란군이 둘로 쪼개지는 비극이 일어났다. 그후 쩐꾸이가 태상황으로 물러나되 전쟁을 총지휘하고 공신들이 옹립한 쩐꾸이코악(Trần Quī Khoách, Trùng Quang Đế, 重光帝, 1409~1414 재위)이 황제에 오르는 것으로 분열이 봉합됐지만, 그 사이 명나라군은 전열을 재정비할 수 있었다.

영락제는 장보를 총병관으로 임명해 베트남에 다시 파견했다. 4만7천 명의 증원군을 이끌고 온 장보는 베트남군을 계속 밀어붙이다 선떠이(Sơn Tây)에서 대승을 거두고 쩐꾸이 태상황을 붙잡아 명으로 압송했다. 장보는 이때 베트남인들에게 공포심을 불어넣기 위해 포로 2천 명을 생매장하는 대학살을 저질렀다.

가까스로 전장을 빠져나온 쩐꾸이코악 황제는 항복문을 제출하고 명조정에서 우포정사(右布政使)라는 관직까지 받았다. 쩐꾸이코악은 일단 재기할 시간을 벌자는 목적이었고, 명으로서도 북쪽 몽골과의 전황이 다급해지면서 베트남의 조속한 안정이 필요했다. 몽골의 오이라트를 정벌하려고 10만 대군을 보냈다 참패한 영락제는 베트남에 있던 명장 장보를 서둘러 난징으로 불러들였다. 이후 수십 년간 계속된 명과 몽골의 전쟁은 베트남 독립투쟁에 커다란 영향을 미치게 된다.

장보가 돌아가고 지휘 능력이 떨어지는 목성만 베트남에 남게 되자 쩐꾸이코악은 군사 활동을 재개했다. 격분한 영락제는 장보를 다시 베트남에 보냈고, 장보는 쩐꾸이코악에 연전연승을 거두었다. 견디다 못한 쩐꾸이코악이 라오스로 달아났는데, 장보가 라오스 국경 관문들을 부수고 진격하자 놀란 라오스 정부가 쩐꾸이코악과 그의 가족들을 체포해 명나라군에 인계했다.

이로써 약 7년에 걸친 후쩐 왕조는 막을 내렸다. 후쩐 왕조는 한때 북베트남을 뒤덮는 기세를 보였고 내부 분열까지 극복하는 정치력이 있었지만, 아직 명나라군에 제압할 실력까지는 갖추지 못했다. 그리고 무엇보다 건국 초기의 막강한 명나라군과 똑같은 전술로 정면 승부를 거듭한 전략적 한계 속에 실패는 예정돼 있었다고 보아야 한다. 그러나 후쩐 왕조의 실패는 머지않아 새로운 지도력을 갖춘 더욱 강력한 세력이 일어나는 소중한 밑거름이 되었다.

간정제(쩐꾸이)의 초라한 무덤

4) 유격전의 설계자 레러이

레러이(Lê Lợi, 黎利, 1385~1433)는 지금의 베트남 중북부 타잉화(Thanh Hóa)성 람선(Lam Sơn) 지방에서 대지주의 막내아들로 태어났다. 그의 집안은 할아버지 때 큰 부를 이뤄 머슴만 천여 명에 이를 정도였다. 유복한 집안에서 활달하게 자란 레러이는 야심 많고 호방하며 벗들을 좋아하는 풍운아로 성장했다. 그의 성격으로 볼 때 만약 평화시기였다면 평판 나쁜 젊은이들을 끌고 다니는 부잣집 아들로 그쳤을 가능성도

크다. 그러나 절박한 시대의 요구
가 그를 영웅의 길로 이끌었다.

레러이는 쩐꾸이 황제의 봉기에
가담해 반란군 장군 중 한 명으로
이름을 알렸다. 그러나 그는 반란
이 진압된 뒤에도 살아남았음은
물론 소금 밀매를 단속하는 식민
정부의 순검으로 일하기까지 했다.
그 사이 무슨 일이 있었는지는 불
분명한데, 베트남 사서들은 레러이
가 구국의 뜻을 품고 인재를 모으

레러이 동상

는 과정이었다고만 설명한다. 분명한 것은 레러이는 대의를 이루기 위
해서라면 어떤 수단이나 행동도 개의치 않을 인물이었다는 점이다.

고향으로 돌아온 레러이에게 많
은 지사들이 모여 들었다. 일가나
고향 사람들이 많았지만, 응우옌
짜이(Nguyễn Trãi)와 쩐응우옌한(Trần
Nguyên Hãn)처럼 멀리서 레러이의 명
성을 듣고 찾아온 이들도 있었다.
특히 응우옌짜이는 레러이의 책사
(策士)로서 독립전쟁 중 혁혁한 공
을 세웠다.

평야와 산악지대가 어우러진 람선의 지형은
레러이의 유격전과 지속적인 보급에 좋은 조
건이 되었다.

응우옌짜이는 당대의 대학자였다. 아버지가 쩐왕조 말기에 과거에 합격했지만 서민 출신이라 관직을 얻지 못하고 있다가 호 왕조 때 고위직에 등용되었고, 자신도 호 왕조 출범 첫해에 태학생으로 선발되었다. 명나라가 쳐들어오자 이것이 죄가 되어 아버지는 중국으로 끌려가 죽었고 자신은 투옥됐다 풀려나 천하를 떠돌며 민족 해방의 길을 모색했다.

응우옌짜이 (1380~1442)

응우옌짜이는 레러이를 만나 그의 지도자 자질을 알아보고 『중국을 타도하기 위한 전략』(Bình Ngô Sách, 平吳策)이라는 책을 써서 바쳤다. 레러이도 응우옌짜이의 능력을 높이 사 크고 작은 투쟁의 방향을 세우는 중책을 맡겼다. 응우옌짜이는 독립 투쟁을 단순히 군사상 승패에 국한하지 않고 이념 대결, 대국민 선전전에서도 우위에 설 수 있도록 노력했다. 거의 모든 대내외 문서를 직접 작성했는데, 전시에 그것은 심리전의 한 부분이었으며 전후에는 피 흘리지 않고 베트남 독립을 보장받는 외교의 핵심이었다.

(1) 1차 봉기

독립 투쟁에 가담하려는 젊은이들이 늘어나자 레러이는 람선에서 그리 멀지 않은 룽나이(Lũng Nhai)[8] 산에 지휘부를 마련했다. 평야와 서부 산악지대가 만나고 남쪽으로 추강(sông Chu, 朱江)이 흘러 유사시 기동에 유리한 곳이었다.

거병 2년 전, 레러이는 동지 18명과 함께 룽나이 산에서 하늘에 제사를 지내고 '함께 살고 함께 죽으며 조국과 백성을 위해 끝까지 싸우겠노라' 맹세했다. 그리고 말을 잡아 피를 나누어 마시며 영원히 맹세를 지키겠다고 약속했다.[9] 이들은 그후 10년 이상 계속된 독립전쟁에서 온갖 역경을 함께 이겨내며 서로를 위해 목숨도 아끼지 않았다. 룽나이의 맹세 이후 람선 봉기군은 전투 준비에 더욱 박차를 가했다. 레러이는 군사들을 여럿으로 나누어 농사를 짓고 무기를 만들고 무술을 연마시켰다.

1418년 2월 7일,[10] 레러이는 화려한 출병식을 열고 조국 독립을 향한 긴 여정을 시작했다. 평정왕(Bình Định Vương, 平定王)을 자칭한 그에게는 병사 2천여 명과 말 200마리, 코끼리 14마리가 있었다. 베트남에 포진한 명나라 군대

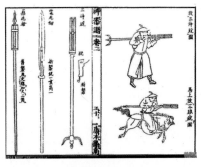

명나라군 화학무기

8) 룽나이 산이 지금의 어디인지에 대해 베트남 학자들 사이에 의견이 엇갈린다. 가장 유력한 장소 중 하나가 람선에서 서쪽으로 약 5km 떨어진 응옥풍 (Ngọc Phụng) 마을이라는 데 많은 학자들이 동의한다. 레러이의 독립 투쟁 기록에 나오는 대부분의 지명이 현재의 지명과 달라 전쟁의 진행 과정을 이해하는 데 어려움을 준다.

9) 이를 룽나이의 맹세(Hội thề Lũng Nhai)라고 부른다.

10) 음력 설 다음날이었다.

에 비하면 형편없이 적은 수였다. 훗날 응우옌짜이는 이를 '새벽별이나 겨울 나뭇잎처럼 얼마 되지 않는 군대였다'고 회상했다.

　레러이는 소수의 병력으로 다수의 적과 정면 대결을 벌일 생각이 전혀 없었다. 람선 봉기군은 첫 공격 목표로 타잉화 성 서부 산악지대의 베트남 현지인 관리들을 노렸다. 이들은 명나라 식민정부에 귀부해 관직을 얻고 경제수탈에 가담해 원성을 사고 있었다. 명나라 앞잡이 노릇을 하던 관리들을 척결하자 백성들 사이에 레러이의 이름이 퍼지기 시작했다.

　명나라의 반응은 빨랐다. 봉기 일주일 만에 타잉화 주둔군이 진압을 위해 몰려왔다. 람선에서 치열한 전투가 벌어졌는데, 병력과 무장과 훈련 모든 면에서 뒤떨어진 봉기군이 패해 쫓기는 처지가 됐다. 베트남 사서는 봉기군이 락투이(Lạc Thủy)에서 험한 지형을 이용해 매복해 있다 추격해 온 적을 기습해 대승을 거두었다고 기록했다. 명나라군은 병력을 보강 받아 재차 공격해왔다. 봉기군은 많은 피해를 입었고, 레러이의 부인과 자식들까지 사로잡혔다. 레러이와 봉기군 지도자들은 명나라군의 진격을 막아가며 부근 치링(Chí Linh)산으로 겨우 퇴각할 수 있었다.

명나라군 기병대

　베트남의 밀림은 나무가 모두 활엽수라는 점 말고는 겉모습이 우리나라 숲과 크게 다르지 않다. 그러나 밀림 안으로 들어가면 사정이 달라진다. 강렬한 열대의 햇볕 덕분에 바닥에 관목이 무성하고 내딛는 발걸음마다 불개미 등 해충들이 타고 올라오는 참으로 혹독한 환경이 펼쳐진다. 우리 생각과는 달리 야자나 바나나 같은 과일은 야생에서 찾아보기 힘들다.

베트남 북부의 산과 숲은 우리나라 자연과 비슷해 보인다

람선 봉기군이 치링산으로 들어가자 명나라군은 산 주변을 에워쌌다. 차마 밀림 속으로 추격해 들어갈 엄두는 내지 못하고 대신 식량 공급을 막아 봉기군을 고사시키려 했다. 계획 없이 산에 들어온 람선 봉기군의 고초는 이루 말할 수 없었다. 레러이와 병사들은 말을 잡고 나뭇잎까지 뜯어 먹으며 버텨야 했다. 배고픔을 견디지 못한 병사들이 하나둘 레러이 곁을 떠나 고향으로 돌아갔다. 그렇게 두 달, 산악 지대의 봉쇄 작전에 명나라 병사들도 지쳤고 이쯤이면 람선 봉기군이 와해됐을 것이라 판단한 명 지휘관들은 포위망을 풀고 철수했다.

레러이는 다시 람선으로 돌아왔다. 그의 곁에 남은 병사들은 이제 100여 명밖에 되지 않았다. 흩어졌던 병사들이 조금 더 돌아왔지만 여전히 병력 수가 수백 명에 불과했다. 그러나 레러이는 포기하지 않았다. 전쟁은 이제 시작일 뿐이었다.

비록 현격한 전력 차이를 경험하고 봉기군이 거의 붕괴되는 패배를 당했지만, 첫 전투는 레러이가 한줌의 군대로 시작해 훗날 대명제국을 꺾은 전략의 골격을 세우는 기회가 되었다. 레러이는 장렬하게 싸우다 전멸하는 것보다 달아나 전투력을 보전하고 재기를 노려야 한다는 것을 원칙으로 삼았다. 이는 명과 전면전을 벌였던 호 왕조와 쩐꾸이 반란군이 한 번의 전투로 소멸됐던 과오를 되풀이하지 않기 위함이었다. 그후 레러이는 명나라군이 진격하면 산으로 달아나 유격전을 벌였고, 후퇴하면 쫓아가 공격했다. 방비가 약한 적의 보급부대나 전진기지들을 노렸고, 베트남인 관리들에게 동참을 요구해 거부하면 공격하거나 암살했다. 매복과 유인, 기습이 성과를 거두면서 람선 봉기군의 작전 수행 능력도 점차 높아졌다. 20세기 미국과 싸운 베트남 공산군이 게릴라전의 전범으로 여겼던 레러이의 전략은 그렇게 완성되어 갔다.

(2) 2차 봉기

람선 봉기군은 빠르게 세력을 회복했다. 레러이는 새로 모인 병사들을 훈련시키는 한편 성을 쌓고, 기동전에 대비해 곳곳에 식량을 숨겨두었다. 그는 위축된 병사들의 사기를 높이고 백성들에게 자신의 건재함을 알리기 위해 과감한 군사 작전을 계획했다.

이번에는 람선 동쪽 명나라군 주둔지를 공격 목표로 삼았다. 당시 명 원정군은 탕롱 등 홍강 유역에 주로 배치됐고, 중부와 남부의 다수

지역은 귀순한 베트남 군벌들에게 수비를 맡기었다. 이른바 지방군이 었는데, 명에서 온 중국인 부대에 비해서는 전력이 떨어질 수밖에 없었 다. 그들이 레러이가 노린 약한 고리였다.

레러이는 병사들을 므엉못(Mường Một) 산입구에 매복시키고 명나라군 을 유인하기로 했다. 소수의 람선 병사들이 명나라군 기지를 공격하다 후퇴하자, 아니나 다를까 적 병사들이 맹렬히 추격해 왔다. 명나라군은 므엉못 산 어귀에서 비 오듯 쏟아지는 화살 세례를 받고 많은 사상자 를 남긴 채 달아났다. 레러이는 기세를 몰아 명나라군 주둔지를 공격 해 패퇴시키고, 부근의 작은 마을들을 해방시켰다.

해체된 줄 알았던 람선 봉기군의 기습 소식에 탕롱의 식민정부는 격 분했다. 대규모 진압군이 출동해 람선의 불온세력을 뿌리 뽑기 위한 작전에 들어갔다. 람선 봉기군은 저항했지만 어쩔 수 없이 치렁(Chí Linh) 산으로 또 퇴각했다. 명나라 병사들은 다시 산을 에워쌌다.

다행히 식량을 미리 가져다 놓았기 때문에 당장 굶지는 않는다지만, 상황은 레러이에게 매우 불리했다. 명나라군은 이번에는 람선 봉기군 을 소탕할 때까지 몇 년이고 포위를 풀지 않을 태세였다. 열악한 밀림 속 환경에서 버티는 것도 한계가 있었다. 무언가 돌파구가 필요했다.

기록에 따르면 레러이는 부하 장군들에게 누군가 자신으로 가장해 명나라군의 주의를 따돌리고 그 틈에 봉기군 주력이 포위망을 뚫고 나 가자고 제안했다. 레러이와 누구보다 가까운 측근이자 외모가 가장 닮았던 레라이(Lê Lai)가 흔쾌히 임무를 떠맡았다. 레라이는 랑선 출신 으로 봉기 계획 초기부터 반란에 가담했고 룽나이 산에서 조국 독립에 헌신을 맹세한 19명의 동지들 중 한명이었다. 그가 약속대로 모두를 대신해 죽겠다고 나선 것이다. 왕의 황포를 입고 코끼리에 탄 레라이는 자신이 평정왕 레러이라고 외치며 5백 명의 결사대와 함께 적진을 향해 돌진했다. 레라이는 전투 중 붙잡혀 참수되었는데, 죽기 전 모진 고초를 겪으면서도 자신이 레러이인 것처럼 행동했다. 그 사이 레러이와 봉기군 지휘부는 명나라 병사들이 레라이 쪽으로 몰려간 틈을 타 포위망을 벗어날 수 있었다. 레러이는 레라이의 희생을 항상 가슴속에 담고 살았다. 레러이는 운명할 때 자신의 기일 하루 전에 레라이의 제사를 먼저 지내라고 유언했다.

명나라군은 레러이를 처형해 봉기를 완전 진압했다고 믿고 각자의 주둔지로 철수했다. 그리고 레러이도 정적에 쌓인 람선으로 돌아왔다. 두 번째 패배였지만 레러이는 단념하지 않았다. 진지를 보수하고 식량을 구하고 병사들을 다시 모았다. 대지주의 아들로 지역 유력 가문들의 지지를 받는다는 점이 그의 재기를 도왔다. 람선 봉기군은 다시 세력을 회복해갔다.

명나라가 몇 번이나 람선의 저항을 멸절시킬 기회를 놓쳤던 것은 레

레라이의 순국

탄호아 응옥락에 있는 레라이 사당

러이의 인내심과 베트남 백성들의 싸우겠다는 의지뿐 아니라 명 관료들의 경직된 사고에도 큰 원인이 있었다. 탕롱의 식민정부는 한정된 군사력으로 다수의 원주민을 제압하기 위해 큰 도시에 대부분의 병력을 주둔시켜 방어의 이점을 얻고 반란이 일어나면 병력을 모아 일거에 진압한다는 원칙을 세웠다. 이 거점방어 및 집중공격 전략은 람선 봉기군과 같은 게릴라 부대에게는 효과에 한계가 있을 수밖에 없었다. 그런데도 몇 번의 진압과 재봉기를 반복하면서도 그 이유를 파악하지 못한 명나라는 쓰라린 패전으로 대가를 치러야 했다.

(3) 3차 봉기와 휴전협정

명나라는 1420년 초가 되자 레러이가 살아 있고 람선 봉기군이 다시 세력을 키우고 있다는 사실을 알게 됐다. 타잉화 주둔 명나라군은 이들을 일망타진하기 위해 기습을 준비했는데, 레러이 측에서 첩보를 통해 사전에 알고 벤봉(Bến Bồng)에 병사들을 매복해 역으로 기습했다. 명나라군이 전열을 재정비해 몰려오자 봉기군은 람선에서 므엉토이(Mường Thôi)로 므엉토이에서 다시 바럼(Ba Lẫm)으로 진영을 옮겼다. 그 사이 추격해 오는 명나라군을 포티랑(Bồ Thi Lang)에서 다시 매복 공격해 천여 명을 사살했다.

명나라군의 압박을 물리친 람선 봉기군은 바럼에 근거지를 두고 인근 명나라군 기지들을 쉴 새 없이 습격했다. 람선 봉기군은 전면전을 피해 퇴각하면서도 끝없는 유격전으로 타잉화 성의 거의 전역을 영향력 아래 두게 되었다. 사태가 심상치 않음을 인식한 명 조정은 베트남 주둔 총병관인 진지(陳智)에게 10만 대군을 동원해 레러이를 토벌하라고 명령했다.

레러이는 적의 공격을 앉아서 기다리는 스타일이 아니었다. 타잉화로 이동해 대공세를 준비 중이던 진지를 레러이가 선제공격했다. 진지의 대군이 추격해오자 데오옹(dèo Óng)에서 또 한 번 매복 공격으로 타격을 입혔다. 그러나 명나라 주력군의 전력은 만만치 않았다. 잔인한 진압작전이 계속되면서 람선 봉기군은 서부 산악지대로 밀려들어가 라오스 국경까지 퇴각해야 했다. 여기서 레러이는 절체절명의 위기를 맞았다.

명나라군 화승총 사수들   레 왕조 시대 대포

라오스 왕은 베트남 독립군에게 우호적인 태도를 보였다. 그러나 속마음은 전혀 달랐다. 명과 관계가 틀어져 좋을 게 없고, 장차 베트남이 독립해 강국으로 부활하는 것은 위험하다고 생각한 것이다. 라오스 왕은 레러이를 돕겠다며 병사 2만 명과 코끼리 100여 마리를 보내왔다. 람선 봉기군은 아무런 의심 없이 그들을 받아들였는데, 갑자기 라오스군이 칼끝을 돌려 공격해왔다. 람선 봉기군은 당황했지만 즉시 반격을 펼칠 수 있었다. 긴장한 라오스군이 유리한 위치를 잡기도 전에 너무 서둘러 공격을 시작했던 것이다. 베트남 사서들은 라오스 군이 병력의 절반인 1만여 명의 전사자를 내고 철수했다고 기록했다.

명나라와 라오스의 연합공격을 받은 람선 봉기군은 타잉화 성 북쪽 산악지대로 이동했다. 커이휘엔에서 연합군에 포위됐는데, 필사적인 역공으로 길게 늘어진 포위망을 뚫고 나올 수 있었다. 람선 봉기군은 안전한 치링산으로 다시 숨어 들어갔다.

고달픈 밀림 생활이 또 시작되었다. 이번에는 식량도 제대로 준비되어 있지 않았다. 두 달여가 지나자 병사들이 풀뿌리를 캐어먹어야 할 지경에 이르렀고 도망가는 자들이 속출했다. 이대로 가다가는 모두 굶어죽거나 밀림으로 밀고 들어온 명나라군에게 전멸당할 수밖에 없을 것 같았다. 레러이는 절박한 위기를 타개하려고 그럴 듯한 구실을 담은 편지와 선물을 명나라군 진지 총병관에게 보내 휴전을 청했다. 다행히 명나라군도 상황이 매우 좋지 않았다. 레러이의 활약에 자극을 받고 명나라군 주력이 타잉화에 몰려 있는 틈을 타 베트남 각지에서 반란군이 들고 있어났다. 그리고 명 본국은 몽골과의 전황이 긴박하게 돌아가 증원군을 보낼 형편이 아니었다.

음력 1423년 4월 10일, 몇 차례의 교섭 끝에 진지는 레러이와 휴전 협정을 맺고 군대를 철수시켰다. 진지는 명나라 조정이 자신의 휴전을 받아들일지 노심초사했는데, 베트남 전역을 확대할 여력이 없던 명 천자가 이를 추인했다. 다만 군대를 재정비해 급한 문제들을 해결한 뒤 람선 봉기군을 발본색원할 방도를 찾으라는 지시를 내렸다.

(4) 4차 봉기와 전국 제패

매번 어깨가 축 처진 패잔병들을 데리고 돌아왔던 람선에 레러이는 이제 개선장군처럼 귀환했다. 레러이가 명나라와 싸워 비겼다는 소식에 용기를 얻은 젊은이들이 전국에서 몰려들었다. 레러이는 그들을 여러 곳에 나누어 비밀리에 훈련시키는 한편, 꼼꼼한 응오뚜(Ngô Tử)를 시켜 군량미 확보에 전력을 기울였다.

레러이는 반란 기간 동안 화폐를 주조해 군수품 구입에 사용했다. 이 동전들은 주조한 장소에 따라 색깔과 함량이 각기 다르다.

휴전 중에도 양측의 탐색과 심리전이 치열하게 전개됐다. 레러이는 청항서(請降書)를 써서 명에 보냈다. 청항서에서 레러이는 자신이 군사를 일으킨 것은 지현(知縣)과의 불화 때문이지 명에게 반항할 뜻은 없었다면서 관대한 처분을 해달라고 요청했다. 명은 이를 받아들여 레러이에게 여러 차례 어염과 곡물 농기구를 하사하며 타잉화를 다스리는 관리로 임명하겠다고 회유했다. 레러이는 감읍한 표정을 지으면서 명 관리들을 융숭히 대접했다. 그리고 명 진영에 부하들을 보내 금과 은을 답례로 전달했다. 사자들이 오갈 때마다 서로 적정을 살피려 애를 썼는데, 레러이는 명의 관리들이 오면 무기와 식량을 숨기고 병사들에게 민간복을 입고 있도록 했다.

응우옌짜이(Nguyễn Trãi)도 부지런히 움직였다. 그는 각종 수단을 통해 람선의 봉기가 왕조의 부활이 아니라 '구국전쟁'이라는 사실을 널리 알렸다. 이는 백성들에게 새로운 희망을 주었고, 특히 베트남인들로 구성된 명나라 지방군 병사들을 동요시켰다. 이 때문에 적지 않은 명 지방군 병사들이 탈영해 레러이 진영에 합류했다.

응우옌짜이는 레러이의 최고 전략가로 독립전쟁 중 문무에 걸쳐 활약했다.

그렇게 1년여가 흐르면서 양측의 긴장이 고조되고 간헐적인 충돌이 빚어졌다. 1424년 가을, 진지 총병관은 명나라 새 수도인 베이징에 서신을 보내 람선 봉기군의 수상한 동향을 보고하며 휴전을 깨고 초동 진압할 지 여부를 물었다. 그러나 영락제가 사망하고 홍희제가 등극하는 와중에 베이징에서 이를 숙고해 결정해 줄 사람이 아무도 없었다. 이번에도 선제공격으로 전쟁의 시기와 장소를 결정한 쪽은 레러이였다.

개전을 앞두고 열린 람선의 지휘관회의에서 응우옌칙(Nguyễn Chích) 장군이 남쪽 응에안(Nghệ An)성(省)을 치자고 주장했다. 비록 명나라 주력이 북쪽 탕롱 인근에 몰려 있지만, 람선 봉기군이 장기 투쟁에 필요한 식량과 무기를 얻으려면 응에안 같은 넓은 평야지대를 먼저 장악해야 한다는 논리였다. 응우옌칙은 응에안성에서 저항군을 이끌다 한계에 부딪치자 부대 전체를 이끌고 레러이에 합류한 인물이었다. 레러이를 비롯한 모두가 응우옌칙 주장에 동의했다. 결과적으로 명나라는 또 한 번 뒤통수를 맞은 격이었다.

음력 1424년 9월 20일, 람선 봉기군이 다깡(Đa Căng)의 명나라군 기지를 급습하며 전쟁이 다시 시작되었다. 명나라군은 인근 병력을 총동원해 맞섰지만 다깡을 방어하는 데 실패했다. 이 전투로 명나라도 람선 봉기군의 남하 의도를 눈치챘다. 진지 총병관은 람선 봉기군을 남북에서 협공한다는 작전을 세웠다. 베트남인 병사들로 구성된 지방군이 남쪽에서 버텨주면 자신이 이끄는 중국인 부대가 북쪽에서 공격해 격파한다는 계획이었다. 명에 충성하는 지방군 지휘관들은 람선 봉기군에 필사적으로 저항했다.

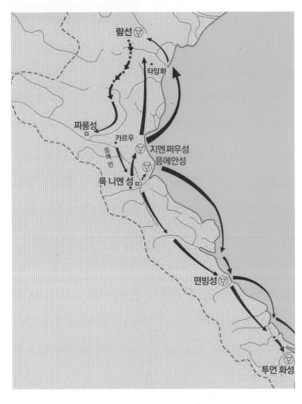

람선 봉기군 진격로

레러이는 북쪽에서 내려오는 명나라 군대에 야간 기습을 가해 이동 속도를 늦춰 놓았다. 그리고 남·북쪽의 명나라군 사이에 성을 쌓아 공동작전이 어렵게 만들었다. 레러이는 남쪽의 짜롱(Trà Long)성을 향해 공세를 이어갔다. 짜롱은 람강과 휴강의 거대한 물줄기가 합류하는 교통의 요지였다. 또한 10여km 떨어진 찐선(Trịnh Sơn)과 한쪽이 공격을 받으면 다른 쪽에서 쉽게 지원군을 보낼 수 있어 방어에도 유리했다. 레러이는 짜롱을 공격하는 척하다 몰래 병력을 이동시켜, 지원군을 보내느라 방어가 허술해진 찐선을 기습해 점령했다. 짜롱성은 고립됐지만 성을 지키던 깜바인(Cầm Bành) 장군은 끈질기게 저항했다. 그 사이 북쪽의 진지 총병관 부대가 람선 봉기군을 우회해 응에안성(城)으로 남하했다. 진지는 짜롱성의 포위를 풀기 위해 몇 번이나 시도했지만 번번이 실패했다. 진지는 깜바인이라도 살리고 싶어 자신이 구금하고 있던 레러이의 사자와 교환을 제안했다. 레러이는 자신도 싸움을 멈추고 람선으로 돌아가고 싶지만 깜바인이 막고 있어서 갈 수 없다는 속이 들여다보이는 내용의 답신을 보냈다. 식량이 바닥나고 극한 상황에 몰려 있던 깜바인은 진지의 철수 명령이 내려지자 성문을 열고 퇴각했다. 짜롱을 장악한 람선 봉기군은 응에안성에 모여 있는 명나라군과 어정쩡한 휴전 상태에 들어갔다.

명나라 조정은 베트남의 실망스러운 전황을 보고 받고 진지 총병관을 강하게 질책했다. 몇 달 내 람선의 불온세력을 섬멸하지 못하면 직책을 박탈하겠다고 경고했다. 진지는 급히 군대를 정비하고 짜롱 수복전을 준비했다.

레러이는 진지와의 결전을 앞두고 딘리엣(Đinh Liệt) 장군에게 병사 2

천 명을 주어 남쪽의 하띤(Hà Tĩnh)성(省)을 공격하도록 했다. 레러이에게서 싸워 이기는 법을 배운 휘하 장군들이 이때부터 전장의 주인공으로 화려하게 등장하기 시작했다. 딘리엣의 람선 봉기군이 남하하자 이 지역에서 활동 중이던 반군들이 속속 달려와 합류했다. 덕분에 람선 봉기군은 코끼리부대와 전투함대까지 갖추게 되었다. 수세에 몰린 명나라군은 하띤 성도(省都)에 틀어박혀 방어에 급급할 뿐 북쪽 응에안의 진지 총병관을 지원할 엄두도 내지 못했다.

명나라군 기병대

진지와 방정(方政) 장군이 이끄는 명나라군은 짜롱성 탈환을 위해 출발했다. 그러나 짜롱에 있던 람선 봉기군이 동쪽으로 휴강(江)을 건너 카르우를 점령한 사실을 행군 도중에 알았다. 급히 공격 목표를 바꾸었는데 숲과 호수가 어지러이 널려 있는 카르우 인근에서 또 매복에 걸려 인명피해만 입고 물러나야 했다.

레러이는 다시 명나라군을 유인했다. 람선 봉기군이 병영을 태우고 후퇴하자 명나라군이 카르우에 무혈 입성했다. 진지는 람선 봉기군이 식량이 떨어지고 전세가 불리해 달아났다는 잘못된 첩보를 믿고 추격에 나섰다. 그러나 레러이는 휴 강가 야산에 병사들을 숨겨놓고 진지를 기다리고 있었다. 명나라군은 대패해 응에안성으로 퇴각하지 않을 수 없었다. 이로써 응에안 전 지역이 레러이의 수중에 들어갔다.

진지는 탕롱에 남아있던 병력까지 응에안성으로 불러들인 뒤 남쪽 하띤의 람선 봉기군 분견대(分遣隊)부터 공격해 전황을 개선하려고 했다. 그러나 이마저도 기밀이 누설돼 쿠엇 강가에서 매복 기습을 받아 수포로 돌아갔다. 람선 봉기군은 응에안성으로 퇴각하던 명나라군의 후미를 끈질기게 따라붙어 기가 질리게 만들었다.

레러이는 딘레(Đinh Lễ) 장군에게 북쪽으로 돌아가 타잉화 지방을 평정하라고 지시했다. 딘레의 부대는 응에안성 바로 위 지엔쩌우(Diễn Châu)현을 거쳐 북상한 뒤 한때는 난공불락으로 생각했던 타잉화성을 가볍게 점령했다.

레러이는 이어 전선 70여 척으로 함대를 편성했다. 함대는 해안을 따라 남하하며 투언호아(Thuận Hóa)성(省), 즉 오늘날의 꽝빈 꽝찌 투아티엔후에 지방을 모조리 공략했다. 남쪽에 고립된 많은 명나라군 요새들은 제대로 저항도 못하고 무릎을 꿇었다. 이 무렵부터 레러이의 군대는 한 지역의 저항군이 아니라 베트남 민족 전체를 아우르는 국가의 군대가 되었다.

명나라군이 연패한 이유에 대해 훗날 『명사』(明史) 「안남편」은 "방정은 용감하였으나 지모가 적고, 진지는 유약하고 꺼리는 바가 많았다. 둘은 서로 사이가 좋지 않았다"라고 지휘부의 무능과 불화를 지목했다. 그러나 근본적으로는 새로운 성격의 적을 맞아 과거 성공을 거두었던 낡은 전략을 고집한 것이 명나라가 이해할 수 없는 패배를 거듭한 이유로 보아야 할 것이다.

베트남 중부와 남부를 석권한 레러이는 그후 일 년 동안 숨고르기에 들어갔다. 그 사이 명나라 베이징에서는 홍희제가 즉위 1년도 안 돼 죽고 아들 선덕제가 즉위했다. 선덕제는 베트남의 저항을 누그러뜨리기 위해 그곳 백성들에게 유화정책을 펴도록 지시했지만 이미 때가 너무 늦었다. 레러이는 1426년 9월 하늘과 땅에 제사를 지내고 마지막 목표인 탕롱을 향해 출정했다. 그는 만여 명의 병사들을 셋으로 나누어 진격했다.

팜반싸오와 찐카, 유명한 산적 출신인 도비 그리고 검술의 달인 리찌엔 장군이 이끄는 3천 명은 선봉대가 되어 서북 내륙을 거쳐 탕롱을 향해 갔다. 공포의 루년추와 현명한 부이부, 레쯔엉, 레보이 장군 등이 이끄는 우군(右軍) 4천 명은 홍강 하류를 장악해 응에안과 하띤에서 철수하는 명나라 군이 탕롱에 합류하는 것을 막는 임무를 맡았다. 기병대장 딘레와 충직한 부관 응우옌씨 장군 등은 중군(中軍)을 이끌고 탕롱으로 진격했다. 레러이 군대가 움직이는 것을 신호로 베트남 북부 각지에서 의병들이 일어나 명나라 주둔지들을 공격하기 시작했다.

팜반싸오 장군이 지휘하는 베트남군 선봉대는 닌빈, 호아빈, 푸토를 지나 탕롱 인근에 도착했다. 팜반싸오는 탕롱에서 20여km 떨어진 닌끼에우[11]에 병력을 숨겨 놓고 탕롱성 가까이 접근해 명나라군을 자극했다. 팜반싸오가 성을 공격하다 퇴각하자 그동안 그렇게 당하고도 교훈을 얻지 못한 진지 총병관이 추격대를 보냈다가 매복 병력에게 큰

---

11) 닌끼에우는 오늘날 하노이에 편입된 서남부 쯔엉미(Chương Mỹ) 구(區)이다.

피해를 입었다. 베트남 선봉대는 닌끼에우에 교두보를 마련하고 푸토 등 탕롱 서부 지역의 명나라군 주둔지들을 공격했다.

진지 총병관은 응에안성에 웅거하고 있던 주력군을 탕롱으로 불렀다. 응에안에 있던 방정 장군은 진지의 지시를 받고 병력 일부만 남겨 둔 채 곧바로 이동했다. 먼저 배에 식량을 가득 실어 보낸 뒤 육군은 해안을 따라 신속히 북상했다. 레러이가 이를 요격하려 했지만 명나라군 속도가 더 빨라 따라잡는 데 실패했다.

(5) 기적의 뜻동─쭉동 전투

진지는 상황의 급박함을 잇따라 베이징에 보고했다. 새로 즉위한 명의 선덕제(宣德帝, 1425~1435 재위, 명나라 5대 황제)는 거듭된 패전에 크게 낙담하며 북쪽 몽골과의 전쟁에 집중하기 위해[12] 골치 아픈 베트남에서 발을 빼고 싶어 했다. 그러나 명의 대신들이 젊은 황제에게 조금만 더 노력하면 베트남의 반란을 진압할 수 있다고 설득했다. 선덕제는 진지를 파직하고 성산후(成山侯) 왕통(王通) 장군을 새 총병관으로 임명해 5만 명의[13] 지원군과 함께 베트남에 파견했다.

왕통은 정난지역(靖難之役)[14] 때 전사한 왕진(王眞)의 아들로 일종의

---

12) 선덕제는 어릴 때부터 할아버지인 영락제의 지극한 사랑을 받으며 영락제의 몽골 친정(親征)에 여러 차례 동행했으며, 그 영향으로 즉위한 뒤에도 북부전선의 안정에 매우 큰 비중을 두었다.
13) 일부에서는 왕통의 지원군이 10만 명이었다고 주장한다.
14) 명의 태조 주원장이 죽고 요절한 태자의 장남 주윤문(건문제)이 제2대 황제가 되자 삼촌인 연왕 주제(영락제)가 1399년에 반란을 일으켜 수도 남경을 점령하고 제3대 황제가 된 사건이다.

혁명 유자녀였다. 그 덕분에 제후가 되고 영락제의 각별한 후원 아래 군에서 승승장구했지만, 실제 지휘 능력은 검증되지 않았다.『명사』「안남편」은 "조정이 그의 용렬함을 알지 못하고 잘못하여 그를 등용하였다. 행동거지는 잘난 체하며 조정의 명령을 받들지 않았다"라고 기록했다. 만약 그때 명나라가 왕통 대신 장보(張輔)를 파견했다면 아마 전혀 다른 역사가 펼쳐졌을 수도 있다. 그러나 장보는 베트남 총병

명나라 선덕제

관으로 있던 10여 년 전 감군(監軍)인 환관 마기(馬騏)의 고변으로 베이징에 소환됐다.(1415년, 영락14년) 비록 그후 영락제의 신뢰를 회복해 몽골 친정에 동행하는 등 중용됐지만, 선덕제가 할아버지 영락제의 결정을 뒤엎고 장보를 다시 베트남에 보내기는 황제의 권위 때문에 결코 쉽지 않았을 것이다. 그 결과 베트남의 레러이와 명나라 장보 두 군사천재의 맞대

결은 성사되지 않았는데, 정규전에 익숙한 장보가 반드시 이겼을 것으로 볼 수는 없지만 위험을 피했다는 점에서는 베트남의 역사적 행운이 아닐 수 없었다.

1426년 11월 초, 왕통 신임 총병관이 이끄는 지원군이 탕롱에 도착하자 명나라군의 사기는 하늘을 찌를 듯 했다. 왕통은 즉시 베트남군에 대한 반격을 명령했다. 왕통은 탕롱의 서쪽에 포진해 있는 베트남

군을 소탕하기 위해 탕롱 주둔군과 지원군을 합한 10만 대군을 셋으로 나눠 진군시켰다. 먼저 북쪽에서 자신이 이끄는 우군이 꺼서(Cổ Sở, 현재의 하노이 서부 호아이득(Hoai Duc))까지 별 저항 없이 이동했다. 그 남쪽에 방정 장군이 이끄는 중군이 사도이(Sa Đôi)에 도착해 누에(Nhuệ)강을 건널 준비를 했다. 가장 남쪽의 좌군은 산수(山壽) 장군과 마기(馬騏) 장군이 지휘했는데 년믁 다리를 건너 탄오아이(Thanh Oai)에 다다랐다. 모두 베트남 선봉대의 거점인 닌끼에우를 향하고 있었다.

위험한 상황이었다. 북부의 의병들이 합류했다고는 하지만 명나라 10만 대군에 비해 베트남 선봉대 병력이 턱없이 적었다. 베트남군은 선제공격으로 난제를 풀어가기로 했다. 적의 세 부대 중 우유부단한 산수와 탐욕스러운 환관 마기가 이끄는 좌군을 가장 쉬운 상대로 선택했다. 리찌엔와 도비 장군이 명나라군 진영 앞에 나타나 싸움을 걸다 달아났고, 증강된 전력에 고무돼 있던 마기 장군이 이들을 추격하다 또 매복에 걸렸다. 반격에 놀란 마기와 좌군 전체가 방정 장군의 중군 쪽으로 달아났는데, 베트남군이 이들을 바짝 추격해 명나라 중군 진영까지 그대로 들이쳤다. 병력은 훨씬 많았지만 지휘관들에게 좌군과 중군 그리고 베트남군까지 뒤섞인 혼란을 수습할 능력이 없던 명나라군은 또다시 북쪽 왕통 총병관의 우군 진영으로 몰려 달아났다. 이때 리찌엔 장군이 너무 욕심을 냈다. 리찌엔과 휘하 베트남 병사들은 왕통의 명나라 우군 진영까지 공격했다가, 대비하고 있던 명나라군에게 역으로 포위당해 혹독한 피해를 입었다.

베트남군은 왕통의 공격에 노출된 닌끼에우를 버리고 까오보(Cao Bộ)

로 이동했다. 그곳에 어깨가 축 처진 리찌엔이 돌아왔고, 딘레 장군과 응우옌씨 장군이 이끄는 베트남 중군도 긴급히 달려와 합류했다. 이곳에서 베트남군의 주력과 왕통의 10만 대군이 맞붙는 대명항쟁 최대 전투가 벌어지게 된다.

닌끼에우에 도착한 왕통은 베트남군이 버리고 떠난 텅 빈 진영만 발견했다. 허탈해진 왕통은 퇴각한 베트남군이 까오보에 모여 있다는 보고를 받고 군대를 둘로 나누어 자신이 남쪽에서 공격해 올라가고 북쪽으로 우회한 일부 병력이 적의 퇴로를 끊는 협공 작전을 세웠다. 그런데 작전 계획이 세부 내용까지 베트남 첩자들 손에 들어가 까오보에 전달됐다. 이 보안 실패가 명나라군에 치명적인 결과를 가져오게 된다. 왕통의 공격 계획을 알게 된 베트남군은 급히 철수했다. 까오보에는 소수의 병력만 남기되 평상시처럼 시간을 알리는 북을 치고 불을 피워 많은 병사들이 밥을 짓는 것처럼 위장했다. 그리고 까오보 바로 남쪽의 똣동(Tốt Động)과 쭉동(Chúc Động)마을에 병사들을 나누어 매복했다.

1426년 11월 7일 새벽, 명나라군이 닌끼에우를 떠나 까오보를 향해 진격했다. 늦은 아침 무렵이 되자 남쪽 공격을 맡은 주력 부대가 쭉동 마을을 지나 똣동마을에 다다랐다. 명나라 병사들은 기습에 대비해 잔뜩 긴장하고 있었지만, 넓은 벌과 언덕들로 이루어진 평범한 농촌 마을 어디에 적들이 숨어있을 것 같지 않았다.

왕통 총병관이 똣동마을에 도착했을 때 멀리 까오보에서 대포 소리가 나고 검은 연기가 피어올랐다. 왕통은 퇴로 차단을 맡긴 북쪽 분견대가 공명심에 사로잡혀 선제공격을 시작했다고 생각해 서둘러야겠다

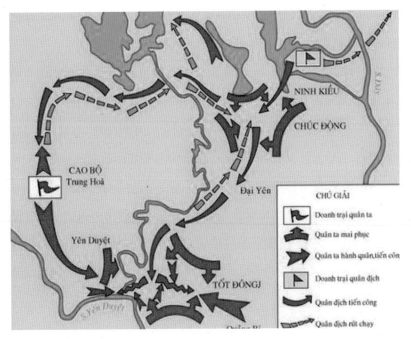

1426년 똣동-쭉동 전투

고 판단했다. 자칫 분견대가 베트남군에 패할 경우 포위작전 전체가 물거품이 될 수 있었다. 함께 베이징에서 온 병부상서 진흡(陳洽)이 적의 매복이 있을지 모르니 정찰대를 먼저 보내 살피자고 권고했지만 왕통은 한가한 소리로 일축했다. 왕통이 좁은 길을 벗어나 까오보를 향해 달려가라고 명령하자, 병사들이 모두 경계대형을 풀고 길 옆 논밭을 가로질러 뛰기 시작했다.

이때 똣동마을 양 옆 숲속에서 코끼리들을 앞세운 베트남군이 쏟아져 나왔다. 부대 간의 구분조차 흐트러진 상황에서 기습을 받은 명나라 병사들은 제대로 싸워볼 수도 없었다. 전투라기보다는 학살에 가까운 참상이 빚어졌다. 왕통 총병관마저 화살에 맞아 달아나는데 급급했다. 반면에 진흡 병부상서는 부상을 당한 상태에서도 피하라는 부하들의 권유를 뿌리치고 끝까지 싸우다 힘이 다하자 자결했다.

행렬 뒤쪽에서 따라오던 명나라 병사들은 앞에 가던 동료들이 도망쳐 오자 자세한 영문도 모른 채 함께 뒤섞여 달아났다. 이들이 쭉동 마을을 지날 때 또다시 매복 중이던 베트남군이 뛰어나와 명나라 병사들을 마른 짚단처럼 베었다. 겨우 이들에게서 벗어났나 싶었는데 이번에는 탕롱으로 향하는 다이강의 다리를 베트남군이 이미 끊어 놓은 사실을 발견했다. 강변에 고립된 명나라 병사들의 수가 아직도 베트남군보다 많았지만 지휘체계가 무너진 군대는 군대라기보다 피난민 집단에 가까웠다. 베트남군이 추격해 이들을 반원형으로 에워싸면서 대학살극이 벌어졌다.

좁은 강가에 한꺼번에 밀려든 명나라 병사들은 방어대형 전개는 고사하고 제대로 팔을 움직일 수조차 없었다. 그 상태로 베트남 병사들의 창칼에 맞아 비참하게 죽어갔다. 피가 냇물을 이뤄 강을 붉게 물들였고, 안쪽으로 파고들려는 동료들에게 밀리거나 공포에 질려 스스로 강에 뛰어들어 죽은 병사들도 숱하게 많았다. 뜻동-쭉동 전투로 명나라 병사 6만 명이 목숨을 잃거나 포로로 잡혔다. 왕통 총병관은 구사일생으로 전장을 빠져나갔지만 이제 탕롱성에 틀어박혀 나올 엄두도 내지 못했다. 반면에 엄청난 군량미와 무기까지 노획한 베트남군은 전쟁의 판도를 완전히 뒤바꾸어 놓았다.

베트남의 옛 사서들은 병사 수천 명으로 명의 10만 대군을 물리쳤다고 기록했는데, 병력의 수는 다소 과장됐을 수 있지만 압도적인 열세를 뒤집은 기적 같은 승리였음은 분명하다. 명의 입장에서 보면 군비나 작전 자체에는 큰 문제가 없었지만, 보안을 소홀히 했고 독전대(督戰隊)나 임시 방어선을 설정하지 않는 등 돌발 상황에 대한 대비를 게을리 했던 것이 끔찍한 결과로 돌아왔다. 그리고 뚯동-쭉동 전투는 고대 전쟁에서 승패를 가르는 궁극적인 무기는 공포였다는 사실을 다시한 번 확인시켜 주었다.

뚯동(Tốt Động)마을의 한적한 풍경과 사당

타잉화에 머물러 있던 레러이는 승전보 속에 탕롱 인근으로 진을 옮겼다. 레러이가 탕롱에 대한 공격을 시작하자 성 밖에 주둔하고 있던 방정 장군의 마지막 부대마저 수비를 포기하고 성 안으로 들어가 탕롱성은 외부와 고립되게 되었다. 레러이는 탕롱을 포위하는 한편 인근의 박닌, 푸토, 남딘 등 크고 작은 성들을 모조리 공격해 점령했다. 베트남의 정치, 경제 중심지인 홍강 유역 통제권까지 이제 레러이가 장악하게 되었다.

패색이 짙어진 왕통은 레러이에게 협상 의사를 밝혔다. 레러이가 쩐 왕조를 복위시키면 철군하겠다고 제안한 것이다. 당초 명의 베트남 침략 명분이 호꿰리의 왕위 찬탈을 징벌한다는 것이었으니, 쩐 왕조를 다시 세우면 명나라군이 물러가도 크게 체면을 깎이지 않을 법도 했다. 레러이는 "전쟁의 고통으로부터 베트남 백성과 중국 병사들을 지키자"며 화답했다. 그로서도 더 이상의 유혈사태나 확전 위험 없이 전쟁을 끝낼 수 있으면 그보다 더 좋을 게 없었다. 레러이는 서둘러 남쪽 하띤에 숨어살던 쩐 왕조 8대 황제 예종(藝宗)의 3대손 호옹(Hồ Ông, 胡翁)을 찾아내 쩐까오(Trần Cảo, 陳暠)라고 개명시켜 이름뿐인 왕으로 세웠다. 왕통과 레러이가 보낸 사신들이 베이징을 오가면서 명나라 조정도 쩐까오의 왕위를 인정했다. 레러이는 탕롱에 대한 포위를 풀어 사람들이 자유롭게 왕래하도록 했다.

그러나 왕통의 휴전 제의는 전력 재정비를 위한 위장술에 불과했다. 레러이의 사신이 왕통의 사신과 함께 베이징으로 가다가 왕통이 지원군을 요청하는 서신을 보낸다는 사실을 우연히 알게 되었다. 이를 보고 받은 레러이는 휴전에 대한 기대를 버리고 탕롱 포위를 다시 강화했다. 그리고 각 지역에 관리들을 파견하고 과거를 실시하는 등 왕국의 통치를 개시했다. 레러이는 병사들에게 엄한 군령을 내려 주민들에게 해를 끼치지 못하도록 했다. 그의 군대는 보급을 위해 어쩔 수 없이 약탈에 의지해야 하는 반란군이 아니라 이제 제도와 국가 동원 체제의 뒷받침을 받는 국군이었던 것이다.

패전의 충격에서 조금씩 벗어난 왕통 총병관은 국면 전환을 위해 기습공격을 감행했다. 1427년 3월, 방정 장군이 기병대를 이끌고 탕롱성을 박차고 나가 서쪽 투리엠(Từ Liêm)에 주둔 중이던 베트남군을 습격해 리찌엔 장군을 죽이고 도비 장군을 사로잡았다. 다음 달에는 왕통이 직접 병사들을 끌고 나가 탕롱 남동쪽 탄찌(Thanh Trì)를 공격했다.

레러이가 딘레와 응우옌씨 장군을 보내 이를 막으려 했지만 딘레는 전사하고 응우옌씨는 포로로 잡혔다가 겨우 탈출했다. 이 전투로 명나라군은 아직도 만만치 않은 전력을 과시하며 사기를 회복했다.

레러이는 보복으로 탕롱에 대한 식량 반입을 차단했다. 그리고 남쪽으로 군대를 보내 명나라군이 주둔하고 있던 응에안성을 함락시켰다. 일련의 전투 속에 양측은 또 한 번의 대규모 충돌이 불가피함을 느끼기 시작했다.

(6) 유승의 10만 대군 격퇴

왕통의 패전 보고를 받은 선덕제는 기가 막혔다. 천자가 그만하자는 전쟁을 신하들이 강변해 끌고 가더니 애꿎은 수만 병사들의 목숨만 희생시킨 것이다. 그러나 이미 엎질러진 물이었다. 이제와 베트남에서 손을 들고 나온다면 대제국의 체면이 말이 아니었고 주변 이민족들이 명을 업신여겨 다른 마음을 품을 지도 모를 일

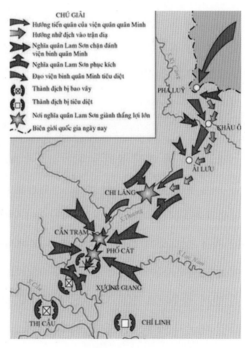

1427년 쓰엉지앙 전투

이었다. 명 조정은 가능한 최대 병력을 긁어모아 15만 명을 다시 베트남에 파견하기로 결정했다. 군량 징발이 여의치 않아 광서성과 광동성에 별도의 관리를 파견해야 했을 정도로 명나라로서도 큰 부담을 안는 원정이었다.

새 원정군의 지휘는 안원후(安遠侯) 유승(柳升)이 맡았다. 그는 베트남 정복에 공을 세워 제후의 반열에 올랐고, 영락제의 오이라트 정벌 때 화총(火銃)부대를 이끌어 대승을 견인했으며, 동쪽 해안에 침입한 왜구를 토벌하고, 산동성에서 기세를 올리던 자칭 불모(佛母) 당새아(唐賽兒)의 난을 기병대를 이용해 평정하는 등 당대의 명장으로 손꼽히던 인물이었다. 그가 10만 대군의 본진을 이끌고 광서성에서 출발해 남서진하고, 운남성에 주둔하는 목성(沐晟)의 5만 병력이 남동진할 예정이었다. 두 부대는 레화(Lê Hoa)에서 만나 포위된 탕롱성으로 진격하기로 했다. 탕롱의 왕통에게는 명 천자가 칙서를 내려 성을 굳게 지키며 유승을 기다리도록 지시했다.

명의 대군이 다시 몰려온다는 소식에 베트남군은 아연 긴장했다. 이를 어떻게 막을 것인가를 놓고 지휘관들 사이에 의견이 분분했다. 탕롱성의 명나라군이 더 적고 지쳐있으니 얼른 점령해 성벽을 사이에 두고 적을 상대해야 한다는 의견과 북쪽에서 내려오는 명나라군을 야전에서 요격하자는 의견이 엇갈렸다. 레러이는 격론 끝에 유승의 지원군과 먼저 싸우기로 결론 내렸다. 탕롱성 공격에 치중하다 실패하고 자칫 15만 대군이 아무 저지도 받지 않은 채 남하해 베트남군 뒤에 나타난다면 걷잡을 수 없는 사태가 벌어질 수 있다는 응우옌짜이의 주장을 받아들인 것이다. 레러이는 탕롱에 대한 포위를 유지하되 주력 부대를 모두 빼내 유승이 내려오는 북쪽으로 이동시켰다. 당시 베트남군 총병력은 의병들의 대거 합류와 징병으로 30만 명이 훨씬 넘었지만, 이들 중 충분히 훈련을 받고 전투 경험을 쌓은 정예병은 많아야 5만 명 정도였던 것으로 추정된다. 만약 이들이 전장에서 소멸된다면 나머지 병사들은 명나라 정규군에게 무자비하게 살육당할 운명에 놓일 것이었다.

베트남 북부 트엉강

베트남군의 방어 계획은 유승의 지원군을 자국 영토 안으로 깊숙이 끌어들이며 지치게 한 뒤 탕롱에서 약 50km 떨어진 트엉(Thương) 강가에 묶어두고 공격한다는 게 골격이었다. 베트남군은 첩보를 통해 국경 너머 명나라군의 집결지점을 알고 있었기 때문에, 거기서 탕롱까지 최단 거리를 살피면 명나라 지원군의 진격로를 예상할 수 있었다. 명나라군이 트엉강을 건너기 위해서는 직전에 쓰엉지앙(Xương Giang)성을 지나야 했는데, 베트남군은 이곳을 방어의 핵으로 삼기로 했다. 1427년

9월 28일, 레러이는 쩐응우옌한 장군을 보내 명나라 이임(李任) 장군과 2천여 병사들의 결사적인 저항을 뚫고 성을 점령했다. 유승의 지원군이 국경을 넘기 열흘 전 일이었다. 그리고 쓰엉지앙성 북쪽에 있는 치랑(Chi Lăng) 계곡에 병사 1만 명과 코끼리 5마리를 매복시켜 1차 공격을 가하고, 그 아래 껀쩜(Cần Trạm)에 병사 3만 명을 매복시켜 2차 공격을 가하기로 했다. 이곳이 승부처로, 두 번의 매복 공격으로 적의 전력을 소모시키지 못하면 쓰엉지앙성도 온전치 못할 것이었다. 진격하는 적이 군수품을 조달하지 못하도록 주변 마을들을 비우고 백성들에게 식량을 챙겨 부근 숲으로 피신하도록 했다.

모든 준비를 마치고 쩐루 장군이 북쪽의 국경도시 파루이로 적을 맞으러 갔다. 1427년 10월 8일, 드디어 유승 장군이 이끄는 10만 대군이 국경을 넘어 몰려 들어왔다. 쩐루의 베트남 선발대는 압도적인 적군에 밀려 파루이를 버리고 달아났으며, 인근 도시인 카우온과 아이루에서도 연거푸 패배해 퇴각했다. 명나라군은 연승을 거두며 불과 이틀만에 베트남 영토 수십km 안으로 진격했다.

유승은 수많은 전투를 치른 노장이었고 최근 베트남에서 벌어진 전투의 양상도 상세히 보고받아 알고 있었지만, 지나치게 자부심이 강한 약점이 있었다. 하급관리의 아들로 태어나 오로지 자신의 노력으로 최고의 지위에 오른 그는 왕통처럼 모든 것을 부모 덕에 얻은 무능한 자들을 경멸했다. 자신의 능력과 세계 최고의 화포, 북방민족과의 전쟁을 통해 단련된 기마대가 있는데 베트남 농민 반란군에게 패한다는 것은 상상도 할 수 없었다. 그는 용맹하고 충성스러웠지만 이런 지나친 자신감이 순간의 오판을 불러왔다. 그리고 국가 간의 전쟁에서 지휘관의

치랑 계곡

오판은 상상을 초월하는 결과를 초래했다.

10월 10일, 유승의 군대는 치랑 협곡에 도착했다. 척후부대가 협곡 안으로 들어가자 숨어있던 베트남 병사들이 양쪽 언덕에서 공격해 왔고, 매복을 예상했던 명나라군이 큰 힘 들이지 않고 이를 격퇴했다. 이때 유승의 눈에 멀리 쩐루의 모습이 들어왔다. 미꾸라지처럼 계속 빠져나가던 적장을 드디어 잡았다고 생각한 유승은 기병 100여 명을 이끌고 직접 추격에 나섰다. 치랑 협곡의 길이가 4km나 되고, 베트남 매복 부대가 하나 더 있다는 사실을 까맣게 모른 채 순간적으로 만용을 부린 것이다. 유승이 이끄는 기병대가 쩐루의 베트남 기병들을 거의 따라잡았다 싶었는데, 갑자기 하늘에서 비처럼 화살이 쏟아졌다. 부근 마옌산에 숨어 있던 레쌋 장군의 1만 병력이 나타난 것이다. 당황한 유승이 뒤를 돌아보니 좁은 산길은 이미 적병들로 가득 차 있었다. 유승과 명나라 기병들은 퇴로를 뚫으려 필사적으로 싸웠지만 결국 전원 장렬하게 전사하고 말았다. 10만 대군을 책임진 지휘관이 최선봉에 나섰다가 허무하게 목숨을 잃은 것이다.

치랑 계곡 승전비

적의 병력을 소모시키려고 매복 작전을 펼쳤던 베트남군은 적장의 사살이라는 기대도 안했던 초대형 전과를 거두었다. 토끼를 잡으려고 펴놓은 그물에 범이 걸린 것이다. 반면에 명나라군으로서는 마른하늘에 날벼락을 맞은 형국이었다. 주력부대가 허겁지겁 쫓아왔지만 이미 유승을 비롯한 다수의 장군들이 전사한 뒤였다. 혼전 중에 상당한 인명 손실을 입으며 명나라군은 부사령관 양명(梁銘) 장군의 지휘로 겨우겨우 치랑 협곡을 통과할 수 있었다.

남행길을 서두르던 명나라군은 닷새 뒤 껀쩜에 매복해 있던 베트남 3만 대군의 공격을 받아 2만 명 이상이 죽거나 포로가 되는 피해를 입었다. 엎친 데 덮친 격으로 이 전투에서 양명 부사령관마저 목숨을 잃었다. 이제 명나라 지원군의 지휘는 도독 최취(崔聚)의 손에 맡겨졌다. 최취는 영락제의 정난지역에 가담한 공신의 한 명으로 황제와 함께 몽골원정에도 참전한 노장이었다. 그러나 영주(英主)인 영락제의 전략을 충실히 수행하는 데 능숙했을 뿐 스스로 대군을 이끌어 전투를 주도한 경험이 없었으며 낯선 땅에서 적에게 쫓기는 행군은 더더군다나 처음이어서 최취는 거의 정신을 잃을 정도였다. 여기에 사기가 오를 대로 오른 베트남군이 사흘 뒤 포깟에서 또 명나라군을 급습했다. 상서 (尚書) 이경(李慶)이 싸우다 힘이 다해 스스로 목숨을 끊을 정도로 한 번 더 큰 타격을 입었다.

　최취는 남은 병사들에게 조금만 더 가면 쓰엉지앙성이 있으니 그곳에 들어가 안전하게 쉬며 전열을 가다듬자고 독려했다. 그러나 겨우 도착한 쓰엉지앙 성문 위에는 레러이의 군기가 나부끼고 있었다. 최취는 하늘이 막막해졌다. 어떻게 해야 자신과 이제 7만 명 남짓으로 줄어든 병사들의 목숨을 구할 수 있을지 생각이 떠오르지 않았다.

쓰엉지앙성 유적지

　마음 같아서는 군대를 돌려 중국으로 돌아가고 싶었지만 불가능했다. 천자의 명으로 일으킨 대규모 원정을 현장 지휘관의 판단으로 중단했다가 어떤 문책을 당할지 몰랐고 충성심이 강한 최취의 성격으로도 선택할 수 없는 일이었다. 수비군에 비해 몇 배나 되는 병력을 총동원해 쓰엉지앙성을 공격할 수 있었지만, 그러다 단기간에 성을 점령하지 못하면 명나라군 외곽을 베트남군이 다시 에워싸 이중 포위망에 갇힐 위험이 있었다. 쓰엉지앙성을 무시하고 강을 건너 최대한 신속하게 탕롱으로 이동하는 방법도 고민했다. 트엉강은 좁은 곳은 폭이 100m도 채 되지 않아 뗏목으로 다리를 놓을 수도 있었다. 그러나 도강 과정에서 베트남군 공격에 취약한 상태에 놓이게 되고, 임시 다리도 화공이나 수군의 충돌 공격을 받을 가능성이 컸다.

결국 최취는 그 자리에 멈춰 누군가 구원하러 올 때까지 기다리기로 했다. 가장 소극적인 결정을 내린 것인데, 이는 결국 아무것도 해결해주지 못했다. 명나라군은 트엉 강변의 논밭에 방어진을 세웠다. 다음 날 아침부터 멀리 베트남군 병사들이 띄엄띄엄 보이기 시작하더니 며칠 만에 각지에서 몰려든 베트남군이 명나라군 진영을 새까맣게 에워쌌다.

최취는 5만 대군을 이끌고 레화(Lê Hoa) 관문에 도착해 있던 목성(沐晟)에게 가장 큰 기대를 걸었다. 그러나 이 백전노장 목성은 지나치게 신중한 성격의 소유자였다. 레러이는 과거의 경험에 비추어 목성이 유승의 전투 결과가 나오기 전에는 쉽사리 움직이지 않으리라고 예상하고 쩐반과 팜반싸오, 찡카, 응우옌친, 레쿠엔 등 쟁쟁한 장군들을 보내면서도 절대 접전하지 말고 대치 상태를 유지하라 신신당부했다. 목성에 맞선 베트남군은 화려한 군기 아래 각종 병장기로 방어진을 꾸렸지만 사실은 병사들이 전투 경험이 거의 없는 곡괭이 대신 창만 든 농민들에 가까웠다. 이를 알 턱이 없는 목성은 최취의 다급한 사정을 듣고서도 적의 방어진을 돌파하고 곳곳에서 가해져 올 매복 공격까지 극복해가며 쓰엉지앙으로 진격할 엄두를 내지 못했다.

탕롱성에 고립된 왕통은 더욱이 성을 떠나 장거리 진군을 할 생각이 없었다. 황제가 사전에 칙서를 보내 탕롱성을 굳게 지키며 유승을 기다리라 지시했으니 황명을 핑계로 댈 수도 있었다. 왕통은 최취를 구하러 성 밖에 나가 싸우거나 이를 위해 인근의 베트남군이 어떤 상태인지 살필 시도조차 하지 않았다.

쓰엉지앙성에서 가장 가까운 요새는 트엉강 건너 남동쪽의 치린(Chí Linh)성이었다. 베트남군은 이마저도 점령한 뒤 포로 몇 명을 최취의 진영에 보내 함락 사실을 알렸다. 이는 명나라군 병사들을 점점 더 좌절에 빠졌다.

응우옌짜이는 편지를 보내 명나라로 돌아가라고 회유했지만 최취의 입장은 완강했다. 포위 10여 일 뒤 베트남군은 모든 준비가 마무리되자 총공격에 들어갔다. 베트남군은 울부짖는 코끼리들을 앞세워 명나라군 진영을 들이친 뒤 병사들이 짧은 중국어로 "항복하지 않으면 모두 죽인다"는 함성을 지르며 돌격했다. 명나라 병사들은 혼전 중에 포위망을 뚫고 달아난 일부를 제외하고는 대부분 격렬하게 저항하다 전사했다. 최취 도독도 전투 중 붙잡혔지만 베트남에 굴복하지 않고 의연한 자세를 지키다 처형됐다고 중국 측 사서는 기록했다.

다음 목표는 목성의 운남주둔군이었다. 응우옌짜이는 레화에 있던 목성에게 편지를 보내 유승이 이끌던 10만 대군의 전멸 사실을 전했다. 예상대로 목성은 즉시 진영을 거두어 철수했다. 목성의 군대 뒤로 쓰엉지앙에서 돌아온 베트남 주력군이 바짝 따라붙었다. 그리고 운남

국경이 바라다 보이는 라오까이(Lào Cai)에서 일제 공격을 가했다. 명나라 병사들의 머릿속에 이제 저 언덕만 넘어가면 추격에서 벗어나 살 수 있다는 생각이 가득차면서 그동안 어렵사리 유지해 오던 방어진형이 무너졌다. 베트남측 사서들은 이 전투로 명나라 병사 1만여 명을 죽이고 1만여 명을 사로잡았으며 말 1천여 필을 얻었다고 기록했다. 목성은 겨우 목숨을 건져 귀국했다.

(7) 지난했던 전쟁의 끝

레러이는 포로로 잡은 명나라군 장군 몇을 왕통에게 보내 명나라에서 오던 지원군이 모두 와해됐다는 사실을 알렸다. 그제서야 상황을 깨달은 왕통은 포위망을 뚫기 위해 최후의 기습공격을 감행했지만 수많은 병사들만 잃고 말았다. 베트남군은 방벽으로 탕롱성 밖을 에워싸 왕통과 명나라군 병사들을 더욱 절망감에 빠뜨렸다. 왕통은 어찌할 바를 묻는 밀서를 베이징에 계속 보냈는데 모두 중간에서 빼앗겨 절박한 성내 사정만 알리는 결과가 되었다.

레러이는 왕통에게 계속 항복을 권유하다 상황이 무르익었다고 판단한 시점에 자신의 아들을 인질로 성 안에 들여보냈다. 왕통이 산수와 마기 장군 두 사람을 베트남군 진영에 인질로 보내 화답하면서 본격적인 강화회담이 시작됐다. 레러이와 응우옌짜이는 왕통에게 일방적인 항복을 강요하는 대신 명분을 세워 철수할 수 있도록 배려했다. 1427년 11월 22일, 탕롱성 남문에 제단을 세우고 양군이 종전 행사를 열었다. 왕통이 명나라군과 관민의 완전 철수를 맹세했고, 레러이는 철수 인원의 안전을 약속했다.

20년 넘게 저질러진 명나라의 학정은 베트남 백성들의 가슴에 깊은 원한으로 새겨져 있었다. 많은 베트남 장군들이 울분을 토하며 퇴각하는 명나라군을 격멸하자고 주장했다. 그러나 레러이는 '약속대로 화의를 추진해야 한다'는 응우옌짜이의 진언을 받아들였다. 명은 육군이 먼저 출발하고 해군이 뒤를 이었다. 레러이는 육로로 돌아가는 자들을 위해 길 옆에 식량을 준비해 두었고, 바닷길을 이용하는 자들을 위해 배 500척을 제공했다. 이때 베트남을 떠난 명나라 군인과 관리 가족들 수가 8만6천 명에 이르렀다고 한다.

무사히 베트남 땅을 벗어났지만 철수한 장수들의 운명은 순탄치 않았다. 황제인 선덕제는 왕통에 대해 멋대로 적과 내통하였으며 조정의 명을 기다리지 않고 성을 포기하고 귀국한 것은 인신(人臣)의 예(禮)가 없다고 질책했다. 그리고 왕통 일행이 베이징에 도착하자 문무 신하들이 일제히 그들의 죄를 밝히라고 상주했다. 조정에서 국문이 벌어졌고, 왕통과 진지, 방정, 산수, 마기 등 주요 지휘관 전원에게 사형과 재산 몰수가 선고됐다. 다만 선덕제는 조정 대신들이 운남성의 목성 장군도 진군하지 않고 머물러 패전을 불렀다고 탄핵했지만 짐짓 모른 척 했으며, 왕통 등 베트남 주둔군 지휘관들도 옥에 가두었을 뿐 사형 집행을 하지 않았다.[15] 패전 책임자들의 처벌과 함께 명나라는 베트남 정복을 포기했다. 『명사』「안남전」은 왕통이 강화를 맺기 전에 이미 선덕제가

---

15) 왕통은 계속 감옥에 있다가 다음 황제인 정통제가 오이라트에게 대패해 포로로 잡히는 1449년 토목의 변(土木之變) 때 베이징 방어 총력전을 위해 풀려나 직위를 되찾았다.

일부 대신들의 반대를 무릅쓰고 베트남에서 철수를 결정했으며, 황제의 조서가 왕통에게 미처 도착하지 못했을 뿐이라고 설명했다. 대국의 자존심을 세우기 위해 역사적 사실을 비튼 것으로 추정된다.

平吳大誥　黎文
我太祖順天元年戊申行遣黎嵩奉撰
蓋聞仁義之舉要在安民弔伐之師莫先去暴惟我大越
之國實爲文獻之邦山川之封域既殊南北之風俗亦異自
趙丁李陳之肇造我國與漢唐宋元而各帝一方雖強弱時
皇越文選　卷之五　詔文　三　存庵家藏
有不同而豪傑世未嘗乏故劉龔貪功以取敗而趙禹好大
以促亡唆都既擒於鹹子關烏馬又殪於白藤海稽諸往古
厥有明徵頃因胡政之煩苛致使人心之怨叛狂明伺隙因
以毒我民黨惡懷奸竟以賣我國焮蒼生於虐焰陷赤
子於禍坑欺天罔民詭計蓋千萬狀連兵結釁稔惡殆二十
年敗義傷仁乾坤幾乎欲息重科厚斂山澤靡有孑遺開金
場則冒嵐瘴而斧山淘沙採明珠則觸蛟龍而絙腰汆海
汆吞上聲水推物也
擾民設玄鹿之陷阱殄物織翠禽之網羅昆蟲
草木皆不得以遂其生鰥寡顛連俱不獲以安其所生民

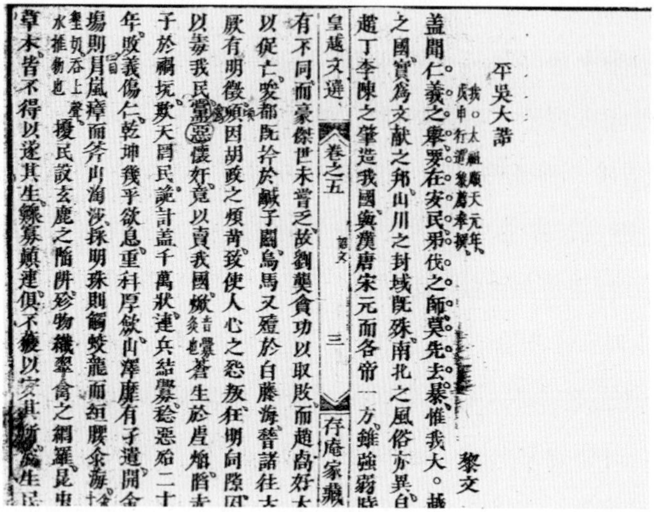

평오대고

드디어 지난했던 전쟁이 끝났다. 응우옌짜이는 『평오대고』(平吳大誥)를 지어 독립을 기념하고 베트남이 중국과 대등한 국가임을 천하에 선포했다. 그 내용 일부가 다음과 같다.

> 惟我大越之國，實為文獻之邦。
> 山川之封域既殊，南北之風俗亦異。
> 自趙、丁、李、陳之肇造我國，與漢、唐、宋、元而各帝一方，
> 雖強弱時有不同，而豪傑世未嘗乏
> ("우리 베트남을 생각해보니 진실로 문명국가이다.

산천의 봉역이 다르듯 남북의 풍속 또한 같지 않다.

찌에우[16]와 딩, 리, 쩐 왕조가 우리나라였고, 한, 당, 송, 원이

다른 한쪽의 제국이었다.

비록 강하고 약할 때가 같지는 않겠지만, 영웅호걸은

늘 존재하지 않았더냐.")

그러나 국제질서의 재정립과 피폐해진 국토의 부흥에는 그후에도 적지 않은 시간이 필요했다. 레러이는 1428년 4월 스스로 황위에 올라 국호를 다이비엣(Đại Việt, 大越), 연호를 투언티엔(Thuận Thiên, 順天)으로 정했다.[17] 그리고 명나라에 사신을 보내 자신을 베트남의 왕으로 책봉해 달라고 요청했다. 명은 이를 거부하고 쩐 왕조를 복원시키라며 허수아비 왕인 쩐까오(Trần Cảo, 陳

하노이 시내의 레 태조 (레러이) 동상

---

16) 진(秦)·한(漢) 교체기에 중국의 지방 관리였던 조타가 세운 남월(南越)을 일컫는다. 남월은 중국 광동성에서 일어나 베트남의 어우락을 병합했다. 중국의 한 지방왕조로 보기도 하지만, 조타 본인이 현지의 풍속을 따르며 분명한 독립 의식이 있었다. 이에 따라 고대 이래 베트남인들은 남월을 자신들의 국가로 보며 『평오대고』 역시 이 같은 역사 인식 위에서 찌에우 왕조를 거명했다.

17) 레러이가 세운 왕조는 980년에 레호안(Le Hoan)이 세운 레 왕조와 구분하기 위해 후레(後黎) 왕조라고 부른다.

屬)를 안남국왕으로 지명한 뒤 사신을 보내 축하했다. 쩐까오는 자신의 목숨이 위험해졌음을 알고 달아나다 레러이의 부하들에게 붙잡혀 독약을 마셨다.

베트남에 큰소리는 쳤지만 명나라의 상황이 체면과 명분에 집착할 만큼 녹녹치는 않았다. 베트남 침략 때 국경지대의 여러 소수민족들로부터 식량과 무기를 조달받았는데 전쟁에 패하며 그 대가를 치르기 어렵게 되었다. 일종의 외상값을 받지 못한 소수민족들이 무력시위를 벌이자 군대를 보내 진압하는 데 적지 않게 애를 먹었다. 이런 와중에 레러이가 도저히 쩐 왕조의 후손을 찾지 못하겠다며 거듭 책봉을 요구해오자, 마지못한 듯 이를 받아들였다. 다만 책봉명을 왕이 아닌 임시 통치자라는 뜻의 권서안남국사(權署安南國事)로 정했다. 레러이가 이를 수용하고 3년에 한 번 조공을 약속하면서 두 나라는 공식 외교관계를 복원했다.

레러이는 국내 제도 정비도 서둘렀다. 전국을 5도로 나누고 중앙관제는 명나라 것을 모방했다. 새로운 정부의 심각한 인력난을 해결하기 위해 탕롱에 국립대학인 국자감을 부활시키고 지방 각지에 학교를 세워 유교경전을 가르쳤으며 과거를 실시해 관리들을 선발했다. 35만 명에 달하던 군대를 10만 명으로 줄여 나머지 병사들을 고향으로 돌려보냈다. 이들과 가난한 농민들을 돕기 위해 균전제를 실시하고 명나라 관리와 부역자들의 토지를 몰수해 나눠주었다. 그리고 황무지 개간으로 농토를 넓히는 일도 다시 시작했다. 이런 노력들이 결실을 거두며 베트남 경제는 차츰 전쟁의 상흔에서 벗어날 수 있었다.

(8) 성종(聖宗)의 황금시대

후레(後黎) 왕조는 1433년 태조(Thái Tổ, 太祖) 레러이가 사망하고 궁중
유혈사태와 반정으로 혼란을 겪은 뒤 베트남 역사상 최고의 성군(聖君)
으로 일컬어지는 성종(Thánh Tông, 聖宗, 1460~1497 재위) 황제 시대를 맞게
된다. 후레 왕조 초기의 혼란은 왕자들의 권력욕뿐 아니라 타잉화 출
신의 무장인 개국공신들과 왕이 중앙집권을 위해 힘을 실어주려 한 탕
롱 출신의 유학자 문관들의 세력다툼이 근저에 깔려 있었다.

2대 황제 태종(Thái Tông, 太宗, 1434~1442 재위)은 즉위 당시 겨우 11살 어
린이였다. 태종은 아버지 레러이의 충신인 레쌋(Le Sat)을 섭정으로 임명
하고 모든 것을 의지했다. 레쌋은 피 흘려 세운 왕조에 무임승차한 눈
엣가시 같은 문신들을 차근차근 제거하고 자기 측근들로 대체했다. 레
쌋과 그의 후임자인 레응언 모두 무학
자들로 유교보다는 어릴 때부터 익숙
한 불교에 기울어져 있었다. 태종이 장
성하자 개국공신들의 권력독점이 위험
하다고 생각하고 문신들 쪽으로 기울
어졌다. 그는 유학을 장려하고 과거시
험을 통해 다수의 관리들을 임용했다.
1442년 가을, 태종은 지방을 순행하는

3대 인종 때 주조한 '대화통보'

길에 응우옌짜이 집을 방문해 식사를 하고 돌아오다 급사했다. 개국공
신들이 앞장서 응우옌짜이를 국왕 시해범으로 몰아 제거했는데. 최근
역사학자들은 사실은 권력에서 소외됐던 그들이 왕을 암살했을 가능

성이 큰 것으로 보고 있다.

14개월 갓난아기인 태자 인종(Nhân Tông, 仁宗)이 뒤를 이었다. 섭정인 모후 응우옌씨가 개국공신의 딸이었기 때문에 권력의 추가 상당부분 다시 돌아갔다. 재위 17년 만인 1459년, 이번에는 황제의 이복형인 응이전(Nghi Dân)이 쿠데타를 일으켜 인종과 모후를 살해하고 자신이 황제가 되었다. 응이전은 태종의 장남으로 본래 태자에 책봉됐었는데 생모가 질투심이 많다는 애매한 이유로 폐위되어 서인으로 내쳐졌다. 응이전의 생모가 홍강 삼각지 출신이어서 개국공신들이 미리 손을 써 왕이 되는 것을 막은 것으로 현대 학자들은 보고 있다. 오랜 세월 기회를 노리다 황제의 자리를 되빼앗은 응이전은 당연히 유학자들을 대거 기용했다. 그리고 중국제도를 도입해 육부(六府)를 설치하고, 동시에 고유제도인 육과(六科)를 두어 관리들을 감독하도록 했다. 이 신설 기관들에는 과거시험에 합격한 문인들을 집중 배치했다.

1년 뒤 은인자중하던 개국공신 세력이 역쿠데타를 일으켜 응이전을 몰아내고 태종의 넷째아들을 새 황제로 옹립했다. 그가 우리나라 세종대왕과도 자주 비교되는 성종이다. 개국공신들의 추대로 황제가 됐지만 성종은 성격과 이념이 그들과는 다른 사람이었다. 그는 왕위에 오를 수 있다는 생각을 전혀 하지 않고 살았기 때문에 어릴 때부터 학문에 몰두했고 특히 유학에 깊은 조예를 갖추고 있었다. 그러면서도 사변적인 학자에 머물지 않고, 황제가 신하들의 파벌싸움을 방치하면 어떤 꼴을 당하는지 똑똑히 지켜보면서 이를 극복할 정치력을 쌓아왔다.

성종은 서두르지 않고 차근차근 황제의 권한을 강화시켜 나갔다. 먼저 웅이전이 설치했던 육부(六府)를 황제의 직속기관으로 만들어 대장군과 대신들의 권한을 유명무실하게 만들었다. 육과(六科)는 이·호·예·병·형·공 체제로 개편해 권한이 강해진 육부를 견제하도록 했다. 지방 행정단위인 12개 도(道)에 각각 행정,

성종

감찰, 치안을 담당하는 승사(承司), 헌사(憲司), 도사(都司)를 두어 지방관의 권력을 분산시켰다. 촌락의 사관(社官)을 사장(社長)으로 바꾸어 마을 사람들이 직접 선출하도록 한 것도 같은 목적이었다.

여러 율령을 반포했는데, 특히 『국조형률』(國朝刑律)은 현존하는 가장

국조형률(國朝刑律)

레 왕조 시대의 태형은 손발을 말뚝에 묶은 뒤 채찍으로 때렸다.

음란한 행동을 한 여성은 바나나 나무를 엮어 그 위에 묶어 두는 형벌을 가했다.

오래된 베트남의 성문법이자 후레 왕조의 기본법이었다. 이 법은 당률(唐律)을 근간으로 충과 효를 강조하고 있지만, 베트남의 고유 관습도 많이 반영했다. 예를 들어 부인도 자신의 재산을 소유할 수 있고, 재산 상속 때 아들 딸의 차별이 없으며, 남편이 일정기간 가정을 저버리면 부인이 이혼을 청구할 수 있는 점 등은 중국의 법제와 확연히 달랐다.

확대된 정부조직을 운영하고 법체제를 정비하기 위해서는 유능한 인재들이 필요했다. 성종은 오경박사 제도를 도입하고 국립대학인 태학을 증축했다. 그리고 과거시험을 3년에 한 번씩 정기적으로 실시하고, 합격자 발표 행사를 대궐 안에서 화려하게 거행해 시험의 권위를 높였다. 이러한 노력의 결과 유학은 후레 왕조 시기를 거치며 베트남의 지도이념으로 확고하게 뿌리를 내리게 되었다.

성종은 백성들의 삶을 보살피고 경제를 발전시키기 위해 다방면으로 노력했다. 곳곳에 둑을 쌓고 하천을 넓히며 농사를 장려했다. 지방 관료들에게 황무지 개간을 독려하고 나중에 경작 면적을 보고하도록 해 그 결과를 확인했다. 국경지역에는 둔전제를 실시했는데 지방병뿐 아니라 전쟁포로와 죄수들을 동원해 일을 시켰다. 토지겸병으로 사회가 병드는 것을 막기 위해 권세가가 가난한 농민과 분쟁을 일으키면 법으로 엄하게 처벌하도록 하였다. 그리고 광산 개발과 양잠을 장려해 백성들이 새 소득원을 찾을 수 있도록 도왔다.

안정된 내치를 바탕으로 성종은 적극적인 대외 원정에 나섰다. 이는 성종 즉위 후 기대와는 달리 점점 권력에서 멀어진 무신들의 불만을

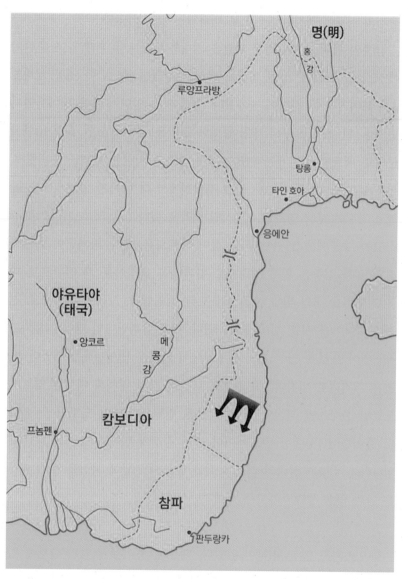

레 성종의 남진

해소하려는 목적도 있었다. 그리고 대규모 전쟁은 자신이 직접 지휘해 승전의 영광이 정치적 불안으로 비화되는 것을 막았다.

남쪽의 참파는 명나라의 지원을 기대하며 베트남 후레 왕조 혼란기에 조공을 끊었다. 성종 치하에 다시 강성해진 베트남이 조공 재개를 요구하며 양국에 긴장이 높아졌다. 참파 왕은 일단 신복을 받아들였지만, 지나친 조공 요구와 병합에 대한 두려움 때문에 고민 끝에 10만의 군대로 베트남에 선제공격했다. 이에 성종은 치밀한 반격을 준비했다. 성종은 그때까지의 인력과 물자 쟁탈전에서 더 나아가 참파의 수도를 영구 점령해 자국 영토로 편입시킬 생각을 했다.

그는 수군에게 25만 대군을 실어 나르도록 했다. 참파군이 대항하러 나오자 성종은 일부 병력으로 참파군을 붙잡아둔 채 전함으로 대규모 병력을 적의 뒤에 상륙시켜 포위, 섬멸했다. 그리고 남쪽으로 진격해 비자야를 사흘 만에 함락시켰다. 이때 참파인 4만 명이 살해되고 3만 명이 포로로 잡혀 거의 민족말살에 가까운 인명피해를 입었다. 성종은 계획대로 비자야, 즉 현재의 꿔넌을 직접 지배해 베트남 영토가 오늘날 중부지방 전역으로 확대되었다. 반면에 참파는 영토가 5분의 1로 줄어들어 더 이상 인도차이나 패권 경쟁에 뛰어들 능력을 잃었다. 명나라는 뒤늦게 양국의 전쟁 사실을 알고 베트남에 사신을 보내 빼앗은 참파 땅을 돌려주라고 요구했지만 거절했다.

라오스와도 짧은 전쟁이 있었다. 베트남 북서부 쯔엉썬 산맥에 있는 라오스인 부락 본만(Bồn Man)은 본래 조공지였는데 후레 왕조 들어 영토로 귀속시켰다. 여기에 관리들을 파견하려 하자 부족장이 란상 왕국의 도움으로 반란을 일으켰다. 이번에도 성종은 18만 명의 대병력을 동원해 란상의 수도 루앙프라방(Luang Prabang)까지 밀고 들어갔다.

이 같은 내치와 외정의 성과로 베트남 백성들은 역사상 보기 드문 평화와 번영을 누렸다. 성종의 정치가 성공했던 이유는 법의 지배 및 중앙집권체제에 대한 시대의 요구와 이를 구현할 유교 이념을 이해하고 있었고, 개혁의 속도를 조절하고 명분을 앞세워 권신들에게 저항의 기회를 주지 않았으며, 구국의 영웅인 태조 레러이의 손자라는 혈연적 정통성을 가진 그가 무려 37년간 권좌에 머물며 자신이 시작한 개혁을 마무리할 시간까지 확보했다는 점 등을 들 수 있다. 그를 통해 베트남은 귀족군주국가에서 이제 관료군주국가로 전환되었다. 먼 옛날 실패한 개혁가 호뀌리가 꿈꾸었던 세상을 성종 때에 이르러 비로소 이루었다고 할 수 있다.

레러이 동지들의 영광과 비극

암울했던 시절 레러이와 그의 동지들은 룽냐이 산에서 하늘에 제사를 올리며 부귀영화를 바라는 게 아니라 백성을 위해 사악한 적을 물리치려는 것이니 제발 도와달라고 빌었다. 세계 최강의 군대에 맞선 그들의 무기는 애국심과 서로에 대한 믿음밖에 없었지만, 그것만으로 온갖 역경들을 헤쳐 나갔다. 승리의 날 레러이는 93명의 문무관을 개국공신으로 포상하면서, 첫발을 함께 내딘 이들을 가장 높은 반열에 올렸다. 전략가 응우옌짜이와 명의 마지막 증원군 유승을 격파한 레쌋(Le Sat), 남부지역을 평정한 쩐응우옌한, 서북지역의 명 세력을 일소한 팜반싸오, 목성의 5만 대군을 패퇴시킨 찡카 등이 개국최고공신으로 임명돼 레러이와 함께 새 나라를 이끌었다.

그러나 평화 속에 세월이 흐르면서 이들의 운명은 비극으로 변해 갔다. 최고공신들 대부분이 천수를 누리지 못하고 오명 속에 생을 마쳤다. 이는 왕실의 견제뿐 아니라 공신들 사이의 권력투쟁과 초심을 잃은 부패 등이 원인이었다. 태조 레러이는 먼저 쩐응우옌한을 체포해 자결하게 만들었다. 또 팜반싸오를 처형하고 재산을 몰수했다. 레쌋은 태조가 1433년에 사망하면서 어린 후계자의 섭정으로 임명할 정도로 신임했지만 자신의 측근들을 요직에 배치하고 전횡을 휘두르다 5년 뒤 장성한 왕이 권력을 회복하자 목숨을 잃었다. 응우옌짜이 역시 왕의 죽음과 관련해 누명을 쓰고 죽었고, 찡카마저 건국 23년 뒤 처형됐다.

응우옌짜이는 태조 치세 때 이미 한 차례 투옥됐고, 태조의 열한 살 손자 태종이 왕위를 잇자 그의 스승이 되었지만 부패 관료들과의 투쟁 끝에 또다시 물러났다. 몇 년 뒤 태종은 응우옌짜이를 다시 불러 절대 신임과 권한을 부여했다. 그러나 1442년, 군대 사열을 마친 태종이 응우옌짜이 집에 들렀다 환궁하는 길에 급사했다. 응우옌짜이의 첩이 태종에게 식사를 대접했는데, 조정 대신들이 일제히 그가 국왕을 독살한 것으로 몰았다. 결국 응우옌짜이는 삼족을 멸하는 형을 선고받고 일족 300여 명과 함께 억울하게 처형되었다.

쩐응우옌한 동상

찡카 사당

····· **[역사의 현장 4-2] 후레 왕조의 람낀(Lam Kinh, 藍京)** ·····

명나라군을 축출하고 베트남 황제의 자리에 오른 레러이는 고향 람선(Lam Son, 藍山)을 방문해 열광적인 환영을 받았다. 그는 자주독립 정신을 기리며 레 왕조의 안녕을 기원하기 위해 람선 마을의 추강 북쪽에 사찰을 세우고 그 일대를 람낀, 즉 푸른 도읍이라 이름 지었다.

레러이가 사망하자 후손들은 그가 사랑했던 고향으로 옮겨와 묻었고, 그후 람낀은 레 왕조 역대 왕들의 영원한 휴식처가 되었다. 람낀에 왕릉과 사당들이 세워지고, 왕이 해마다 방문해 조상들에게 제사를 지낼 때 머물 수 있도록 행궁이 건설됐다. 그리고 왕의 거처를 지킬 성벽과 그 외곽의 해자가 들어서면서 람낀은 문자 그대로 작은 도읍의 모습을 갖췄다.

레 왕조가 몰락하면서 람낀의 궁전과 사찰 사당들은 폐허가 됐다. 왕릉도 태조 레러이 등 다섯 황제 묘 외에는 어느 곳인지 찾기조차 힘들고, 한때 람낀을 가득 메웠을 건물들도 모두 파괴돼 초석만 남았다. 그러다 1962년에 베트남 정부에 의해 사적지로 지정됐고, 최근 복원 공사가 대대적으로 이루어지고 있다.

타잉화(Thanh Hóa) 시내에서 람낀까지는 약 50km 거리이며 도로가 비교적 잘 정비돼 있다. 람선과 람낀 사이에는 그 옛날 레러이가 봉기군을 이끌고 수없이 건넜을 추강이 고요하게 흐르고, 그 옆으로 드넓게 펼쳐진 사탕수수밭에서는 수확이 한창이었다.

추강

사탕수수 밭

비옥한 토지 덕에 주민들 집에서 여유로움이 느껴지는데, 이런 경제력이 대명 항쟁을 이어가는 데 큰 힘이 되었다. 추강에 그림자를 드리운 야산들 중 하나가 레러이와 동지들이 하늘에 제를 올리며 "도탄에 빠진 백성을 구하기 위해 끝까지 싸울 것임을 죽어서라도 잊지 않겠다"고 맹세했던 룽냐이 산일 것이다.

현재의 람선에서 북쪽으로 다리를 건너면 람낀 사적지 앞에 레러이의 사당이 방문객을 맞는다. 프랑스의 침략으로 국권을 잃고 고통 받던 20세기 초에 레러이의 정신을 되살리자며 사람들이 뜻을 모아 세운 사당이다. 백 년 전 모습을 그대로 보존하고 있으며, 지금도 주민들이 우리의 굿과 비슷한 제사를 지내며 복을 기원한다.

　람낀 사적지는 건물들이 노출된 남쪽과 서쪽은 방어를 위해 해자로 둘러싸고, 북쪽과 동쪽은 깊은 숲으로 이루어져 있다. 전체 면적은 2km^2로 여의도의 3분의 2나 되지만, 건물과 왕릉들은 길이 314m, 폭 254m의 비교적 좁은 지역에 모여 있고 나머지는 삼림이다.

　레 왕조의 건축가들은 람낀의 북쪽 호수에서 물을 끌어와 거대한 'ㄴ'자 모양으로 판 해자에 채웠다. 그리고 '수정의 강(Sông Ngọc, 玉江)'이라는 예쁜 이름을 붙였는데, 강은 아니고 긴 연못이라고 할 수 있다. 해자를 건너 성 안으로 들어가는 다리는 여러 번 보수를 거쳤겠지만 옛 모습을 유지하고 있는데, '수정의 다리(玉橋)'라는 이름으로 불린다.

　다리에서 정오문(午大門)까지는 '승리의 길'인데 한때 양 옆에 군인과 관리들의 숙소가 가득 차 있었을 것이다. 정오문의 목장식은 원형을 그대로 재현했다고 하는데, 15세기 베트남 예술의 높은 수준을

보여준다. 정오문 앞에 파놓은 거대한 우물은 '수정의 우물(玉井)'이라 부른다. 여기에 지하수 뿐 아니라 빗물을 모았다는 기록으로 보아 성채가 적에게 고립됐을 때를 대비했던 것으로 보인다. 정오문 옆에는 쇠락한 왕조의 유적을 꿋꿋이 지켜온 300년 된 보리수나무가 서있다.

승리의 길

사당

정오문

사당내 보리수나무

수정의 우물

정오문에서 왕의 처소까지는 각종 행사가 열리던 광장 터로 추정
된다. 행궁은 조금 높은 지대에 있어 계단으로 연결되는데 화려한
용의 조각으로 장식돼 있다. 행궁 터에는 주춧돌만 남아 있었는데
최근 베트남 정부가 건물을 복원했다. 람낀 사적지가 폐허로 남아
있던 때의 황폐했던 사진(타잉화박물관 소장)을 보면 세월의 무상함을
느낄 수 있다. 행궁 북쪽에는 다섯 채의 사당이 있는데 가운데 건물
들이 조금씩 뒤로 물러나는 반월형 구도로 지어졌다.

사당 뒤편 숲길로 조금 걸어 들어가면 태조 레러이의 무덤이 있다. 당초 위치에서 이장했지만 본래의 모습을 유지한 것으로 알려졌는데, 왕릉치고는 참 검소하다는 생각이 든다. 무덤 앞에는 돌로 된 코끼리가 무릎을 꿇은 채 수백 년을 애도하고 있다.

사적지 진입로에는 람선 봉기부터 건국까지 레러이와 함께 싸웠던 동지들 한명 한명의 공적문이 붙어 있다. 그들 대부분의 운명이 세월의 파고를 이기지 못하고 비극으로 끝난 사실이 안타깝다.

5

청(清)과의 전쟁

5. 청(淸)과의 전쟁

1) 남북 분열과 혼란

(1) 후레(後黎) 왕조의 몰락

후레 왕조는 제5대 성종(Thánh Tông, 聖宗) 때 전성기를 이루었다. 그러나 그 영화도 오래 지속되지는 못했다. 성종이 죽자 장남인 헌종(Hiến Tông, 憲宗, 1497~1504 재위)이 제위를 물려받았다. 그는 부친 못지않은 현명한 왕이었지만, 불행히도 재위 6년 만에 44살의 나이로 사망했다. 그 뒤 셋째 아들인 숙종(Túc Tông, 肅宗, 1504 재위)과 둘째 아들 위목제(Uy Mục đế, 威穆帝, 1504~1509 재위)가 차례로 즉위했는데, 숙종은 너무 어렸고 위목제는 정사보다 주색에 더 관심이 많았다. 위목제가 자신의 즉위를 반대했던 태황태후와 중신들을 살해하는 등 공포정치를 펼치자 사촌인 양익제(Tương Dực đế, 襄翼帝, 1509~1516 재위)가 쿠데타를 일으켜 정권을 탈취했다. 양익제는 전임자인 위목제의 부도덕성을 맹비난했지만, 그 역시 불필요한 토목공사에 백성들을 내몰면서도 본인은 사치스러운 생활을 해 원성을 샀다. 이들 황제들이 특별히 악하거나 어리석었다기보다는 오랜 평화 시기에 궁전에서 나고 자라면서 제도화된 권력이 저절로 유지되는 것으로 믿게 된 게 잘못이었다고 해야 할 것이다. 통제가 느슨해지면 강자들의 무한 경쟁이 시작되고, 그 경쟁의 끝은 최고 기득권자인 왕의 몫의 재분배 요구로 귀결된다.

위목제(威穆帝), 그로부터 후레 왕조의 몰락이 시
작되었다.

삶의 터전을 잃은 농민들이 전국에서 반란을 일으켰다. 양익제 치세인 1511년부터 시작된 반란은 한때 농민반란군이 탕롱을 점령할 정도로 기세가 무서웠다. 이들을 진압하는 과정에서 찡쭈어이싼(Trịnh Duy Sản)과 응우옌황주(Nguyễn Hoàng Dụ) 같은 군벌들이 세력을 키웠다. 반란에 제대로 대처하지 못 한 채 권위만 내세우던 양익제와 그의 어린 후계자는 이들 군벌들의 손에 비참한 최후를 맞았다. 14살의 소종(Chiêu Tông, 昭宗, 1516~1522 재위)이 옹립됐지만 이제 권력은 왕의 손을 완전히 벗어나 있었다.

막당중

반격을 노린 소종과 측근들은 명망 높은 장군인 막당중(Mạc Đăng Dung, 莫登庸)을 중용해 군벌 세력을 억누르려 했다. 막당중은 중국인 이민자 조상을 둔 가난한 어부 집안에서 태어났다. 무과에 급제한 뒤 어수선한 사회 분위기 속에서 고속 승진해 10여 년 만에 고위급 장군 반열에 오른 인물이었다. 그러나 출신이 미천하다고 권력욕이 약할 것이라는 기대는 왕의 착각에 불과했다. 병권을 쥔 막당중이 왕족과 중신들을 제거하며 권력을 강화하고 왕의 일거수일투족까지 감시했다.

신변의 위협을 느낀 소종은 이번에는 군벌에게 의지해 위기를 돌파하려 했다. 그는 타잉화(Thanh Hóa)에 근거를 둔 찡(Trịnh)씨 일가에게 밀사를 보내 막당중을 타도하라고 지시하고, 자신은 탕롱 서쪽 썬떠이(Son Tây)로 피신했다. 왕이 달아나고 전국에서 근왕군이 밀려오자 막당중은 소종의 동생 공황제(Cung Hoàng đế, 恭皇帝, 1522~1527 재위)를 즉위시킨 뒤 동쪽 자신의 세력지로 옮겨갔다.

소종의 도박이 성공하는 듯 했다. 그러나 그는 자기 힘의 한계를 오인하는 치명적인 실수를 저질렀다. 왕의 측근과 군 지휘관들 사이에 갈등이 커지자 소종은 환관의 건의를 받아들여 찡씨 일가 수장인 찡뚜이(Trịnh Tuy)가 보낸 장군을 처형했다. 화가 머리끝까지 난 찡뚜이는 병사들을 데리고 와 소종 황제를 붙잡아 타잉화로 돌아갔다. 이런 분열과 하극상은 막다른 처지에 몰려있던 막당중에게 회생의 기회를 선사했다. 각지의 근왕파 군대가 누구에게 충성해야 하는지 어정쩡한 상태에 놓인 틈을 타 막당중은 대대적인 반격을 가했다. 막당중은 결국 타잉화를 점령한 뒤 소종을 체포해 살해했다. 그리고 1527년 막당중은 후레 왕조 관리들의 완강한 반대를 무릅쓰고 공황제의 선양 형식을 빌어 스스로 제위에 올랐다. 공황제는 몇 달 뒤 독주(毒酒)를 마시고 목숨을 끊어야 했고, 이로써 후레 왕조는 10대, 100년 만에 사실상 막을 내렸다.

[16세기 베트남 유물]

관세음보살상   베트남 토기들

말 무늬 벽돌   연적

(2) 막(莫) 왕조의 어둡고 짧은 역사

막당중은 후레 왕조의 제도와 정책을 그대로 답습했다. 성종(聖宗)의 업적을 계승해 황금시대를 다시 연다는 것이 막당중이 내세운 국정목표였다. 그는 성종 시대의 법령을 모은 『홍덕선정서』(洪德善政書)를 편찬하고 여러 차례 과거를 실시해 인재를 구했다. 이것은 후레 왕조 체제가 중앙집권에 유리하고 관료들의 지지를 얻는데도 필요했기 때문이다. 그러나 왕위찬탈에 대한 지식인층의 저항과 대명 굴욕외교에 대한 반감 때문에 기대만큼의 효과를 거두지는 못했다.

막당중은 자신에 대한 비난이 잦아들지 않자 3년 만에 제위를 맏아들 막당조아잉(Mạc Đăng Doanh, 莫登瀛, 莫 太宗, 1530~1540 재위)에게 물려주고 태상황으로 물러나는 제스처를 취했다. 물론 국가의 중대사는 막당중 본인이 결정했다. 막당조아잉은 아버지와 달리 온화한 인물이었다. 그는 스스로 법을 지키는 모범을 보이려 했고, 가난한 농민들을 동정해 조세와 부역을 감해주었다. 화폐를 주조해 상품유통을 뒷받침하고 대외무역도 적극 장려했다. 이 같은 노력으로 그가 젊은 나이로 죽기 전 10년 동안 막씨 정권은 조금씩 안정을 찾아 갔다.

막당조아잉 (막 태종)

그러나 후레 왕조를 복원시키려

는 반란은 끝없이 이어졌다. 그 가운데 응우옌낌(Nguyễn Kim, 阮金)이 저항세력들을 규합해 베트남을 남북조 형세로 만들어내는데 성공했다. 막당중의 왕위 찬탈 때 라오스로 몸을 피했던 응우옌낌은 라오스 왕의 지원 아래 망명자들을 모아 후레 왕조의 발원지인 타잉화로 돌아왔다. 그리고 비운의 황제 소종의 장남을 찾아내 새 황제로 추대함으로써 후레 왕조 유신들의 폭넓은 지지를 이끌어냈다. 그래도 군사력의 열세를 느낀 응우옌낌은 명나라의 도움을 얻기 위해 사신을 보냈다. 막 왕조 군사들의 눈을 피해 천신만고 끝에 3년 뒤 베이징에 도착한 사신단은 막당중의 왕위 찬탈을 알리고 토벌을 요청했다. 이미 명의 조정은 베트남의 정변을 파악하고 내전에 개입할지 여부에 대해 대논쟁을 벌이던 중이었다.

당시 명나라는 제11대 황제 가정제(嘉靖帝, 1521~1566 재위) 치세였다. 안으로 관료들의 부패와 밖으로 몽골·왜구의 침입에 시달리고 황제는 권신들과의 갈등에 지쳐 도교에 심취하면서 제국은 점차 멸망의 조짐

명나라 가정제

군사령관 복장의 가정제

을 보이고 있었다. 이러한 상황에서 명의 조정은 보물창고 같은 안남 땅을 다시 차지하고픈 욕심과 자칫 100년 전 정복전쟁 실패를 되풀이해 망국을 재촉할 수 있다는 두려움 사이에서 갈피를 잡지 못했다.

몇 년 전 가정제가 즉위했을 때 명나라는 명목상 제후국인 베트남에 효유(曉諭)[1] 조서를 내리기 위해 사신을 파견했다. 명 사신은 국경 근처에서 베트남에 대란이 일어나 길이 막혔다는 소식을 듣고 베이징으로 돌아가 보고했다. 1526년, 막당중은 자신이 세운 허수아비 황제 공황제에게 책봉을 해줄 수 있느냐고 물으며 명 국경 관리에게 뇌물을 줬다 발각됐는데, 이것이 명과 막당중의 첫 접촉이었다. 막당중은 왕위를 찬탈한 뒤 명나라에 사신을 보내 레씨 자손이 단절돼 자신이 임시로 나라 일을 맡고 있다고 설명하려 했지만, 국경에서 명 관리들이 자격을 문제 삼아 사신의 입국을 막았다.[2]

가정제의 황자가 태어나자 이번에도 안남에 조서를 반포해야 했는데, 예부상서 하언(夏言)이 "안남은 조공하지 않은지 20년이 되었고, 국경 관리들이 말하기를 그곳 왕들이 마땅히 세워져야 할 적계(嫡系)가 아니며 권력자들은 모두 찬역(簒逆)의 신하로 마땅히 조사하여 주모자가 누구인지 찾아내야 한다"고 진언했다. 황제는 "안남이 반역한 사실이 명확하므로 급히 관리를 보내 조사하고 병부와 정토(征討)를 논의하라"고 지시했다. 이에 따라 중국 남부 다섯 개 성에 군량을 모으고 원정군 징병에 대비하라는 칙서가 내려갔다.

---

1) 깨달아 알아듣도록 타이름
2) 『명사』 「안남전」은 "성명(姓名)이 부합하지 않아 거절했다"고 기록한다. 즉, 명나라가 안남왕으로 인정한 레씨가 아닌 막씨 왕의 사신이어서 국경에서 막았다는 뜻이다.

명나라의 보병과 기병 (가정제 행렬도 중에서)

그러나 베트남 원정이 불가하다는 상소가 그치지 않았다. 막당중이 입공을 청하고 있다는 등의 명분론도 있었지만, 결국 명의 상황이 대규모 원정을 수행하기 어렵다는 주장이었다. 병부시랑 장경(張經)의 상소는 보다 솔직하고 구체적이었다. "마땅히 30만 명을 동원해야 하고, 1년 군량으로는 160만 석을 사용해야 하며, 배를 짓고 말을 사고 무기를 만들고 군사를 위로하는 비용으로 또 70만 냥이 필요합니다. 우리는 많은 군대를 징발해 바다를 건너가야 하니, 저들과는 수고로움과 편안함이 크게 다릅니다. 신중히 생각하여 처리하지 않으면 안 됩니다." 명의 재정을 고갈시킨 임진왜란 때 조선 지원병이 21만 명이었다는 사실로 미루어 장경의 주장은 큰 과장이 아니었다.

가정제는 자신의 베트남 원정 지시에 반대 상소를 올린 신하들을 연이어 징계했다. 그래도 찬반 상소가 빗발치자 병부는 결정을 못 내리고 조정에 재논의를 청했다. 가정제는 화가 치밀었다. 신하들이 먼저 주청해 윤허했더니, 일 년이 넘도록 원정 준비는 않고 논란만 거듭하다 자기에게 다시 문제를 미룬 것이다. 가정제는 "그대들의 직책은 국정을 담당하는 자들인데 산만하여 주장도 없고 모두 회의에 떠넘기고 있다. 처음부터 협심하여 국가를 위해 도모하지 않고 있으니, 그만 두어라. 구란과 모백온은 다른 관직에 임용하라"고 명령했다. 구란은 총독군무(總督軍務), 모백온은 참찬(參贊)으로 베트남 원정군을 지휘하기로 되어 있던 사람들이었다. 소란스러운 논쟁만 벌이다 베트남 침공이 제풀에 중단되는 분위기였다.

그런데 이때 막당중이 사신을 통해 표를 올려 투항하고 토지와 호구를 기록해 명의 처분을 따르겠다고 밝혀왔다. 명으로서는 기대도 안 했던 막당중의 선물을 받은 셈이었다. 앞이 캄캄한 원정의 부담에서 벗어나면서도 실리도 챙길 수 있게 된 것이다. 중화주의와 명분론에 기반한『명사』「안남전」은 명나라의 반응을 다음과 같이 기술했다. "황제가 화를 내며 이르기를 "안남의 일은 본래 한 사람이 의견을 내고 여러 사람들이 모두 그를 따랐다. 그런데 짐이 하언(夏言)의 계책을 따랐다고 비방하며 터무니없는 말들을 지어내고 있다. 안남을 그대로 두어야 할 것인가? 토벌해야 할 것인가? 병부는 즉시 논의를 모아 보고하라" 하였다. 이에 조정의 신하들이 놀라 두려워하고는, 이전에 내린 (남부 각 성에서 군량을 모으고 대규모 징병에 대비하라는) 칙서와 같이 하고 구란·모백온을 보내 정벌케 할 것을 청하였다. 만약 막당중 부자가 저항하지 않고 귀순하고 다른 마음이 없다면 그들을 죽이지 않도록

막당중의 항복

대우할 것이라 하니, 황제가 이를 허락하였다" 마치 베트남을 정벌할 의지와 능력은 충분하지만 막당중이 항복한다면 관용을 베풀 것처럼 표현한 것이다.

청나라 때 촬영한 진남관(鎭南關)

모백온은 광서성으로 내려가 막당중에게 귀순하면 죄를 용서하겠다는 격문을 보냈다. 막당중은 관리들을 데리고 국경인 진남관에 도착했다. 그리고 죄인처럼 머리를 풀고 목에 줄을 맨 뒤 맨발로 기어가 단상에 머리를 찧으며 항복의 표를 올렸다. 막당중은 토지와 인구 대장을 바치고 국경 5개 지역을 할양하며 영원히 신복하겠다고 청하였다. 모백온은 막당중의 죄를 사면하고, 돌아가 황제의 명을 기다리도록 했다. 모백온의 상소를 받은 가정제는 매우 기뻐하며[3] 안남국(安南國)을 안남

---

3) 명나라로서는 베트남을 점령해 그 막대한 생산력을 차지하고 싶었다. 그러나 명나라가 실제로 베트남을 침공했다면, 막 왕조는 쉽게 무너뜨렸겠지만 남부에서 세력을 키우고 있던 응우엔낌 세력과 또다시 오랜 전쟁의 수렁에 빠져들 가능성이 컸다. 그래서 명나라는 베트남을 명목상 행정구역으로 편입하고 일부 영토를 챙기는 작은 실리에 만족했다. 『명사』 「안남전」의 마지막 문장은 명의 그런 아쉬움에 가득 찬 속내가 드러나 보인다. "안남은 토지가 비옥하고 기후가 뜨거워 곡식이 한 해에 두 번 여문다. 사람들의 성품은 난폭하고 사나웠다."

도통사사(著單作安南都統使)로 격을 낮추고 막당중을 도통사에 제수하였다. 그리고 분수에 넘게 명의 제도를 본뜬 제도들을 모두 없애고 13도(道)를 13선무사(宣撫使)로 바꾸되 도통사에게 이들 관직의 임명권을 허용했다. 이로써 베트남은 명목상 독립을 잃고 명나라의 행정구역으로 전락했다.

막당중의 굴욕적인 항복은 베트남 집권자로서 유례를 찾아볼 수 없는 행동이었다. 명색이 일국의 황제인데 명나라 관리 앞에 무릎으로 기어가 머리를 찧는 동안 막당중 또한 참기 힘든 고통을 느꼈을 것이다. 그럼에도 불구하고 모욕을 감수해 안전을 추구한 것은 100년 전 호뀌리의 전철을 밟지 않기 위해서였다. 호뀌리는 통일된 국가에서 수년간 전쟁을 준비하고도 명나라 대군 앞에 모래성처럼 무너졌는데, 막당중은 아직 내전이 진행 중이었고 새 왕조에 대한 백성들의 충성 역시 믿을 게 못 되었다.

그러나 막당중은 명나라의 내부 사정을 살피는 데 게을리해 필요 이상의 비용을 치르고 굴욕을 자초했다. 이제 막 공격 계획을 취소한 명나라 관리들은 침략을 막겠다며 자신들 앞에 기어오는 막당중을 보고 속으로 실소를 금치 못했을 것이다. 개인적인 치욕과 함께 국가의 자존심을 저버리고 영토까지 넘겨준 막당중의 행동은 매국노라는 딱지를 그의 왕조에 따라다니게 만들었다.

그래도 막당중 왕조는 몇십 년을 버텨냈다. 어부에서 일약 왕족으로 승격된 막씨들을 비롯해 집권층이 운명 공동체로 똘똘 뭉쳐있었고, 군대 우대 정책으로 10만 대군의 충성을 확보했기 때문이다. 이는 마치 오늘날 북한 정권이 유지되는 원리와도 비슷했다. 막당중은 군인들에게 한 사람당 4에서 5무(畝)씩 공전(公田)을 지급했다. 이는 400~500㎡ 로 한 번에 쌀 약 3가마, 이모작을 한다면 일 년에 6가마를 생산할 수 있어 빠듯하게나마 일가족이 먹고 살 수 있는 면적이었다.

막당중 사당   막 왕조 때 사용하던 청룡도

막 왕조 화폐

타잉화에서는 응우옌낌이 차근차근 세력을 넓히고 있었다. 응우옌 낌은 남쪽에 있는 응에안을 점령해 배후를 튼튼히 다진 뒤 북부 탕롱 을 향해 진격했다. 타잉화의 경계를 넘어 썬남(Sơn Nam)까지 육박해 들 어갔지만, 위장 투항한 막당중의 부하 장군에게 응우옌낌이 독살당하 는 사건이 벌어졌다. 응우옌낌의 사위 찡끼엠(Trịnh Kiểm 鄭檢, 1503~1570)은

급히 군사들을 수습해 타잉화로 퇴각했고 병권을 장악해 장인의 빈자리를 차지했다. 이로부터 약 60년 동안 북쪽에는 막씨 왕조, 남쪽에는 찡씨 세력이 자리를 잡고 끊임없이 전쟁을 벌이는 남북조 시대가 계속됐다.

두 세력은 서로 공격과 수비를 주고받았지만, 막 왕조가 찡씨의 영역으로 쳐들어가는 경우가 좀 더 많았다. 이는 막 왕조가 정치, 경제의 중심지인 홍강 유역에 자리 잡아 자원 확보에 유리했기 때문이다. 그러나 이러한 우세는 5대 황제인 막머우협(Mạc Mậu Hợp, 莫茂洽, 1562~1592 재위)이 제위에 오르며 흔들리기 시작

찡끼엠

했다. 왕조 개창 30여 년이 지나 집권층의 긴장이 이완된 데다, 막머우협은 정사보다 주색에 더 관심이 있는 무능한 지도자였다.

그 사이 남쪽에서는 찡끼엠이 죽자 아들 찡뚱(Trịnh Tùng, 鄭松, 1550~1623)이 형을 제치고 권좌에 올랐다. 1570년, 권력 교체의 혼란을 틈타 막머우협이 남조 땅 깊숙이 침공했다 돌아갔는데, 이 무공 때문에 막머우협은 더욱 교만해졌다. 1583년, 혼란을 수습한 찡뚱은 썬남까지 치고 올라가 많은 식량을 빼앗아 돌아왔고, 이후 연례행사처럼 군사작전을 벌여 북조를 수세에 몰아넣었다.

1591년에는 남조군 5만 명의 공격을 북조군 10만 명이 제대로 막지

Bình-an-vương Trịnh-Tùng

찡뚱은 전국을 통일하고 왕 대신 모든 권력을 장악하는 쭈어(主) 시대를 열었다.

못해 막머우헙이 도망가고 탕롱이 점령 당하는 사건이 벌어졌다. 찡뚱은 사방에 막 왕조의 잔존 세력이 남아있는 상황에서 적의 영토에 너무 오래 머무는 것은 위험하다고 판단해 탕롱성을 버리고 다시 타잉화로 돌아갔다. 멋쩍은 표정으로 탕롱에 돌아온 막머우헙은 그래도 정신을 차리지 못했다. 연이은 패전이 멸망의 전조라는 사실을 깨닫지 못한 그는 방탕한 생활을 이어갔다.

북조의 주요 지휘관 중 한 명인 부이반쿠에는 아내가 절세 미녀였다. 우연히 그녀를 본 막머우헙은 욕망에 사로잡혀 부이반쿠에를 죽이고 아내를 빼앗으려 했다. 이를 눈치 챈 부이반쿠에는 탕롱을 탈출해 찡뚱에게 투항했다. 찡뚱은 이제 오랜 내전을 끝낼 때가 되었음을 느꼈다. 총력전이었다. 찡뚱은 부이반쿠에를 선봉장으로 세워 전군을 동원해 북진을 시작했다. 황제가 저지른 추한 스캔들이 퍼지며 북조 군사들의 사기는 땅에 떨어져 있었다. 그리고 어제까지 상관으로 모시던 사람이 적의 대군을 이끌고 나타나자 목숨을 걸고 대항할 의지를 잃었다. 탕롱성을 버리고 달아났던 막머우헙은 마지막 저항에서 패하자 절에 숨어들어가 있다 붙잡혀 비참한 최후를 맞았다. 이로써 베트남은 치열했던 내전을 끝내고 다시 통일을 회복했다.(1592년)

(3) 찡 쭈어 정권의 수립

찡뚱은 황제를 깍듯이 대했다. 막 왕조를 격멸한 다음해 그는 세종 (世宗)을 탕롱으로 모셔와 화려한 승전 의식을 거행했다. 당시 기록은 "제왕(帝王)께서 탕롱의 정전에 들어가 제위에 오르자 모든 관리들이 축하 인사를 올렸다"라고 이 장면을 묘사했다. 찡뚱은 자신의 승리를 '반역자 막씨 일족을 몰아내고 후레 왕조가 복원된 것'으로 선전한 것이다.

그러나 찡뚱은 후레 왕조 황제에게 손톱만큼의 권력도 나눠주지 않았다. 황제는 그저 의례적인 지위에 불과했다. 찡뚱은 스스로 도원사총국정상부평안왕(都元師總國政尙父平安王)이라는 긴 직함을 붙인 뒤 왕부(王府)를 세워 관리들을 두고 나라를 다스렸다. 그리고 자신을 쭈어(Chúa, 主)라고 칭해 찡 쭈어(鄭主) 시대를 열었다. 무기력하게 굴복했던 세종과 달리 후임 황제인 경종(敬宗)이 찡뚱의 야심 많은 아들 한 명을 부추겨 형을 암살하고 후계자의 자리를 차지하도록 음모를 꾸미다 발각되자 찡뚱은 서슴없이 경종을 죽이고 태자를 새 황제로 세웠다. 찡씨의 세상이었다. 그렇지만 권력의 내부에서 새로운 경쟁자가 등장을 준비하고 있었다.

17세기 후레 왕조 조정

(4) 남북의 재분열 – 찡 쭈어와 응우옌 쭈어의 대결

응우옌황

과거 막 왕조에 대항해 남북조 시대를 열었던 응우옌낌에게 두 아들이 있었다. 차근차근 군공을 세우며 아버지의 위업 승계를 꿈꾸던 이들은 응우옌낌이 막 왕조에게 독살당한 뒤 매형인 찡끼엠이 그의 권좌를 차지한데 큰 불만을 품었다. 그러나 장남이 의문의 죽음을 당하자 차남 응우옌황

(Nguyễn Hoàng, 阮潢, 1525~1613)은 바로 매형에게 머리를 숙였다. 응우옌황은 속마음을 감추고 찡끼엠의 충성스러운 신하처럼 행동했다. 얼마 뒤 응우옌황은 누나인 찡끼엠의 아내에게 자신을 영토의 남쪽 변방인 후에(Hué, 順化)의 진수(鎭守)로 임명해 달라고 졸랐다. 찡끼엠도 자신에 대해 원망을 품고 있을 처남을 곁에 두는 것이 못내 불안했던 데다, 참파의 공격과 치안 부재로 혼란스럽던 후에에 유력자를 보내 안정을 회복하는 게 좋겠다고 판단해 이를 허락했다. 응우옌황은 친척과 측근들을 대거 이끌고 후에로 이주했지만 당장 찡끼엠과 각을 세우지는 않았다. 아직 정면대결을 벌일 만큼의 실력이 안 되는데다, 찡끼엠이 수시로 관리들을 보내 그를 감시했기 때문이다.

응우옌황이 얌전하게 처신하자 안심한 찡끼엠은 후에 당시 베트남 영토 남부국경이었던 꽝남(Quang Nam, 廣南)의 수비 책임까지 응우옌황

에게 맡겼다. 이는 커다란 실수였다. 찡끼엠 측근들에게 둘러싸여 있던 응우옌황의 영역을 국경과 맞닿게 해 밖으로 세력을 뻗어나갈 기회를 준 것이다. 이후 응우옌황과 그 후손들은 국경 너머로 영토를 넓히며 일개 성장(省長)에 불과했던 가문을 실질적인 왕가로 성장시켜 나갔다. 다만 아직은 찡씨 세력과 정면으로 맞설 때는 아니었다.

찡끼엠 사후 아들들의 권력투쟁을 틈타 막 왕조가 침략해 왔을 때 응우옌황은 이를 격퇴하는 데 일조했다. 20년 뒤 찡뚱이 북진해 막 왕조를 무너뜨린 뒤에는 탕롱으로 불려가 막 왕조 잔당들을 소탕하는 데 동원됐다. 응우옌황은 묵묵히 소임을 다했지만 찡뚱은 자신의 휘하에 들어온 의심스러운 외삼촌을 놓아주려 하지 않았다. 그렇게 8년의 세월을 보낸 응우옌황은 중부 해안인 닌빈(Ninh Binh)에서 반란이 일어나자 이를 진압하겠다며 탕롱을 떠나 그대로 배를 타고 후에로 돌아갔다. 탕롱을 벗어나기 전 응우옌황은 찡뚱의 의심을 피하기 위해 자신의 아들과 손자까지 인질로 남겨두어야 했다. 또한 응우옌황의 딸을 찡뚱의 아들 찡짱에게 출가시켜 몇 겹의 친족관계를 맺었다.

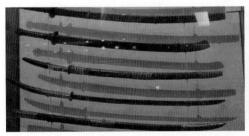
17~19세기 베트남의 검

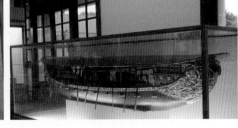
17세기 베트남 전함

서로를 의심하고 경쟁했지만 응우옌황과 찡뚱 때까지는 그래도 친척이라는 의식이 남아 있었다. 그러나 아들 대에 이르자 이제 상대는 꺾어 없애야 할 적에 불과했다. 응우옌황이 사망한 뒤 여섯째 아들인 응우옌푹응우옌이 자리를 계승했는데, 두 동생이 형을 제거하려고 모의하며 북쪽의 새 권력자 찡짱에게 도움을 청했다. 찡짱은 좋은 기회라고 생각해 군사 5천 명을 보냈지만, 쿠데타 음모가 사전에 발각돼 실패하자 중도에 회군했다. 응우옌푹응우옌은 찡짱의 개입을 분하게 생각해 북쪽으로 보내던 조공을 중단했다. "공물을 보내라", "흉년이라 못 보낸다"는 말싸움이 몇 년간 계속되다 결국 1627년 무력충돌이 시작됐다.

찡짱은 주먹만한 남부를 아예 짓밟아버리려고 전투코끼리 500마리와 10만 대군을 보냈지만 응우옌 쭈어의 4만 병력을 뚫지 못하고 물러나야 했다. 이후 45년간 찡 쭈어와 응우옌 쭈어는 모두 일곱 차례의 대전을 치렀다. 그 중 여섯 번이 군사력에서 우위인 찡 쭈어의 침공이었지만 전쟁은 점점 교착 상태에 빠져들었다. 침공군은 아직 미개발지가 많은 남부의 험한 지형과 낙후된 도로망 때문에 군수품 보급에 큰 지장을 받았고, 열대의 더운 날씨로 북부에서 온 병사들 사이에 전염병이 수시로 돌았기 때문이었다. 여기에 응우옌 쭈어의 병사들은 토지를 지급받은 둔전병들이 많았기 때문에 자기 땅을 지키기 위해 격렬하게 저항했다. 결국 양측은 1672년의 공방전을 마지막으로 상대에게 결정적인 승리를 거둘 수 있다는 희망을 버렸다. 그리고 떠이썬 반란이 일어날 때까지 약 100년간 비공식적인 휴전이 지속됐다.

(5) 찡 쭈어의 발전과 쇠락

찡 쭈어와 응우옌 쭈어가 수십 년간 치고받는 사이 중국에서 대격변이 일어났다. 명나라가 사실상 자멸하고 만주족 청(淸)이 대륙의 새 주인이 된 것이다.(1644년) 명의 마지막 황제가 농민 반란군의 공격을 받아 자결한 뒤 청에 투항한 오삼계(吳三桂) 장군은 농민군과 명의 잔존세력을 격파하는 선봉에 선 공으로 운남과 귀주의 지배자가 되었다. 그의 권세는 하늘을 찌를 듯 했지만 정세가 안정되자 청의 강희제(康熙帝)가 철수명령을 내렸다. 이에 반발해 오삼계는 광동의 상가희, 복주의 경중명 등 다른 명나라 유장(遺將)들과 합세해 이른바 '삼번(三藩)의 난'(1673년)을 일으켰지만 이미 중원의 패자가 된 청을 당해낼 수는 없었다.

청나라에 투항하는 오삼계

청나라 강희제

당시 베트남에서는 막 왕조의 잔당들이 북쪽 국경 까오방(Cao Bằng)에 자리를 잡고 근근이 세력을 이어가고 있었다. 이들은 찡 쭈어를 공격했다 반격을 받으면 까오방으로 도망쳐 명나라에 보호를 요청하곤

했다. 명은 막 왕조가 책봉을 받은 신하이기 때문에 보호한다는 명분과 함께 이들을 베트남 내정에 개입할 요긴한 카드로 여겨 그때마다 찡 쭈어에게 공격을 멈추도록 압력을 가했다. 명을 대신해 중국의 지배자가 된 청도 이러한 외교 정책을 계승했다. 그런데 약삭빠르게 살아남던 막씨들이 오삼계가 반란을 일으키자 여기에 적극 호응하는 대실수를 저질렀다. 오삼계의 군대가 패주하자 찡 쭈어는 기회를 놓치지 않고 까오방을 소탕했고, 다급해진 막씨 지도부는 청나라 군대에게 달아났다 체포돼 찡 쭈어에게 넘겨지면서 오랜 저항을 마감했다. 청나라는 적은 수의 군대로 한족 5천만 명을 통치하는 데도 힘이 부쳐 아직 안남 땅에 큰 욕심을 내지 않았다. 그래서 찡 쭈어가 형식적으로 모시고 있던 후레 왕조의 왕을 안남국왕으로 책봉했고, 양국은 대체로 원만한 관계를 유지했다.

찡 쭈어와 응우옌 쭈어가 치열하게 맞선 17세기에서 18세기 베트남은 두 세력의 생존경쟁 결과 국가의 영역은 확대됐지만 그 안에 사는 백성들은 역경의 세월을 견뎌내야 했다. 각 세력의 역대 수장들이 나름대로 국정에 책임감을 가지고 열심히 노력했지만 한계가 있었다. 인적, 물적 자원을 총동원해야 하는 전쟁과 백성의 삶을 돌보는 민생은 양립하기 힘든 과제였다.

북쪽 찡 쭈어에서는 찡딱(1657~1682 재위)이 쭈어가 되면서 정책의 대변화를 시도했다. 응우옌 쭈어 정도는 쉽게 굴복시킬 줄 알고 시작한 전쟁이 이미 30년을 넘겼고 그동안 온갖 희생을 감수해왔지만, 승리가 불가능할 수도 있다는 현실론이 고개를 들기 시작했다. 찡딱은 전쟁 때문에 정치개혁을 더 이상 미룰 수는 없다고 판단해 무신 일색이던 정부에 문신들을 적극 등용하기 시작했다. 유교 이념으로 사회질서를 바로잡으려 한 것이다. 그는 과거시험을 실시해 합격자를 대량 선발했고 국립대학을 확장했다. 부락민들의 추천으로 뽑아온 촌장, 즉 사장(社長)을 정부가 유생들 가운데서 임명한 것도 유학의 보급을 위한 것이었다. 찡딱은 또 관리들의 사법권 전횡을 막기 위해 중요한 사건은 상급심에서 중복해 심리하도록 사법제도를 바꾸었다. 후임 쭈어였던 찡깐(1682~1709 재위)도 모든 인사를 직접 관장하고 대규모 보직 이동을 실시하는 등 유능하고 청렴한 관리들을 중용하려 애를 썼다. 그러나 권력자 홀로 노심초사할 뿐 관리들의 뿌리 깊은 부패는 요지부동이었다.

과거시험 문제가 사전에 유출되고 대리시험도 횡행했다. 이렇게 뽑힌 관리들은 말직부터 고관까지 부정을 일삼았다. 심지어 소송 판결도 뇌물의 액수에 따라 정해졌다. 17세기 말에 탕롱에 거주했던 한 유럽인이 "돈이면 모든 사건이 해결된다. 왜냐하면 돈을 받지 않는 관리가 거의 없기 때문이다"라는 기록을 남길 정도였다.

재정난은 더 어려운 과제였다. 찡 쭈어 정권의 구조적인 문제와 맞물려 있었기 때문이다. 막 왕조를 타도하고 곧이어 응우옌 쭈어와의 격렬한 내전을 치러야

베트남 관리의 복장

했던 찡 쭈어는 최대 12만 명에 달하는 직업군인을 양성했다. 이들의 충성과 전투력을 유지하기 위해 찡 쭈어는 과감한 군인 우대 정책을 펴지 않을 수 없었다. 병사들에게 막 왕조 때보다도 많은 5무에서 7무의 공전을 지급했고, 전사할 경우 유족에게 그 땅을 물려줬을 뿐 아니라 자식들의 세금과 부역까지 면제해 주었다.

여기에 오랜 혼란을 틈타 귀족과 관리·토호들이 사전(私田)을 확대해 나갔는데 여기에는 세금이 부과되지 않았다. 거듭되는 전쟁에 농민들을 동원하느라 과거처럼 황무지를 개간할 여력이 없었고, 있는 제방들도 제대로 수리하지 못했다. 이는 재난으로 돌아와 17세기 말부터 곡창지대인 홍강 유역의 제방들이 수시로 무너져 엄청난 피해를 입었다. 또한 태풍과 홍수 가뭄 같은 기상이변들이 자주 발생했다. 16세기에서 18세기 중반까지 지구를 덮쳤던 소빙하기의 여파였다.

찡 쭈어는 재해로 인한 경제공황을 극복하고 세수를 확보하기 위해 여러 가지 정책들을 시도했다. 땅을 잃고 떠돌아다니는 농민들에게 정착하면 2년간 세금을 면제해 주겠다고 회유했다. 공전의 배분을 몇 년마다 촌락민들이 스스로 결정할 수 있도록 하고 세금 징수를 보장받는 '균급공전제(均給公田制)'를 실시했다. 18세기 초에는 갑자기 지세(地稅)를 두 배 이상 올리기도 했고, 모든 수공업품과 토산품에 세금을 부과했다. 소금과 구리 계피를 전매품으로 지정해 유통 수익을 정부가 차지했다. 그리고 금, 은, 동, 주석을 캐는 광산들을 많이 개발했는데, 주로 소수민족이나 중국인들이 들어와 일을 했기 때문에 찡 쭈어 정부는 중국 이주민들이 독립 세력을 형성하지 못하도록 수를 제한하고 중국 의상을 입지 못하게 하는 등 엄격하게 통제했다.

그래도 국가 재정난은 감당하기 힘들 만큼 악화되어 갔다. 후반기 집권자였던 쩡짱(1729~1740 재위)은 전국의 모든 토지를 국유화해 농민들에게 나누어 주고 지세를 받는다는 혁명적인 계획을 세웠다. 그러나 쩡 쭈어의 지지기반인 기득권층이 맹렬히 반대하자 없던 일이 되고 말았다. 대신 어리석은 이 집권자는 매관매직을 확대하는 수월한 방법을 선택했다. 관리들은 600관(貫)을 내면 한 계급 승진했고, 평민이라 해도 1,800관에 지현(知縣)을, 2,800관을 내면 지부(知府) 자리를 주었다. 당시 물소 한 마리 값이 40관 정도였으니까, 소 45마리를 바치면 고을의 사또가 되는 식이었다.

후임 쭈어였던 쩡조아인은 한술 더 떠 3관만 내면 누구라도 과거에 응시할 수 있는 자격을 주었다. 이는 생각지도 못한 부작용을 불러왔다. 『흠정월사통감강목』은 당시 과거 시험장의 혼란을 이렇게 기록했다. "그곳으로 농부와 상인, 백정 모두가 모여들었다. 시험 당일에는 혼잡이 극심해 밟혀 죽는 자까지 생겼다. 어떤 자들은 책을 끼고 시험장 한 가운데로 돌아다니고, 어떤 자들은 돈을 주고 이들을 샀다. 시험 감독관은 장사를 하듯 관직을 외치며 팔고 다녔다." 이것으로 쩡 쭈어의 과거제도는 완전히 무너졌다.

기근과 수탈에 지친 농민들이 곳곳에서 반란을 일으켰다. 반란은 많은 경우 쩡 쭈어에 반대하는 유학자나 관리 승려와 같은 지도층이 '후레 왕조 복원'의 기치를 들면 농민들이 적극 호응해 봉기하는 형식이었다. 산간에서 해안까지 전국에 끊임없이 반란이 일어났지만, 쩡 쭈어는 무력을 동원해 모두 진압하고 정권을 유지해 갈 수 있었다. 아직 농민 반란군 조직이 미약하고 지도자들의 능력이 부족했을 뿐 아니라 수많은 전쟁을 겪어온 찡 쭈어의 군대가 여전히 강력했기 때문이다.

17세기 베트남 유물

금박목재불상

베트남 항구 스케치

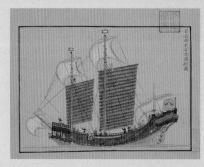

나가사키에서 베트남을 오가던 일본 무역선

베트남 대포

(6) 응우옌 쭈어의 남진

응우옌 쭈어는 찡 쭈어와 수십 년간 혈전을 거듭하면서 영토와 인구의 열세를 뼈저리게 느꼈다. 살아남기 위해서는 남쪽을 향해 세력을 넓혀가지 않을 수 없었다. 응우옌 쭈어는 숙명처럼 남진을 추구했고 100여 년 만에 오늘날의 베트남 영토를 완성하는 대업을 이루었다. 그 과정은 결코 순탄하지 않았다.

찡 쭈어의 압박이 가중되고 내전의 먹구름이 몰려오던 시기, 1대 쭈어인 응우옌황은 후방의 안정을 다지기 위해 꽝남의 남부 국경을 직접 돌아보고 허술했던 통치체제를 정비했다. 응우옌 쭈어가 처음으로 국경지대에 나타나자 참파는 그가 남하를 준비하는 것으로 보고 꽝남을 선제공격했다. 응우옌황의 군대는 기다렸다는 듯이 반격을 가해 2개 현을 추가로 장악했다.(1611년)

카인호아의 요새

응우옌 쭈어가 찡 쭈어와 격렬한 내전에 휘말리자 오랫동안 이를 지켜본 참파는 다시 군사를 일으켜 영토 회복을 시도했다. 이때 응우옌 쭈어는 이미 비교할 수 없을 만큼 커버린 국력의 차이를 과시했다. 찡 쭈어와의 전쟁에는 10만 명 이상을 동원하던 응우옌 쭈어는 불과 3천 명의 병력을 남쪽으로 돌렸고 이 정예병들이 참파군을 격파하

고 카인호아(Khánh Hòa)성[4] 이남까지 진출했다.(1653년)

　베트남이 새로 얻은 땅은 참파 백성들이 모두 흩어져 아무도 남지 않은 황무지 상태였다. 응우옌 쭈어 정권은 이를 체계적으로 개발했다. 정부의 적극적인 후원 아래 부호들이 빈농과 노비를 동원해 땅을 갈고 소작지로 삼았다. 또 응우옌 쭈어는 내전에서 포로로 붙잡은 찡 쭈어 군대 병사들을 대거 남쪽으로 끌고 가 50명씩 나누어 배치한 뒤 식량과 농기구를 주어 정착시켰다.

　참파는 옛 영화의 흔적조차 잃은 채 빈사 상태에 빠져 있었다. 응우옌 쭈어는 1697년에 참파왕의 남은 영역을 모두 흡수해 지방행정구역으로 만들고 참파를 지도에서 영원히 지워버렸다. 응우옌 쭈어는 참파인들이 독립을 꿈도 꾸지 못하게 하기 위해 저항하는 자들을 무참히 학살하고 투항해오면 베트남의 문화와 습속을 따르도록 강요했다.

4) 베트남 중남부에 있는 성으로 성도는 1960년대 파월 한국군 야전사령부가 있던 나뜨랑 즉 냐짱(Nha Trang)이다.

영토가 두 배 넘게 늘었지만 응우옌 쭈어는 만족하지 않았다. 옛 참파 땅 너머에 있는 비옥한 메콩델타에 눈독을 들이기 시작한 것이다. 오늘날의 호치민시(市)인 사이공(Sài Gòn, 柴棍)을 중심으로 펼쳐진 베트남 남부 평야지대는 그때까지 천년 넘게 캄보디아의 영토였다. 이 땅에 내전을 피해 하나둘 이주해 온 베트남인들이 늘어나고 있었다. 상당수가 유민이나 범죄자들이었지만 아직까지는 캄보디아 사람들과 뒤섞여 별탈 없이 농사를 지으며 살았다.

옛 사이공

동남아 최강국이자 문화 선진국이었던 캄보디아는 신흥 태국과의 전쟁으로 쇠약해져 갔다. 베트남은 캄보디아의 내분과 태국의 침략을 적절히 이용해가며 메콩강 하류의 지배권을 잠식해 들어갔다. 캄보디아 왕이었던 체이쳇타 2세는 베트남의 지원으로 태국의 압력에서 벗어나기 위해 자신의 왕자와 응우옌 쭈어 공주의 결혼 동맹을 맺었다. 이를 계기로 응우옌 쭈어는 사이공에 일종의 관세청 사무소인 해관(海關)의 설치를 허락받았다. 베트남 관리들이 메콩델타에 첫발을 들여놓은 것이다.(1620년)

체이쳇타 2세 사후 캄보디아는 왕위를 놓고 심각한 내분에 빠졌다. 낙웅쩬이 경쟁에서 승리했지만, 왕실 내 반대파가 응우옌 쭈어에게 개입을 요청했다. 기회를 기다려온 응우옌 쭈어는 망설이지 않고 기병대 3천 명으로 휘몰아쳐 들어가 낙웅쩬을 붙잡아 항복을 받았다. 캄보디아에 대한 최초의 군사개입이 성공하면서 메콩델타에 대한 베트남인들의 합법적인 거주권을 확보했다.(1658년) 얼마 뒤 캄보디아 왕족들이 친태국파와 친베트남 파로 나뉘어 번갈아 왕위를 찬탈하자, 응우옌 쭈어가 또다시 캄보디아를 침공했다. 그리고 두 왕을 세워 친태국파인 국왕이 캄보디아 수도인 우동(Udong)을 친베트남파인 부왕은 사이공을 각각 통치하도록 했다. 아직 베트남 내전의 후유증이 남아 있는 상황에서 태국과 직접 충돌하는 사태를 피하기 위한 조치였다. 이로써 사이공 지역에 대한 베트남의 영향력은 더욱 강화됐다.(1674년)

프놈 우동 (Phnom Oudong) : 태국의 침략에 시달리던 캄보디아는 수도를 앙코르 톰에서 프놈펜으로 다시 프놈 우동으로 여러 번 이전했다.

폐허가 된 앙코르와트

17세기 캄보디아의 신상(神像)들

옛 캄보디아의 보검

청나라가 중국 대륙을 장악한 뒤 멸망한 명의 유장(遺將)들 일부가 주변국으로 흩어졌다. 베트남에는 광동과 광서성 관리였던 양언적(楊彦迪)과 진상천(陳上川) 등이 배 50척에 3천 명의 병사들을 태우고 투항해 왔다. 응우옌 쭈어 정부는 고심 끝에 이들을 사이공으로 보냈다. 사료에는 캄보디아 부왕에게 이를 통보하면서 '다른 뜻이 없다'고 강조했다고 하지만, 영토 확장의 첨병으로 이용할 생각이 숨어있었다. 오늘날의 미토(Mỹ Tho)와 비엔호아(Biên Hòa)에 자리 잡은 이들은 해당지역을 정비하고 국제교역의 중심지로 발전시켜 나갔다.

세월이 흐르며 명의 유장들 사이에 내분이 일어나고, 세력을 키워 응우옌 쭈어로부터 독립하려는 일부 장군들이 캄보디아 영토를 침탈했다. 우동의 캄보디아 왕은 태국의 지원을 업고 이들을 막아낸 뒤 사태를 방관한 응우옌 쭈어에게는 더 이상 조공을 바치지 않겠다고 선언했다. 상황을 정리해야 할 필요를 느낀 응우옌 쭈어는 두 차례 군대를 보내 힘겹게 메콩델타를 장악하고 캄보디아를 굴복시켰다. 원정 과정은 기대에 못 미쳤지만, 대규모 병력이 메콩델타에 장기간 주둔하면서 드디어 이 지역을 직접 지배하게 되었다.

진상천 장군   비엔호아 원 거주민들

응우옌 쭈어는 다시 메콩델타 너머로 마지막 남진을 성사시키는데, 이는 장기적인 전략이 아닌 국제정세의 틈새에서 운좋게 이루어졌다. 오늘날 베트남 국토의 남쪽 끝인 태국만 연안은 아직 캄보디아의 땅이었다. 이곳을 명나라 유신(遺臣)인 막끄우(Mạc Cửu, 鄭玖, 1655~1735)가 지배하고 있었다. 막끄우는 명나라가 망한 뒤 캄보디아 왕을 찾아가 신하가 되었다. 무역 담당 관리로 일하던 그는 베트남, 중국, 말레이시아 상인들이 많이 찾는 남부 하티엔(Hà Tiên)에 직접 부임해 일하고 싶다고

주청해 윤허를 받았다. 하티엔 총독으로 임명된 막끄우는 현지에 도박이 성행하는 것을 보고 공영 도박장을 개설해 엄청난 세금을 거두었고, 은광을 개발했으며, 사방에서 유민들을 받아들여 황무지를 개간했다. 이런 노력으로 하티엔은 단기간에 번영을 누리게 되었다. 엄청난 부가 쌓이고 인구가 늘면서 막끄우는 캄보디아로부터 반독립의 지위를 누렸다. 그러나 풍요한 약소국가는 주변의 침탈을 부르기 쉬웠다. 캄보디아 왕위 다툼에 개입한 태국군이 아무런 이유 없이 하티엔을 공격해 약탈한 것이다. 캄보디아 왕실은 자신을 도울 힘이 없다는 사실을 깨달은 막끄우는 응우옌 쭈어에게도 손을 내밀어 신하가 되기를 자청하고 관직을 하사 받았다.

막끄우 석상

막끄우 장군 무덤

오늘날의 하티엔

이즈음 인도차이나 반도의 힘의 균형에 급격한 변동이 일어났다. 캄보디아에 막강한 영향력을 행사해 온 태국에게 서쪽으로부터 무서운 적이 나타난 것이다. 미얀마의 신흥 꼰바웅 왕조가 격렬한 내전 끝에 전국을 재통일했다. 꼰바웅 왕조는 여세를 몰아 숙적인 태국의 아유타야 왕국에 집요한 공격을 가했다. 아유타야는 결사적으로 저항했지만 결국 수도가 함락되며 역사에서 사라졌다.(1767년) 태국 아유타야가 미얀마 꼰바웅 왕조에게 수차례 공격을 받는 동안 캄보디아에는 힘의 공백이 생겼다. 이 틈에 응우옌 쭈어는 국경분쟁을 꼬투리 잡아 캄보디아를 공격해 수도 우동을 점령했다. 다급해진 캄보디아 왕은 하티엔의 막(鄭)씨[5]에게 중재를 요청했다. 응우옌 쭈어는 군대를 철수하고 그 대신 메콩강 하류에서 태국만에 이르는 지역의 지배권을 넘겨받아 막씨들에게 계속 관리하도록 했다.(1757년) 막씨 지방정권에는 고도의 자치를 허용했지만, 시간이 지나며 이 지역도 점차 일반 행정구역으로 변해갔다.

(7) 응우옌 쭈어 백성들의 고달픈 삶

내전 초기에는 응우옌 쭈어 정권의 농민들이 북쪽 백성들에 비해 훨씬 형편이 좋았다. 군대가 영토를 확장하면 내 땅을 가져보는 게 소원이었던 빈농들이 대거 몰려가 곳곳을 개간했다. 응우옌 쭈어는 농민들

---

5) 당시에는 막씨 지방정권의 창업자 막끄우가 사망하고, 아들 막티엔뜨가 그 자리를 이어받았다.

의 이주를 장려하기 위해 일정 기간 조세를 면제해 주었다. 군대의 골간이 둔전병이었기 때문에 농민이 곧 병사들이어서 더욱 우대가 필요하기도 했다. 그러나 전쟁이 끝나고 지배층의 부패와 토지겸병이 본격화되면서 농민들은 점차 소작농이나 농노의 신세로 전락해갔다. 이는 정착의 역사가 길고 경작지는 좁은 중부 지역에서 더욱 심하게 나타났다.

베트남 병사들

베트남군 개선행렬도 (18세기 제작)

베트남 북부는 호꿰리의 개혁과 명의 식민지배기를 거치며 급속히 유교가 확산됐고, 불교는 존중되기는 했지만 더 이상 국가의 지배이념이 아니었다. 그러나 신생국가인 응우옌 쭈어 정권의 분위기는 많이 달랐다. 찡 쭈어의 압박으로 내일의 운명도 예상하기 힘들었던 정권 초창기 쭈어들이 불교에 심취했고 이 신앙이 정권 말기까지 이어졌다. 7대 응우옌푹쭈(Nguyễn Phúc Chu, 1691~1725 재위)의 경우 대궐을 불교식으로 치장하고 본인을 불주(佛主)로 부르도록 명하기도 했다.

불주(佛主)가 되고 싶어 했던 응우옌푹쭈는 후에 인근의 티엔무 (Thiên Mụ) 불탑에 대종과 석비를 기증했다.

이런 분위기 속에 과거시험은 유교 경전보다는 시문(詩文) 실력을 기준으로 치러졌고, 관리 등용에서 과거의 비중도 높지 않았다. 대신 천거와 음서를 통해 주로 관리들을 채용했으며 매관매직도 광범위하게 이루어졌다. 이것이 사회 부패의 큰 원인이 되었다. 여기에다 응우옌 쭈어 정권은 독특한 보수 체계를 가지고 있었다. 관리들에게 지급되는 녹전(祿田)은 명목에 그칠 만큼 적었고 그 대신 우록(寓祿)이라는 이름으로 백성들을 몇 명 지정해 주어 그들에게서 돈과 쌀을 받아 살도록 했다. 정부로서는 세금을 받아 녹봉으로 주는 수고를 더는 편리한 제도였지

응우옌 쭈어의 금인장

만, 백성들에 대한 관리의 직접 지배 허용은 곧 전횡과 수탈을 불러왔다.

고단한 백성들의 삶을 돌아봐야 할 응우옌 쭈어는 오히려 세금 부담을 더 늘렸다. 쭈어로서도 어쩔 수 없는 상황이기도 했다. 찡 쭈어와의 내전뿐 아니라 연이은 캄보디아 공략에 엄청난 군비가 들었기 때문이다. 여기에 왕족과 관리들의 사치는 날로 심해졌다. 왕족은 대궐을 새로 짓고 화려한 물건들로 장식했으며, 관리들은 다투어 이를 모방해 사치가 일종의 유행이 되었다.

귀족들이 향락을 즐기는 뒤편에서 백성들은 배고픔에 시달렸다. 메콩델타가 오늘날이야 내수를 채우고도 남아 수출을 할 정도로 쌀을 생산해내지만, 개척 초기인 당시에는 아직 중부의 백성들까지 먹여 살릴 생산력에는 이르지 못했다. 땅을 잃은 농민들은 굶주림에 지쳐 유민이 되어 떠돌아야 했다. 그들은 생존을 위해 저항하지 않을 수 없었다. 사방에서 도적떼가 출현했고, 농민들이 가담하면서 본격적인 반란이 시작됐다. 시간이 지나며 상인과 소수민족들까지 가세했다. 이 산발적인 반란들은 응우옌 쭈어의 군대에게 계속 진압 당했지만, 어느덧 그들 사이에 역사를 바꿀 지도자가 나타났다.

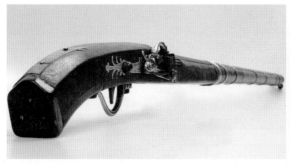

베트남의 은제(銀製) 머스킷 (18세기)

베트남 향로 (18세기)

2) 응우옌후에, 가난한 자의 왕

(1) 떠이썬의 청년장군

응우옌후에(Nguyễn Huệ, 阮惠, 光中帝, 1788~1792 재위)는 1753년 베트남 중남부 빈딘(Bình Định)성 떠이썬(Tay Son, 西山)현에서 태어났다. 그의 조상은 본래 호(胡)씨로 베트남 북부 응에안(Nghệ An)성에 살던 농부였다. 이곳은 원래 찡 쭈어의 영토였는데, 어느 날 남쪽에서 쳐들어온 응우옌 쭈어의 군대가 주민들을 모두 포로로 잡아 베트남 남부 황무지로 끌

응우옌후에

고 갔다. 낯선 땅에서 힘겹게 살아가던 그의 집안은 증조할아버지 때부터 고대사회에서는 거의 불가능했던 신분상승의 단계를 밟기 시작했다. 소작농이었던 응우옌후에의 증조할아버지는 마을 유지의 사위가 됐고, 할아버지는 후추 장사를 하며 돌아다니다 떠이썬현의 어느 부유한 상인의 마음에 들어 그의 외동딸과 결혼했다. 데릴사위로 처가에 살게 되면서 자식들이 어머니의 응우옌(Nguyễn) 성을 따르게 되었다는 설이 유력하다.[6]

---

6) 이와는 달리, 응우옌후에 형제들이 훗날 반란을 일으키면서 농민들이 반역에 가담한다는 거부감이나 두려움 없이 합류할 수 있도록 자신들의 성을 집권자와 같은 응우옌으로 바꾸었다는 주장도 있다.

떠이썬 삼형제   떠이썬현

    응우옌후에는 여덟 남매 중 막내이자 셋째 아들이었다. 아버지는 아들들이 학업에 전념하도록 노력을 기울였는데, 마침 마을에 유명한 학자가 응우예 쭈어의 섭정인 쯔엉푹롼의 숙청을 피해 와 그에게 아이들의 교육을 맡겼다. 스승은 당대 최고 수준의 문무 지식을 전수하는 한편, 응우옌후에 형제들이 장차 대성할 재목임을 알아보고 큰 뜻을 품도록 격려했다. 그가 어린 제자들에게 "서쪽에서 반란이 일어나 북쪽에서 성공한다(Tây khởi nghĩa, Bắc thu công)"는 예언서를 주었다고 전해지기도 한다.

    그러나 시대의 요청이 있어야 영웅이 등장할 수 있다. 그동안 삼형제 중 맏이인 응우옌냑은 생선젓 장사를 하다 세금을 징수하는 하급관리가 되었는데, 노름을 좋아해 걷은 세금을 다 날린 뒤 산에 들어가 도둑이 되어 있었다. 무절제한 인물이었지만, 호방하고 나름대로 지도력이 있는 인물이었다. 19세기 응우옌 왕조 때 편찬된 『대남식록』(大南寔錄)은 떠이썬 삼형제를 역적의 무리로 보았지만, 응우옌냑을 재략이 풍부한 정치인이자 전략가로 묘사했다. 그리고 응우옌후에에 대해서는 지적이고 유능한 군 지휘관이며 언제나 선봉에 서서 부하들을 이끌고 제왕의 자격이 있는 인물이었다고 평가했다.

그렇게 세월이 흐르다 아주 먼 곳의 한 사건으로부터 베트남에 격변의 역사가 시작되었다. 1765년, 미얀마의 젊은 왕 나웅도지가 즉위 3년 만에 사망했다. 나웅도지의 혈육은 12개월 된 아들 한 명밖에 없었기 때문에 야심에 가득 찬 선왕의 동생 신뷰쉰(Hsinbyushin)이 왕위를 이었다. 2년 뒤 신뷰쉰 왕의 군대는 태국을 공격해 아유타야 왕조를 멸망시켰다. 아유타야 수도가 함락되기 직전 탈출했던 탁신 장군은 흩어진 병사들을 모아 전열을 갖춘 뒤 미얀마 군 주력이 청나라의 침략을 막기 위해 귀국하자 곧바로 미얀마 잔류 병력을 공격해 태국을 해방시켰다. 왕위에 오른 탁신은 새 왕조의 정통성을 다지기 위해 캄보디아 쪽으로 세력을 확장했다. 응우옌 쭈어는 이에 맞서다 패했고 캄보디아에게서 빼앗았던 영토의 일부를 돌려줘야 했다. 응우옌 쭈어의 패전 소식은 통치자로서의 권위에 금이 가게 했다. 이 틈을 타 가난과 세금, 부패에 고통받던 백성들의 저항이 들불처럼 일어났다.

태국 아유타야 유적 : 아유타야 왕국의 멸망 뒤 벌어진 일련의 사건들이 베트남의 대격변을 촉발시켰다.

산에 숨어 있던 응우옌냑은 각지에서 반란이 일어나 사회가 혼란에 빠지자 몰래 고향으로 돌아와 동생들과 반란을 모의했다.(1771년) 그의 계획은 용의주도했다. 떠이썬 형제는 반란의 명분을 '국정을 어지럽히는 권신 쯔엉푹롼을 타도해 응우옌 쭈어의 통치를 회복한다'고 내걸어 본심을 감추었다. 이 때문에 아직 응우옌 쭈어에 대한 충성심이 남아 있던 귀족과 관리·지주들로부터도 적극적인 지원이거나 최소한 중립적인 태도를 이끌어낼 수 있었다.

한편으로는 폭발적인 세력 확대를 위해 부자들의 재산을 빼앗아 가난한 자들에게 나누어주는 의적 활동을 벌였다. 농민들은 열광했지만, 이런 정책은 지주들이 떠이썬 반란에 대한 지지를 철회하고 이미 구체제 취급을 하던 응우옌 쭈어 정권을 옹위하도록 만들어 궁극적으로 떠이썬 형제들이 몰락하는 한 원인이 되었다.

떠이썬 반란군 무기

반란 초기부터 군자금을 모으고 병사들을 훈련시키는 응우옌후에의 활약이 단연 돋보였다. 그리고 관군과의 전투가 시작되자 청동 투구에

붉은 갑옷을 입고 말을 내달리는 이 청년장군은 단숨에 전장의 주인 공이 되었다. 응우옌후에는 군사지식과 정보 수집을 통해 적이 어떤 행동을 할지 예측하고 항상 허를 찔렀다. 그리고 자신의 전술을 병사들이 이해하고 실행하도록 단련시켰으며, 어떻게 하면 병사들의 충성을 이끌어내는 지도 알고 있었다.

떠이썬 반란군은 세력이 날로 강해져 빈딘성 성도(省都)인 꿔년(Qui Nhon)을 점령했다. 일단 기선을 잡자 개별적으로 무장투쟁을 하던 소수민족들이 지지 의사를 밝혀왔고, 화교 세력도 반란에 가담했다. 거병 1년 만에 떠이썬군은 베트남 중남부 6개 성을 점령하는 성과를 거두었다. 응우옌 쭈어의 세력은 떠이썬군에 의해 남북으로 두 동강 난 형국이 되었다. 전열을 정비한 응우옌 쭈어는 반격을 가해 일부 지역을 되찾았다. 그러나 사태를 지켜보던 북쪽의 찡 쭈어가 움직이면서 응우옌 쭈어는 돌이킬 수 없는 형세를 맞게 되었다.

대포와 전투 코끼리를 결합한 떠이썬 군의 독창적인 전술은 기동력과 화력에서 우위를 누릴 수 있게 해주었다.

찡 쭈어는 남부 베트남이 대란에 휩싸였다는 보고를 받고 통일의 기회로 삼으려 마음먹었다. 무려 100년만에 남북의 정권이 다시 충돌하게 된 것이다. 찡 쭈어는 직접 군대를 이끌고 국경을 넘었다. "쯔엉푹롼을 제거하고 친족인 응우옌 쭈어를 도와 떠이썬 반란을 수습하려 한다." 찡 쭈어가 내세운 군사개입의 명분이었다. 남쪽의 떠이썬 반란을 진압하는데 정예군을 모두 동원한 응우엔 쭈어로서는 찡 쭈어의 군대를 막을 방도가 없었다. 급한 마음에 쯔엉푹롼을 체포해 찡 쭈어에게 보내고 철군을 요구했다. 그러나 찡 쭈어는 '떠이썬 반란을 진압하기 위해 연합하자'며 신속히 진격해 응우엔 쭈어의 수도 푸쑤언(Phu Xuan, 지금의 후에(Hue))을 점령했다. 응우엔 쭈어는 왕족들과 함께 배를 타고 떠이썬군의 점령지를 우회해 남쪽으로 달아났다. 거기서 쟈딩(Gia Định, 嘉定), 즉 지금의 호치민시를 새로운 거점으로 저항을 계속 이어갔다.

응우엔 쭈어가 패퇴하면서 세 세력의 위치가 북쪽부터 찡 쭈어·응우엔 쭈어·떠이썬군에서 찡 쭈어·떠이썬군·응우엔 쭈어로 바뀌었다. 떠이썬군을 이끄는 응우옌냑은 찡 쭈어를 공격했다가 크게 패했다. 물러난 응우옌냑은 고심 끝에 명목상 항복하기로 하고 찡 쭈어에게 점령지 일부를 바치며 자신을 선봉장으로 삼아달라고 요청했다. 찡 쭈어역시 응우옌냑의 속셈을 모르는 바 아니었지만, 응우옌냑을 이용해 남쪽으로 달아난 응우엔 쭈어 세력을 소멸시킨 뒤 그 다음 응우옌냑을 토벌한다면 그보다 손쉬운 통일 전략이 없을 것으로 생각했다. 찡 쭈

떠이썬 반란군의 첫 수도인 뀌년의 유적

뀌년 요새를 지키던 떠이썬 군 대포

어는 무더위 속의 오랜 원정으로 병사들 사이에 전염병이 돌고 있어 전
역을 넓히기도 쉽지 않은 상황이었다.

푸옌성

찡 쭈어의 신임으로 북쪽 압력
을 없앤 응우옌냑은 막내 동생
응우옌후에를 보내 응우옌 쭈어
의 마지막 방어선을 해안 쪽 푸
옌(Phú Yên)성에서 돌파했다. 그
직전 응우옌냑은 항복한 응우옌
쭈어의 조카를 새로운 왕으로
세우고 푸옌의 응우옌 쭈어 지휘

관에게도 함께 손을 잡자고 회유했다. 응우옌 쭈어의 지휘관이 이에 넘
어갈 리는 없었지만, 일반 병사들은 사정이 달랐다. 양 진영 사이에 협
상이 오간다는 소문이 도는데 아군이 될 수도 있는 상대방과 목숨을
걸고 싸울 이유는 없었다. 응우옌후에의 기습으로 응우옌 쭈어의 방어
선에 커다란 구멍이 났고, 이제 전쟁은 응우옌 쭈어의 마지막 보루인
쟈딩성 공방전으로 바뀌었다.

떠이썬 봉기 기념행사

쟈딩성을 놓고 떠이썬군과 응우옌 쭈어 세력은 성의 주인이 6차례나 바뀔 정도로 격렬한 각축전을 벌였다. 떠이썬군이 쟈딩을 점령하고 얼마 뒤 본대를 물리면 베트남 남부의 지주들이 궐기해 쟈딩을 수복하는 식이었다. 1777년, 쟈딩성을 점령한 떠이썬군은 응우옌 쭈어와 그의 아들 등 왕족들을 대거 학살해 200여 년간 남부 베트남을 통치해 온 응우옌 쭈어 정권을 사실상 멸망시켰다.

응우옌 쭈어의 조카인 응우옌푹아잉이 쟈딩 성을 탈출해 잔존세력을 모았지만, 전세를 뒤집기에는 역부족이었다. 겨우 탈환한 쟈딩성을 떠이썬군에게 다시 빼앗긴 응우옌푹아잉은 몇 번이나 죽을 고비를 넘기면서도 반격을 포기하지 않았다. 그는 자신의 유능한 장군인 쭈반띠엡을 태국 왕에게 보내 구원을 요청했는데, 인도차이나 반도의 패권을 장악할 기회라고 판단한 태국은 대규모 파병을 결정했다.

(2) 태국을 격퇴한 소아이뭇 전투

1784년, 태국군 2만 명이 캄보디아 땅을 거쳐 베트남 남서부 해안지대로 들어왔다. 그곳에서 전선 300척에 나누어 타고 온 태국군 3만 명이 합류했고, 3천여 명에

근대 태국군

불과했지만 쭈반띠엡이 이끄는 응우옌 쭈어의 병력도 가세했다. 태국군은 전쟁 초반 연전연승을 거두었다. 그러나 외국 원정군의 폭력성을 그나마 제어하던 쭈반띠엡이 부상으로 전사하자 태국군 병사들은 폭도로 돌변했다. 약탈당한 베트남 주민들은 응우옌 쭈어에 대한 지지를 거두었고 태국군을 격퇴하러 온 떠이썬군을 구원자로 여기게 되었다.

떠이썬의 명장 응우옌후에가 다시 출동했다. 당시 태국군은 베트남 내 메콩강 중류 남쪽기슭인 싸덱(Sa Đéc)까지 진출해 있었다. 다음 목표

태국 군함

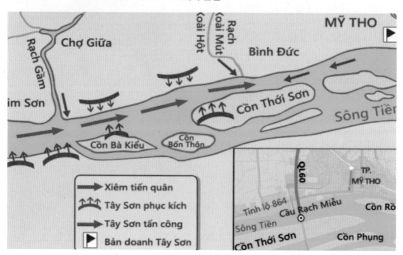

소아이뭇 전투(1784년)

는 메콩강 하류 미토(Mỹ Tho)성이고 이곳을 점령한 뒤 바다를 돌아 쟈딩으로 진격할 계획이었다. 떠이썬군의 병력이 태국군의 반도 되지 않았기 때문에 누구나 응우옌후에가 미토성에 들어가 농성할 것으로 예상했다. 그러나 응우옌후에는 화력이 더 강한 태국군과 정면충돌해서는 승산이 없다고 보고 기습의 기회를 노렸다. 응우옌후에는 태국군이 강을 통해 이동해 올 락검(Rạch Gầm)에서 소아이뭇(Xoài Mút)까지 6~7km 사이를 전투지역으로 선정했다. 그는 강 북쪽 기슭과 섬들에 보병과 포병을 숨겨놓고, 수군은 둘로 나누어 아군 진영 하류와 상류의 섬 뒤에 배치했다. 부족한 병력은 아쉬운 대로 민병을 모집해 보충했다.

1785년 1월 20일 아침, 응우옌후에는 몇 척의 배에 휴전을 요청하는 깃발을 달아 태국군 진영으로 보냈다. 미토에 태국군 사절단을 보내 자신과 강화 협상을 하자는 제의였다. 태국군 지휘관 가운데는 숱한 전쟁을 거치며 명성을 쌓은 장군들이 많았지만, 베트남에서 거둔 연승에 고무돼 상대를 얕잡아 보는 치명적인 실수를 저질렀다. 태국군은 떠이썬군의 배치를 알아보려는 시도조차 하지 않은 채 전 병력을 배에 태워 강을 따라 내려왔다. 강화를 하든 아니면 조건이 맞지 않으면 미토의 떠이썬군을 한 번에 짓밟아버릴 생각이었다.

태국군 전선들이 떠이썬군 진영 한가운데 이르자 응우옌후에가 공격 명령을 내렸고, 그의 전선들이 태국군 전선들을 앞뒤로 가로막았다. 그리고 강 위에 그대로 노출된 태국군 병사들을 향해 떠이썬군이 일제히 발포했다. 태국군 전선들은 거의 다 파괴됐고, 강변으로 기어 올라간 병사들에게는 떠이썬군의 창칼이 기다리고 있었다. 베트남 측 기록에 따르면 당시 살아서 태국으로 돌아간 병사가 이삼천 명에 불과했다고 한다. 태국만의 한 섬에서 초조하게 전투 결과를 기다리던 응우옌푹아잉도 패전 소식을 전해 듣고 부랴부랴 태국으로 망명했다.

응우옌후에

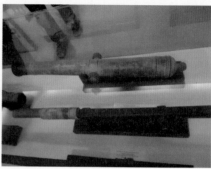

떠이썬 군 무기

떠이썬 군 전함

(3) 응우옌후에 왕이 되다

응우옌 쭈어를 멸하고 베트남 남부를 장악한 떠이썬군은 여세를 몰아 북부 찡 쭈어가 점령하고 있던 옛 응우옌 쭈어의 수도 푸쑤언을 공격했다. 응우옌 쭈어와 떠이썬의 싸움을 지켜보며 실리를 챙기겠다던 찡 쭈어는 막상 떠이썬군 세력이 급팽창하는 동안 아무런 대비도 하지 않고 있었다. 게다가 푸쑤언의 수비 책임자는 유약하고 탐욕스러운 사람이어서 재물을 챙기느라 군비를 소홀히 하다 응우옌후에가 공격해 오자 별다른 저항도 하지 못하고 패퇴했다.

1786년 7월, 응우옌후에는 내친 김에 찡 쭈어의 수도 탕롱(지금의 하노이)을 향해 북진했다. 푸쑤언까지를 전략 목표로 삼았던 맏형 응우옌냑은 깜짝 놀라 사람을 보내 응우옌후에를 말렸지만 소용이 없었다. 응우옌후에는 찡 쭈어에 반감을 가져온 지식인과 농민들의 지지를 얻기 위해 '멸정복려(滅鄭復黎)', 즉 찡 쭈어를 멸하고 후레 왕조를 다시 세운다는 명분을 내세웠다. 찡 쭈어 세력은 격렬히 저항했지만 결국 무너

떠이썬 군의 무기

졌고, 마지막 찡 쭈어는 달아나다 붙잡혀 자결했다. 탕롱에 입성한 응우옌후에는 자신의 명분을 과시하기 위해 허수아비인 후레 왕조의 왕을 알현하고 군적과 호적을 바쳤다.

막내 동생의 독단적인 행동에 화가 머리끝까지 난 응우옌냑은 탕롱으로 쫓아가 응우옌후에를 데리고 자신들의 세력 근거지인 꿔년으로 돌아갔다. 응우옌후에가 떠난 탕롱에서는 권력의 공백을 차지하려는 싸움이 벌어져 찡 쭈어의 잔존세력과 응우옌후에의 부하가 차례로 권좌에 올라 전횡을 부렸다. 이것이 가능했던 것은 실질적인 권력자인 떠이썬 삼형제 사이에 다툼이 벌어져 탕롱의 정권 쟁탈전에 개입할 수 없었기 때문이다.

꿔년으로 돌아온 응우옌냑은 스스로를 황제로 칭하고 동생 응우옌르와 응우옌후에를 왕으로 봉해 각각 남부와 북부의 관리를 맡겼다. 그러나 후에가 자신의 영지가 너무 좁은데 불만을 품고 갈등을 빚다 수도 꿔년을 공격하는 사태가 벌어졌고, 3개월간의 싸움 끝에 냑이 후에에게 일부 영지를 떼어주는 선에서 타협했다. 이 같은 삼형제의 갈등

베트남 군의 전투 코끼리 훈련 모습

은 끝내 봉합되지 못하고 떠이썬 왕조의 종말을 가져오는 가장 큰 원인이 되었다. 내전이 일단 종식되자 응우옌후에는 군대를 보내 탕롱을 다시 점령했다.

(4) 전격전, 청(淸)을 몰아내다

전국을 평정한 떠이썬 형제들이 황제와 왕을 자칭하고 다시 탕롱으로 진격해오자 자신의 이용가치가 다 했음을 직감한 후레 왕조의 마지막 왕은 청나라로 달아나 구원을 요청했다. 청의 양광(兩廣), 즉 광동성과 광서성 총독이었던 손사의(孫士毅)는 황제에게 "본래 안남은 우리의 옛 영토이니 레 왕조의 권위를 회복시켜 주고 나중에 병력을 보내 이를 지킨다면 안남을 또다시 취할 수 있을 것입니다"라고 상소문을 올렸다. 이에 따라 청은 남부 4개 성에서 29만 대군을 차출해 손사의의 지휘 아래 베트남을 침략했다.(1788년)

광서성과 운남성에서 두 갈래로 출발한 청나라군이 탕롱을 점령할 때까지 군사적 저항이 거의 없었다. 그곳 주민들은 후레 왕조와 응우옌 형제 중 누가 자신들의 지배자인지 아직 갈피를 잡지 못하고 있었던 것이다. 탕롱을 지키던 떠이썬군은 급히 철수해 타잉화에 진을 치고 수도 꿰년에 상황을 알렸다.

후레 왕조가 청에 지원을 요청한 매국행위는 응우옌 형제의 반란군을 왕위찬탈이라는 비난에서 벗어나게 해주었다. 베트남 북부를 맡고 있던 응우옌후에는 '우리나라가 레씨에 의해 잘못된 방향으로 이끌려가고 있다'며 후레 왕조를 격렬히 비난한 뒤 스스로 황위에 올랐다.[7] 이때부터 응우옌후에가 사망하고 응우옌푹아잉에 의해 떠이썬 세력이 소멸될 때까지 13년간을 떠이썬 왕조 시대라고 부른다.

응우옌후에는 스스로 군대를 이끌고 수륙 양 방면으로 북진을 시작했다. 진격하는 동안 그의 병력이 점점 불어나 10만 명에 이르렀고, 전투 코끼리도 200마리나 갖추게 되었다. 응우옌후에는 전격전을 시도했다. 이는 역대 중국 왕조의 침입 때 베트남이 청야(淸野)전술과 지구전을 구사했던 사실로 미루어 이번에도 그러할 것이라고 청군이 예상하고 있는 것과 마침 그때가 중국과 베트남인들이 모두 큰 명절로 여기는 구정(舊正)이었던 점을 역이용한 것이다. 응우옌후에는 먼저 탕롱으로부터 남쪽으로 90여km 떨어진 닌빈에서 후레 왕조의 급조된 군대를 일거에 격파했다. 그리고 청의 주력군이 주둔 중이던 탕롱으로 신

적의 허를 찌르는 전격전

속히 이동했다. 응우옌후에는 1789년 음력 1월 5일 밤에 탕롱의 외곽

7) 1788년 11월, 연호는 꽝쭝(Quang Trung, 光中)

청나라의 베트남 침략(1788년)

청나라 군

방어 거점이었던 하호이와 응옥호이 요새를 점령하고, 다음날 정오 탕롱에 입성했다. 청군은 장군들이 잇달아 자결할 정도로 대패했다. 탕롱성 안에서 신년 분위기를 즐기고 있던 손사의는 한밤중에 패전 소식을 듣고 갑옷과 말안장조차 챙기지 못한 채 달아났다. 운남에서 내려와 베트남 서북부에 주둔하고 있던 청나라군은 손사의가 이끄는 주력부대의 패전을 전해 듣고 황급히 철수했다.

손사의는 과거시험을 준비할 때 졸리면 벽에 머리를 찧었다고 할 정도로 노력파였고, 보기 드문 청렴함으로 황제의 총애를 받은 관리였다. 그러나 실전 경험이라는 게 미얀마 원정군의 사령관 참모로 일한 것이 전부인 문관이었는데, 그에게 베트남 원정군의 지휘를 맡긴 것은 청나라 조정이 이번 전쟁을 너무 안이하게 생각한 패착이었다. 그가 손쉽게 점령한 적의 수도에서 자만심을 부리다 군사의 천재를 맞닥뜨렸으니 결과는 불문가지였다. 그나마 명나라처럼 미련을 못 버리고 계속 증원군을 보내다 떼죽음을 거듭하지 않은 것이 다행이었다.[8]

불과 출전 12일 만에 대승을 거둔 응우옌후에는 그러나 청에 대해 낮은 자세를 보였다. 청의 자존심을 건드려 재침을 받는 일을 막기 위해서였다. 그는 몇 번이나 사신을 파견해 지난 일을 오히려 사죄하고 포로들을 돌려보내며 강화를 청했다. 청 조정은 50만 대군을 동원해 베트남을 평정하겠다고 엄포를 놓았지만 막상 실현하지는 못했다. 청

---

8) 손사의는 다시 중용돼 티벳과 네팔 원정에 참가했으며 죽기 직전까지도 백련교도의 난 진압에 헌신해 청 황제의 은우에 보답했다.

나라 안에서 반청복명(反淸復明)을 내세운 불온한 기운이 높아지고 있었기 때문이다. 청은 응우옌후에를 안남국왕으로 책봉하고 더 이상의 침략을 단념했다.

응우옌후에는 청과의 우호관계를 원했지만 베트남의 이익과 배치될 때는 그에 구애받지도 않았다. 응우옌후에는 마음속으로 먼 옛날 찌에우다(Triệu Đà)가 세운 남비엣의 강역이 베트남의 본래 영토이며 이를 회복하는 게 본인의 의무라고 믿었다. 만주

떠이썬 군의 화폐

광중제(응우옌후에)가 주조한 광중통보(光中通寶)

족의 나라인 청나라를 잘 상대하면 못 이룰 꿈도 아닌 것 같았다. 그는 오랜 남북 분단기를 거치며 슬금슬금 중국에 빼앗긴 땅들을 돌려달라고 여러 차례 요청했지만 청은 들은 척도 하지 않았다. 외교적 노력이 효과가 없자 응우옌후에는 다른 방법을 찾았다. 중국 사천에 본거지를 두고 청에 대항하던 천지회와 해안을 노략질하던 해적들을 끌어들여 광동성과 복건성을 유린하도록 한 것이다. 그리고는 청에 옛남비엣의 영토인 광동성과 광서성의 할양을 요구하고 양국 관계를 돈독히 하기 위해 자신을 청 황제의 부마로 삼아달라고 제의했다.

베트남을 찾은 각국의 무역선들(17~18세기)

베트남 꽃병 (18세기)

베트남 찻잔 (17~18세기)

응우옌후에는 신생 왕국의 기반을 굳히기 위해 부단히 노력했다. 지역과 이념을 초월해 관리를 등용했고, 자신을 거부하는 학자에게 여러 차례 예의를 갖추어 요청해 국정의 한 축을 맡기기도 했다. 농민반란으로 일어선 왕조답게 그는 호적에 신분을 빼고 나이만 기록했고 오늘날의 주민등록증 같은 신패(信牌)도 신분을 구분하지 않았다. 마을마다 학교를 세웠고, 민족문자인 쯔놈을 국가의 공식 문자로 인정해 과거시험 답안도 쯔놈으로 쓰도록 했다. 부정한 방법으로 선발된 관리들을 축출하기 위해 모두 재시험을 치르게 해 상당수를 탈락시켰다. 사회 혼란 중 지나친 부를 축적하고 조세 기피자들의 은신처가 된 불교 사원들도 개혁했다. 강한 민족주의 성향에도 불구하고 천주교에 대해 별다른 탄압을 하지 않았고, 서구 상인들의 자유로운 무역활동을 허용했다. 청나라와는 통상협정도 맺었다. 그러나 그 많은 노력들은 응우옌후에의 갑작스러운 죽음으로 모두 물거품이 되었다.

베트남을 다시 통일하며 대내외에 세력을 떨친 떠이썬 왕조였지만 창업 10여 년 만에, 그것도 해외로 쫓겨났던 남부의 옛 지배자 응우옌 쭈어 세력에게 무너지고 말았다. 이는 첫째, 응우옌 쭈어의 마지막 보루였던 쟈딩 지역을 여러 차례 점령하고도 지배를 공고히 하지 못 한 데 큰 원인이 있었다. 현지 지배층으로부터 새로운 군주로서 충성을 얻거나 안 되면 제압이라도 했어야 했지만, 그들을 방치해 응우옌 쭈어가 재기하는 발판이 되도록 한 것이다. 둘째, 농민 왕조라는 한계 때문에 지주 계급과 유리된 것이 전란이 장기화되며 점점 더 부담이 되었다. 농민이 절대 다수이고 지주는 소수에 불과했지만, 당시 베트남에는 사회 이념으로 뿌리박힌 유학을 통해 지주들이 막강한 영향력을 행사하고 있었다. 떠이썬 왕조가 호적과 신패에 신분상 구별을 없애자 그 전까지 다소 우호적이었던 지주들조차 강하게 반발했다. 셋째, 반란 초기 떠이썬군을 열렬히 환영했던 농민들의 지지마저 유지하지 못했다. 떠이썬군 병사들이 신패를 검사하며 행패를 부리고 구정권 인물들을 제거하는 과정에서 무고한 사람들까지 피해를 입히자 공포 분위기 속에 농민들도 점차 등을 돌린 것이다. 그러나 떠이썬 왕조 몰락의 가장 큰 원인은 분열로 스스로의 힘을 소진했던 떠이썬 형제들 자신에게 있었다. 그리하여 최고의 군사 전략가인 응우옌후에가 마흔 살에 갑자기 병으로 숨지자 허약한 신흥 왕조는 그의 공백을 채우지 못했다.

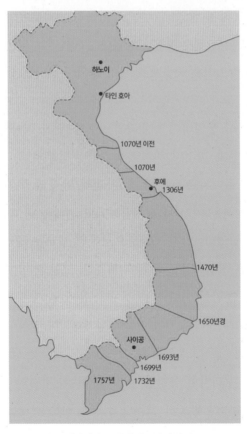

11세기에서 18세기 베트남의 남진

6

힘겹게 버텼던 베트남의
마지막 왕조

LES EXPLORATEURS CÉLÈBRES

GARNIER 《1839 - 1873》

MORT DE FRANCIS GARNIER
A HANOÏ 《DÉCEMᴮᴿᴱ 1873》

6. 힘겹게 버텼던 베트남의 마지막 왕조

1) 돌아온 지배자 응우옌푹아잉

응우옌푹아잉(Nguyễn Phúc Ánh, 阮福映, 1762~1820)은 베트남 남부를 지배했던 마지막 응우옌 쭈어(主)의 조카였다. 떠이썬 반란이 일어나고 북부에서 찡 쭈어가 보낸 군대까지 밀고 내려오자 응우옌 쭈어는 쟈딩[1]으로 달아났는데, 함께 이동한 왕족들 가운데 13살 소년인 응우옌푹아잉도 있었다.(1775년) 그때까지 푹아잉은 자신이 역사의 중심에 설 것이라고는 꿈에도 생각하지 못했다. 1777년

응우옌푹아잉

초, 변란의 바람을 겨우 피하나 싶었더니 불안하게 버티던 전선이 무너지고 쟈딩성으로 밀어닥친 떠이썬 반란군은 응우옌 쭈어와 왕족들을 보이는 대로 학살했다. 참극의 날 푹아잉은 가까스로 성을 탈출했지만 남은 가족은 모두 반란군에게 희생됐다.

응우옌푹아잉은 늪지대 농가에 숨어 조심스럽게 상황을 살폈다. 졸

---

1) 쟈딩은 호치민시의 옛 이름이다. 호치민시는 본래 캄보디아의 영토로 내전을 피해 베트남인들이 대거 이주하면서 베트남의 영향력이 강해졌으며 이 과정에서 사이공이라는 이름을 얻었다. 17세기가 끝나갈 무렵 응우옌쭈어 정권이 군대를 보내 행정조직을 세움으로써 베트남의 영토가 되었다.

지에 고아가 된데다, 집안어른들이 모두 피살돼 왕족이라 할 사람은 자신밖에 남지 않았다. 무너진 왕가의 재건이 오로지 어린 소년의 어깨 위에 무겁게 지워져 있었다. 그러나 응우옌푹아잉은 절망하지 않았다. 그는 어린아이 같지 않은 영민하고 과감한 행동으로 위기를 타개해 나갔다. 푹아잉은 사람들을 풀어 천신만고 끝에 응우옌 쭈어의 옛 중신들과 연락이 닿았다. 푹아잉을 데려온 그들은 논의 끝에 그를 응우옌 쭈어의 합법적인 후계자로 인정했다.

쟈딩성 성문   옛 쟈딩성 내부 모습

새로운 지도자를 중심으로 흩어졌던 장수와 병사들이 모여들었다. 떠이썬군은 베트남 남부가 완전히 평정된 것으로 생각하고 북부의 강적들을 상대하러 군 주력을 철수했다. 1777년 말, 응우옌푹아잉의 군대는 그 틈을 노려 쟈딩성을 공략해 탈환했다. 계속해서 빈투언(Binh Thuân) 등 상당한 지역을 되찾은 응우옌푹아잉은 스스로를 왕으로 칭했다.(1780년) 그는 국가체제 정비에 나서 세 곳에 영(營)을 세워 관리들을 파견하고 조세제도를 확립했다. 남부 하티엔(Hà Tiên)의 지배자인 막씨의 후계가 끊기자 얼른 손을 써 영토에 편입했다. 대외적으로도 태국

짜끄리 왕조와 우호관계를 맺고 캄보디아의 왕위 계승 분쟁에까지 개입했다.

새 왕조가 순조롭게 발전하는가 싶더니 또다시 시련이 닥쳐왔다. 집권 최고 공신의 권력이 지나치게 비대해지자 제거했는데 그의 지지 세력이 등을 돌린 것이다. 응우옌푹아잉이 분열을 자초했다고 할 수도 있지만, 역사상 왕조 말기 소년왕들이 권신의 세에 밀려 어떤 운명을 겪었는지를 감안한다면 본인과 가문을 지킬 기회를 놓치지 않은 것으로 평가할 수도 있다. 다만 그 대가는 치러야 했다. 푹아잉 정권의 혼란을 비집고 공격해온 떠이썬군이 쟈딩성을 다시 차지했다.

떠이썬군 병사

응우옌 왕조 병사들

1783년, 쟈딩성을 뺏고 빼앗기는 공방전을 거듭하다 응우옌푹아잉은 대패해 겨우 목숨을 건져 달아나야 했다. 푸꾸옥(Phú Quốc)섬으로 쫓겨 간 응우옌푹아잉은 반전의 계기를 고심했다. 그는 외국의 도움이라도 받아 곤경에서 벗어나려고 먼저 필리핀에 손을 내밀었다 거절당하고 그다음 태국에 군사원조를 요청했다. 짜끄리 왕조의 개창자인 라마 1세는 인도차이나의 패권을 장악할 기회라고 보고 무려 5만 명의 병력을 보냈다. 그러나 이 대군이 1785년의 소아이뭇 전투에서 떠이썬의 명장 응우옌후에에게 전멸 당하자 응우옌푹아잉은 더 이상 국내에 머무를 수가 없었다. 도망자에서 한때는 재기해 왕위에 올랐지만 이제는 또 망명해 태국 왕의 호의에 기댈 수밖에 없는 처지가 되었다. 미래는 암울했다. 기세등등한 미얀마를 의식하지 않을 수 없는 태국은 더 이상의 병력 손실을 감수하며 베트남에 개입할 수 없었다. 모든 것을 응우옌푹아잉 혼자 힘으로 헤쳐 나가야 했지만 지금은 남은 것이 아무것도 없었다.

태국 망명 시기의 응우옌푹아잉

그러나 태국에 머무는 동안 응우옌푹아잉은 세월을 허송하지 않았다. 비록 응우옌후에처럼 천재적인 군사 전략가는 아니었지만, 그도 권위를 세워 지지를 얻고 필요한 자원을 동원해 분배할 수 있는 노련한 정치인이었다. 방콕 인근에 머물던 그에게 옛 응우옌 쭈어의 신하들이 계속 모여들었다. 그는 베트남에 사람을 보내 정세를 살피고 비밀조직을 키워 나갔다. 일종의 망명정부 역할을 한 것이다. 미얀마가 태국을 침략하자 태국 왕의 깃발 아래 함께 싸웠고, 말레이시아인들이 태국 남부 해안을 유린하자 자신의 군사들을 보내 격퇴했다. 태국 왕의 신임을 얻고 군사 경험을 쌓는 일이기도 했지만, 무엇보다 푹아잉 자신의 존재를 각인시킨다는 목적이 더 컸다.

삐뇨 주교   타잉 태자

태국의 지원만으로는 정권을 되찾기 어렵다고 판단한 응우엔푹아잉은 선교사인 삐뇨 주교[2]에게 부탁해 프랑스에 도움을 요청하기로 했다. 신뢰를 얻으려면 꼭 필요하다는 말에 네 살인 타잉 태자와 옥새까지 맡겨 삐뇨 주교를 프랑스로 보냈다. 주교의 손에는 군대와 무기를

---

2) 프랑스 출신의 삐뇨 드 베헨느(Pigneau de Behaine) 주교는 아드랑(Adran)이라고도 불렸다. 그는 응우엔푹아잉의 통일 과정에 공헌했고, 베트남어의 로마자 표기법을 만드는 데도 크게 기여했다.

빌려주면 영토를 할양하겠다는 푹아잉의 국서가 들려 있었다. 주교 일행은 1년 반에 걸친 긴 여행 끝에 파리에 도착해 루이 16세를 알현하는데 성공했다. 그리고 푹아잉이 원하는 대로 양국이 동맹조약을 맺었다. "프랑스는 쟈딩 왕이 영토를 회복할 수 있도록 4척의 군함과 무장한 1,650명의 군대를 파견한다. 이에 대한 대가로 쟈딩 왕은 호이안과 꼰도를 프랑스에 할양하고 프랑스인이 베트남 영토에서 자유롭게 무역을 할 수 있도록 보장하며 다른 유럽인들의 베트남 무역 활동을 금한다." 1787년에 맺은 베르사유 조약의 내용이다.

삐뇨 주교는 귀국길에 조약 내용을 인도 주재 프랑스 총독에게 전달했는데, 여기서 문제가 생겼다. 삐뇨를 싫어하던 총독이 본국에 '무익한 원정'이라며 이의를 제기했고, 대혁명 전야의 긴장에 휩싸여 있던 프랑스 왕정은 이를 받아들여 조약 이행 계획을 철회했다.

삐뇨 주교는 당황했지만 그렇다고 포기할 수는 없었다. 포교의 자유를 약속한 응우옌푹아잉의 편에 서서 떠이썬군과 싸우는 것은 그에게 성전(聖戰)과도 같았다. 더구나 왕복 6년여의 긴 여행을 함께 하는 동안 타잉 태자가 기독교 세례까지 받아 삐뇨 주교는 장차 베트남에 기독교 왕국을 세울 수도 있다는 꿈을 꾸고 있었다. 1789년 7월, 삐뇨는 동분서주한 끝에 인도에서 유럽인 용병 약 400명과 각종 무기 그리고 전함 네 척을 구해 베트남으로 돌아왔다. 이들 용병 중에는 무기 제조와 선박 건조에 능한 기술자들도 있어 군사력 강화에 큰 도움이 되었다. 이 같은 응우옌푹아잉의 국제 개방성은 한때 압도적 우위를 점했던 떠이썬 세력에 승리를 거두는 중요한 원동력이 되었다.

삐뇨 주교가 구입해온 서양의 전함들은 내전의 승패에 큰 영향을 미쳤다.
그림은 1799년 꿔년 공격에 사용된 응우옌군의 전함 모습이다.

　삐뇨가 프랑스와 인도에서 활약하는 동안 베트남 내 상황이 급변했다. 떠이썬 삼형제 사이의 갈등이 마침내 무력 충돌로 악화된 것이다. 막내 응우옌후에게 밀린 맏형 응우옌냑은 둘째인 응우옌르를 설득해 자기편으로 끌어들였다. 응우옌르는 쟈딩에 주둔하고 있던 자신의 주력부대를 빼내 북부전선으로 이동시켰고, 이 때문에 베트남 남부의 떠이썬군 무력이 갑작스레 약화됐다. 1787년 8월, 곳곳에서 옛 응우옌쭈어 지지 세력들이 반기를 들었고, 태국에서 이 소식을 들은 응우옌푹아잉이 급거 귀국했다. 쟈딩성 공략전에서는 또다시 패배했지만, 푹아잉은 특유의 포용력으로 지방 군벌 등 반(反)떠이썬 세력들을 회유해 흡수했다. 그리고 마침내 쟈딩과 베트남 남부 대부분을 탈환하는데 성공했다.(1788년 9월) 응우옌르는 겨우 목숨을 건져 형에게 달아났지만 얼마 후 죽었다.

그러나 전쟁이 끝나기까지는 아직 더 큰 고비가 남아 있었다. 베트남 북부의 강자 응우옌후에는 응우옌푹아잉의 세력이 더 커지기 전에 서둘러 결전을 치러야 한다는 사실을 알았다. 응우옌후에는 청나라의 침략을 격퇴한 뒤 주도면밀하게 쟈딩 원정을 준비했다. 그는 베트남 중부에 있던 맏형 응우옌냑과 다시 화해했으며, 연합군을 구성해 바다와 육지 양면으로 무려 30만 대군을 동원할 예정이었다. 그만큼 응우옌푹아잉의 존재를 무겁게 보았다는 것이고, 상대가 자신의 지략에 잔뜩 겁을 먹고 있는 상태에서 효과도 없을 기만책보다는 압도적인 물량으로 전면전을 벌일 생각이었다.

응우옌후에(광중제)

그런데 1792년 9월, 출정 준비를 다 마친 상황에서 응우옌후에가 갑자기 병을 얻어 눕더니 사망하고 말았다. 그의 왕위를 겨우 10살이던 아들 응우옌꾸앙또안이 이으면서 한때 베트남의 통일 직전까지 갔던 떠이썬 왕조는 점차 무대에서 퇴장할 준비를 해야 했다. 만약 응우옌후에가 조금만 더 오래 살아 쟈딩 공략을 이끌었다면, 그의 전략적 능력과 상대방인 응우옌푹아잉 세력의 느슨한 연대로 미루어 떠이썬군이 다시 한 번 남부 베트남을 석권할 가능성이 높았다. 그러나 운명의 신은 동시에 두 영웅을 허락하지 않았다.

2) 최후의 승리

쟈딩에 재기의 발판을 마련한 응우옌푹아잉은 떠이썬 형제들의 자중지란이 벌어준 시간을 아껴 쓰며 군사력을 급속히 키워갔다. 삐뇨 신부와 그가 데려온 십여 명의 프랑스군 장교들은 말라카·페낭 등 당시 영국과 네덜란드가 지배하던 도시들로 가 서양 무기를 구입해 왔다. 그리고 이를 다루는 기술뿐 아니라 유럽의 계속된 전쟁을 통해 터득한 군사전략을 전수했다. 특히 프랑스 해군 중위 출신인 장 마리 다욧(Jean Marie Dayot, 1759~1809)의 활약이 컸다. 모험심에 이끌려 삐뇨 신부의 베트남 귀국길에 동행했던 그는 푹아잉의 해군을 만들고 직접 전투를 지휘했다. 그는 푹아잉과 삐뇨가 구입한 유럽의 전함으로 함대를 구성했을 뿐 아니라, 재래식 베트남 전함들도 취약 부분에 황동판(黃銅板)을 붙여 방어력을 높였다. 이 배들로 다욧

왼쪽 인물이 응우옌 해군을 근대화시킨 다욧이다.

은 기술적 답보 상태에 있던 떠이썬 해군을 상대로 연전연승을 거두며 통일전쟁 승리에 큰 몫을 했다.

말라카

아직도 전선은 쟈딩의 약간 북쪽에 형성돼 있었다. 응우옌푹아잉이 차지한 영역은 여전히 전체 베트남의 5분의 1 정도에 불과했다. 푹아잉은 쟈딩을 탈환하고 2년 뒤 떠이썬 반란의 진원지인 뀌년을 향해 의기양양하게 북진했다가 떠이썬군의 반격으로 다시 쟈딩으로 쫓겨 왔다. 그리고 한동안 전쟁이 소강상태에 들어갔다.

1792년 9월, 응우옌후에가 한창 남정을 준비하던 중 응우옌푹아잉의 선제공격으로 다시 전쟁이 시작됐다. 다욧이 이끄는 해군은 뀌년 앞바다에서 떠이썬 해군의 전함 5척과 갤리선[3] 90척, 기타 소형 선박 약 100척을 격침시키는 대승을 거두었지만, 본대인 육군의 상황은 그리 순탄치 않았다. 그래도 떠이썬군의 저항을 차근차근 제압하고 다음해 초에는 뀌년성 앞까지 진격할 수 있었다. 이 때 다욧의 해군이 다시 적 갤리선 60척을 나포하며 기세를 올렸다.

---

3) 갤리선(galley)은 노를 저어 추진력을 얻는 배를 말한다.

응우옌군의 서양 전함

응우옌군은 재래식 전함을 개조해 전력 향상을 꾀했다.

다급해진 떠이썬 형제의 맏형 응우옌냑은 몇 달 전 즉위한 조카 응우옌꾸앙또안에게 지원을 요청했고, 꾸앙또안은 1만7천 명의 병력과 전투코끼리 80마리를 보내 큰아버지를 도왔다. 앞에는 성벽, 뒤에는 북부의 대군을 맞게 되자 응우옌푹아잉은 부담을 느꼈다. 고민 끝에 그는 모험하지 않기로 결심하고 군대를 물렸다. 그러나 푹아잉은 이미 냑의 영지 깊숙한 곳까지 점령지를 넓히는 성과를 거두었다. 뀌년의 코앞인 카잉화(Khánh Hòa)에는 삐뇨 주교가 이끄는 유럽인 용병 등 정예군이 주둔하며 언제든 떠이썬 수도에 대한 공략을 재개할 태세를 갖췄다.

전투 한번 없이 뀌년을 구한 응우옌꾸앙또안은 중신들의 건의를 받아들여 지원군에게 뀌년성을 접수하라고 명령했다. 방심하고 있던 응우옌냑은 제대로 싸워보지도 못한 채 성을 내주었다. 평생 쌓아온 성과를 모두 빼앗긴 냑은 어린 조카의 배신에 분노하며 피를 토하고 죽었다. 떠이썬 왕조가 드디어 하나로 통합된 것이지만, 시기가 너무 늦었다. 그리고 냑의 지지자들이 어린 배신자에게 승복하지 않으면서 전체 떠이썬 왕조의 힘이 약화되었다. 응우옌꾸앙또안은 큰아버지의 등을 찌른 데 대한 비난을 무마하기 위해 응우옌냑의 아들에게 직위를 내리고 식읍을 하사했다. 그러나 냑의 측근과 군대를 선별해 흡수하거나 제거하는 작업을 제대로 수행하지 못했다. 꾸앙또안은 체제 불안을 전쟁을 통해 한꺼번에 해결하려고 연거푸 응우옌푹아잉을 공격했다.

아직도 군사력이 열세였던 응우옌푹아잉은 방어에 전념하며 적의 약점을 찾았다. 그리고 떠이썬 왕조가 정변의 후유증을 드러내자 이를 노련하게 파고들었다. 푹아잉은 아버지의 왕국을 잃고 원한 속에 살고 있던 응우옌냑의 아들과 비밀리에 접촉해 모반을 부채질했다. 음모는 사전에 적발돼 냑의 아들을 비롯한 많은 사람들이 처형됐다. 보복을 피해 여러 장수들이 푹아잉에게 항복했고, 떠이썬의 군사력은 급격히 약화됐다. 떠이썬 반란 초기 응우옌 쭈어가 당했던 심리전을 고스란히 되갚은 것이다.

18~19세기 베트남의 검   17~18세기 베트남의 대포

때가 이르렀다고 생각한 응우옌푹아잉은 다시 수륙 양면으로 진격을 시작했다. 푸옌(Phú Yên)을 돌파한 푹아잉군은 두 달 만에 뀌년을 포위했다. 1799년 6월, 뀌년을 잃는 것이 무슨 의미인지 알고 있던 응우옌꾸앙또안은 각지에서 병력을 끌어 모아 대규모 지원군을 보냈지만 뀌년성의 함락을 막지 못했다. 그 싸움의 과정이 얼마나 치열했던지 푹아잉의 일등공신인 삐뇨 주교까지 전사했다. 푹아잉은 삐뇨 주교를 쟈딩으로 옮겨 최고의 예우로 장사지내고 시호를 내렸다. 삐뇨 주교의 장례식에는 태자와 문무백관, 1만2천 명의 왕실 근위대뿐 아니라 4만 명이 넘는 백성들이 참석해 그의 죽음을 애도했다.

절치부심한 응우옌꾸앙또안은 다음해 총력을 기울여 뀌년 탈환전에 나섰다. 응우옌푹아잉도 전군을 동원해 맞섰지만 떠이썬군의 힘은 아직도 만만치 않았다. 거듭되는 패배로 푹아잉은 다시 남쪽 쟈딩으로 밀려나기 직전이었다. 바로 그때 꾸앙또안의 영지 안에서 반란이 일어났다. 은인자중해오던 반떠이썬 성향의 지주들이 결정적 시기라고 판단해 일제히 들고 일어선 것이다. 지주들은 탕롱 남쪽의 응에안과 타잉화뿐만 아니라 베트남 최북단 박하에서도 거병했다. 전세는 역전됐고 푹아잉은 오히려 북진해 옛 응우옌 쭈어의 수도였던 푸쑤언(Phu Xuan, 지금의 후에(Hue))까지 점령했다.

절박한 상황에 놓인 응우옌꾸앙또안은 남은 군사들을 모아 1년 뒤 또다시 남진을 시도했다. 그러나 몇 달 간의 공격에도 불구하고 육군은 중서부 쩐닌(Trấn Ninh)을 넘지 못했고, 해군도 녓레(Nhật Lệ) 강에서 참패했다. 꾸앙또안은 퇴각하지 않을 수 없었고, 이제 푹아잉의 마지막 공격을 기다리는 처지로 전락했다.

쟈롱 황제 - Phương Mai 소장

1802년, 응우옌 쭈어의 옛 영역을 모두 회복하고 오랜 내전의 끝을 바라보게 된 응우옌푹아잉은 푸쑤언을 수도로 선포하고 제위에 올랐다. 그는 연호를 쟈롱(Gia Long, 嘉隆)으로 정했는데, 이는 자신의 세력 기반이었던 '쟈딩'과 떠이썬 세력의 마지막 저항지인 '탕롱'에서 한 글자씩 따와 완전한 통일에 대한 열망을 반영했다. 응우옌푹아잉, 즉 쟈롱제(응우옌 왕조 초대 황제, 1802~1820 재위)는 곧 북진을 시작해 응에안과 타잉화를 거쳐 한 달 만에 탕롱을 점령했다. 이미 전의를 상실한 떠이썬군 병사들은 거의 저항을 하지 않았다. 응우옌꾸앙또안은 북쪽 국경으로 달아나다 주민들에게 붙잡혀 넘겨지는 비참한 상황을 맞았다. 쟈롱제는 떠이썬 왕조의 왕족들을 샅샅이 찾아내 모두 처형했다. 이는 응우옌 쭈어 왕족 중 유일하게 살아남아 결국 왕국을 되찾은 자신과 같은 일이 떠이썬 왕족들 안에서 반복되지 않게 하기 위함이었다.

3) 축복받지 못한 왕조

응우옌 왕조는 현대 베트남 국민들에게 그다지 좋은 평가를 받지 못한다. 출발부터 외세의존적이었고, 쇄국정책으로 근대화의 기회를 놓쳤으며, 결국 나라를 프랑스의 식민지로 전락시킨 무능한 왕조였다는 것이다. 그러나 응우옌 왕조의 취약했던 건국 토대, 쇠락과 혼란이 끊이지 않았던 국내 여건, 대적하기 버거웠던 서구 제국주의의 침략 등 시대 상황을 고려한다면 당시 베트남 지배층의 능력에만 책임을 묻기는 어렵다. 오히려 1802년부터 1945년까지 143년간의 통치 기간 동안 응우옌 왕조의 여러 왕들은 부국강병을 위해 최선을 다했으며, 프랑스에 끝내 굴복하기 직전까지도 영토 확장에 성공하는 등 국가적 영광을 이루기도 했다.

쟈롱제는 스스로 황제라 칭하고 독자적인 연호를 사용했으며 한편으로 청나라에 책봉과 국인·국호를 요청했다. 나라의 주권은 확실하게 세우되 중국 중심의 동아시아 전통 질서를 받아들이겠다는 뜻이었다. 청나라는 쟈롱제가 쓰겠다고 밝힌 '남 비엣'이라는 국호를 진나라 말인 B.C. 207년에 찌에우다가 세워 중국과 상당기간 대립했던 나라의 이름이었다는 이유로 허락하지 않았다. 청나라가 계속 머뭇거리자 쟈롱제가 국서를 다시 보내 청나라가 자신의 국호를 받아들이지 않으면 책봉을 받지 않겠다고 강하게 나갔다. 청나라는 마지못해 '남 비엣'을 '비엣 남'으로 앞뒤를 바꾸는 선에서 절충해 새로운 국가로 인정했다. 이것이 오늘날 '베트남'이라는 국호의 시작이었다.

후에 왕궁의 입구인 오문(午門). 중국 자금성을 모델로 웅장하게 건축했다.

후에 왕궁의 장덕문(Chuong Duc, 章德門)

후에 왕궁의 태화전. 왕이 집무하던

쟈롱제는 새로운 나라의 토대를 굳히기 위해 모든 권력의 중앙 집중을 꾀했다. 관직을 정할 때 재상(宰相) 자리를 없애고 6부(六部)만을 두었으며, 왕이 기밀원(機密院)을 통해 6부와 전국 지방을 직접 통제했다. 과거처럼 귀족들이 막대한 경제력을 바탕으로 왕권을 위협하는 일을 예방하기 위해 귀족들에게 약간의 녹전(祿田) 외에는 식읍을 지급하지 않았다. 황후를 세우지 않고, 황족 외에는 왕이라는 직위를 주지 않았으며, 심지어 과거에서 장원을 뽑지 않기도 했다. 그리고 무엇보다 어려운 개국공신들의 세력 제거에도 나섰다.

베트남 황제의 행차

베트남 관리와 호위병들

응우옌 왕조 관리 복장

    건국 초기에는 중앙정부의 통치력이 전국에 미치기 어려
웠기 때문에 쟈롱제는 타잉화 이북을 박(Bắc, 北)성, 빙투언
이남을 쟈딩(Gia định, 嘉定)성으로 명명해 총진(總鎭)을 두었
다. 총진은 왕이라는 이름만 붙지 않았지 사실상 반독립적
인 권한이 부여된 직위였다. 쟈롱제는 자신의 최측근인 응
우옌반타잉(Nguyễn Văn Thành, 阮文誠, 1758~1817)과 레반주옛(Lê Văn Duyệt, 黎文
悅, 1763~1832)을 각각 박성과 쟈딩성 총진으로 임명했다. 두 사람은 국
가의 이익을 위해 최선을 다하고 왕에게 충성을 바쳤지만 불행히도 왕
과 공존하기에는 그들의 권력이 너무 커져 있었다. 쟈롱제는 두 사람
의 경쟁심과 불화를 이용해 먼저 응우옌반타잉을 제거했다. 문학가로
이름을 높이던 응우옌반타잉 아들의 시(詩)가 사실은 모반을 선동하는
것이라는 레반주옛의 고변을 받아들여 응우옌반타잉의 3족을 무자비
하게 처형한 것이다. 그리고 레반주옛은 그의 사후 쟈롱제의 아들 밍
망(Minh Mạng, 明命)제 때 탄핵을 받고 부관참시당했다. 레반주옛의 추종
자들이 이에 맞서 반란을 일으켰는데 진압에 3년이 걸릴 정도로 그 세
력이 컸다.

응우옌반타잉과 레반주옛의 너무 다른 삶

응우옌반타잉 - 위키피디아

응우옌반타잉과 레반주옛은 응우옌푹아잉이 가장 믿던 측근들이었다. 두 사람은 응우옌푹아잉이 떠이썬군에 쫓겨 다니고 태국으로 망명하는 절체절명의 순간에도 그의 곁을 지키며 생사고락을 함께했다. 두 사람 모두 유능한 장군이었으며 왕에게 충성을 다했지만, 둘은 많이 달랐고 또 서로를 매우 싫어했다.

응우옌반타잉의 집안은 베트남 중북부 꽝빈성의 귀족 가문이었다. 장군이었던 아버지가 남부 쟈딩으로 발령을 받아 응우옌반타잉은 그곳에서 유년 생활을 보냈다. 그는 어릴 때부터 충실히 문무를 연마했고 아버지의 부관으로 첫 경력을 쌓기 시작했다. 아버지가 떠이썬군과 싸우다 전사한 뒤 응우옌반타잉은 응우옌푹아잉의 부름을 받고 그의 심복 그룹에 합류했다.

1799년, 통일전쟁에서 맹활약한 응우옌반타잉은 특히 치열했던 뀌년성 전투를 승리로 이끌며 명성을 드높였다. 뀌년은 떠이썬 반란의 진원지였기 때문에 떠이썬군은 대규모 지원 병력을 보내 맹렬히 맞섰고, 이 때문에 또 한 명의 통일 주역이었던 삐뇨 주교까지 전사하는 대규모 접전이 벌어졌지만 응우옌반타잉은 끝내 성을 점령했다. 응우옌푹아잉 군이 세 번 북진을 시도한 끝에 얻은 성공이었다.

통일 뒤 응우옌반타잉은 쟈롱제의 가장 신뢰받는 조언자로서 신흥 왕조의 제도적 토대를 닦았다. 응우옌푹아잉은 통합된 법령을 제정할 것과 고위 관직에 유학자들을 등용할 것, 캄보디아와의 국경 문제를 해결할 것, 후계 문제의 불안을 없애기 위해 공석인 태자를 즉시 세울 것 네 가지를 주장했고 모두 그대로 실천되었다. 이때 그가 왕명으로 편찬한 『황월율례』(皇越律例)는 응우옌 왕조의 기본 법전이었다.

1802년, 쟈롱제는 응우옌반타잉을 탕롱의 총진(總鎭)으로 임명했다. 베트남 북부는 중국의 문화를 먼저 받아들여 지식인층이 두터운데, 200년 넘게 남부 응우옌 쭈어를 적으로 여기며 살아왔기 때문에 아직도 멸망한 후레 왕조에 대한 동경이 강하게 남아 있었다. 따라서 문무를 겸비한 응우옌반타잉이 이 지역의 관리자로 적격이라 생각한 것이다.

응우옌반타잉도 기쁜 마음으로 부임했지만, 탕롱의 총진은 결국 비극으로 끝난 양날의 칼이었다. 게다가 그는 성품이 매우 강직해 왕과 의견충돌을 일으키기도 했다. 태국 망명 시절 응우옌푹아잉이 군수품을 구입하려고 모아둔 돈을 응우옌반타잉이 병사들의 도박 빚을 갚는데 써버린 일도 있었다. 병사들은 환호했겠지만, 이를 어쩔 수 없이 눈감아줘야 하는 응우옌푹아잉으로서는 적지 않게 마음이 상한 일이었을 것이다.

총진의 권한은 군사와 행정, 사법 등 모든 면에 걸쳐 중앙정부에 버금갈 정도로 막강했다. 또한 적지 않은 사병들을 거느리고 있었다. 게다가 전술한 대로 베트남 북부는 아직도 새 왕조에 진심으로 승복하는 지 의심스러운 지역이었다. 쟈롱제에게 응우옌반타잉를 믿는 마음 한편에 불안감이 커질 수밖에 없었다. 그러던 중 이 불안감에 불을 붙이는 사건이 터지고 말았다.

응우옌반타잉의 아들은 각광받는 문인이었다. 1816년, 그가 좀 특이한 시를 지어 타잉화에 있는 친구들에게 보냈는데, 그 속에 시대의 조류를 바꿀 새로운 지도력이 시골에서 나올 것이라는 내용이 들어 있었다. 이를 응우옌반타잉의 옛 동료이자 경쟁자인 쟈딩의 총진 레반주옛이 알게 되었다. 레반주옛 측에서 시를 반역 모의의 증거라며 쟈롱제에게 보여줬고, 격분한 쟈롱제는 응우옌반타잉과 아들뿐 아니라 3족을 모두 멸하는 극형을 내렸다. 이 조치가 옳았는지는 베트남 조야에 오랫동안 논쟁거리가 되었다.

레반주옛 - 위키피디아

레반주옛은 베트남 남부 메콩강 삼각지인 띠엔장 성에서 소작농의 아들로 태어났다. 17살이 되던 해 환관이 되어 궁정에 들어간 레반주옛은 이제 막 왕위에 오른 응우옌푹아잉의 경호원이 되었다. 응우옌푹아잉이 떠이썬군에 패해 푸꾸옥 섬으로 퇴각하고 다시 태국으로 망명하는 내내 그는 목숨을 걸고 왕을 수행했다.

모두가 고달파하는 망명생활이었지만 레반주옛은 어린 시절 더 큰 어려움을 겪고 살았기 때문에 방콕에서도 쾌활하게 지냈다. 그는 때로 농부와 같은 옷차림으로 다니며 격식 없이 거리의 사람들과 어울렸다. 그는 닭싸움과 민속공연을 즐기고 지방의 여신을 숭배했다. 그리고 수많은 이들을 자신의 양아들이라고 불렀는데, 그 중에는 중국 상인과 북부의 소수민족 출신들도 있었다. 같은 왕의 측근이었지만 응우옌반타잉이 학문과 예의를 중시하고 백성을 교화의 대상으로 보았던 것과는 큰 거리가 있는 인물이었다.

응우옌푹아잉이 떠이썬 세력의 내분을 틈타 베트남으로 돌아온 1787년, 레반주옛은 자신이 직접 사람들을 끌어 모아 부대를 만든 뒤 전투에 뛰어들었다. 2년 뒤 응우옌푹아잉은 레반주옛을 장군으로 임명했고, 이때부터 그는 왕을 지근거리에서 보필하며 모든 주요 전투에 참여했다. 응우옌푹아잉군은 중남부 해안의 나뜨랑과 꿔년 일대 떠이썬군 요새들을 포위하고 맹공을 퍼부었지만 정체된 전선의 돌파구를 마련하지 못하고 대규모 충돌만 거듭했다. 그러다 레반주옛이 수립한 전략에 따라 티나이(Thị Nại)만(灣)에서 해군이 대승을 거두면서 승부의 축이 기울었다. 이제 떠이썬군의 몰락은 시간 문제였다.

그런데 그 직후 레반주옛의 절친한 벗인 통비엣푹(Tống Viết Phúc)이 전사했다. 레반주옛은 거의 미친 사람처럼 분노하며 항복해오는 적 병사들까지 학살했다. 영토쟁탈전이 살육전으로 변한데 당황한 응우옌푹아잉은 레반주옛을 질책하고 전선에서 물러나도록 했다. 그러나 응우옌푹아잉은 곧 레반주옛의 빈자리가 얼마나 큰지 느끼게 된다.

떠이썬군이 꿔년을 탈환하려고 대군을 집결시키는 바람에 그들의 수도인 푸쑤언의 방비가 허술해졌다. 응우옌푹아잉은 그 허를 찔러 자신이 직접 군대를 이끌고 푸쑤언으로 북진했다. 그러나 푸쑤언을 눈앞에 둔 투동(Tu Dung) 수로(水路)에서 떠이썬군의 강력한 방어선에 부딪치게 되었다. 응우옌푹아잉군은 몇 차례 정면공격을 가했지만 인명피해만 입은 채 물러서야 했다. 응우옌푹아잉은 하는 수 없이 근신

중인 레반주옛을 불러 해군을 이용해 적의 배후를 공격하도록 명령했다. 레반주옛은 정예 병사들을 전함에 태워 푸쑤언의 북동부 해안에 상륙한 뒤 떠이썬군의 방책을 향해 돌격했다. 후방 공격에 대비하지 않았던 떠이썬군은 그대로 무너졌고, 이 한 번의 전투로 레반주옛은 푸쑤언성까지 가는 길을 열었다. 푸쑤언에서 황제 즉위를 선포한 응우옌푹아잉은 레반주옛을 토역좌장군(討逆左將軍)에 임명한 뒤 마지막 북벌 임무를 그에게 맡겼다.

응우옌 왕조 병사들

19세기 베트남 대포

전해 내려오는 이야기에 따르면 1800년 봄, 뀌년을 탈환하기 위해 몰려온 떠이썬의 대군과 결전을 치르기 전날 밤에 응우옌반타잉이 레반주옛에게 용기를 내자며 술 한 잔을 권했다. 레반주옛은 거절하며 "오직 겁쟁이들만 술에서 용기를 빈다. 나는 걱정할 게 아무것도 없으니 술을 마셔 무엇하겠는가"라고 말했다고 한다. 모욕을 당한 응우옌반타잉은 복수를 다짐했고 이때부터 두 사람은 사이가 벌어졌다고 한다. 후대에 어설프게 지어낸 이야기일 가능성이 높지만, 주군을 위해서는 흔쾌히 목숨을 버릴 각오로 살았던 레반주옛의 성격과 응우옌반타잉과의 불화는 사실이었다.

레반주옛은 쟈롱제의 넷째 아들을 새로운 태자로 책봉하자는 응우옌반타잉의 주장에 반대했다. 요절한 타잉 태자의 아들을 염두에 두었던 것으로 보인다. 이때의 정치적 반목과 악감정이 태자가 왕위에 오르고 3년 뒤 레반주옛이 사망하자마자 그의 일파를 숙청한 한 원인이 되었다. 생전에 레반주옛이 천주교 선교사들을 보호했다는 이유였는데, 천주교에 대한 탄압 중단은 선친인 쟈롱제의 정책이기도 했었다. 레반주옛은 부관참시되었고, 그와 친분이 있던 자들은 모두 수감되었다. 레반주옛의 양아들 중 한 명이었던 레반코이(Le Ban Khoi)가 탈옥해 반란을 일으켰는데 3년이나 항전하고 마지막 성이 함락된 뒤 처형된 사람이 1,831명이나 될 정도로 레반주옛의 지지 세력은 넓고 강력했다. 밍망제가 파헤친 레반주옛의 무덤은 다음 왕 때 복원됐는데, 그를 가난한 백성의 대변자로 기억하는 많은 베트남 국민들이 지금도 구정과 그의 기일이 되면 호치민시에 있는 사당을 찾아 예를 올린다.

레반주옛의 사당 - mamgocong.com

권력의 근본은 무력임을 잘 알고 있던 쟈롱제는 무엇보다 군대 육성에 많은 노력을 기울였다. 그는 최신무기로 강화된 소수 정예를 군의 기본 개념으로 채택했다. 대부분의 병력을 수도에 배치해두고 필요

응우옌 왕조 군대

시 신속하게 전투 지역으로 파견했다. 쟈롱제 당시 베트남은 보병 11,500명, 수병 17,600명, 전함 200척, 코끼리 200마리와 상병 8,000명을 보유하고 있었다고 한다. 또 프랑스인들을 고용해 베트남 수병을 교육시켰다. 응우옌 왕조는 밀려오는 서구 세력을 의식해 해안 방어에 많은 노력을 기울였다. 주요 포구마다 말을 탄 전령들을 배치하고, 수도에도 수병 약 3,000명을 주둔시켰다. 쟈롱제의 뒤를 이은 밍망제도 군대의 이동 시 의료진을 동행시키고, 무관 자녀들을 위한 무술학교를 세워 군 간부들을 육성했다. 그러나 이런 노력에도 불구하고 사회가 안정되면서 국방의식이 약화됐고 숭문사상(崇文思想)이 팽배해 응우옌 왕조의 군사력은 날이 갈수록 약해져갔다.

경제도 문제였다. 응우옌 왕조는 역대 어느 왕조 때보다도 사전(私田)의 비율이 높아 국가 재정을 위협했다. 응우옌 왕조가 지주들의 절대

적인 지지 위에
세워졌다는 태생
적 한계 때문에,
왕조 초기에 대
토지 소유자들을
몰락시키고 토지
개혁을 이룰 기회

쟈롱제 때 발행한 가륭통보(嘉隆通寶)

를 놓쳤다. 토지를 잃거나 수탈에 지친 농민들의 대규모 유랑은 왕조
전 시기를 통해 큰 사회문제였다. 유랑자들을 붙잡아 다시 정착시키고
싶어도 이들에게 나누어 줄 공전이 부족했다.

2대 민망제(Minh Mạng, 明命帝,
1820~1841 재위)

3대 티에우찌제(Thiệu Trị 紹治帝,
1841~1847 재위)

4대 뜨득제(Tự Đức đế 嗣德帝,
1847~1883 재위)
-Phương Mai 소장

이렇듯 취약한 통치 기반 위에서 응우옌 왕조는 짧은 역사 동안 무
려 수백 건의 반란에 시달렸다. 이를 농민의 반란, 소수민족의 반란, 군
대의 반란 등으로 성격을 나누기도 한다. 어떤 반란이든 발발하면 무

거운 세금과 부역, 관리들의 착취, 자연재해에 시달리던 농민들이 대거 가세해 반란이 짧게는 몇 달 길게는 몇 년씩 지속되곤 했다. 반란 지도 자들은 대개 호족이나 지식층이었다. 이들은 과거 왕조의 반란들이 그 러했듯이 세력을 키우기 위해 민중의 감정에 영합하는 명분들을 내세 웠다. 레씨 왕조의 부활 또는 농민해방 등이 그런 것이었고, 떠이썬 형 제들의 반란에서 볼 수 있듯이 가난한 농민들을 끌어들이는 차원에서 의적 행위를 하기도 했다.

4) 대외 팽창

18세기 캄보디아 병사들

청나라의 책봉을 받았던 응우옌 왕조의 초기 왕들은 청의 사신을 옛 수도인 탕롱에까지 가서 맞아야 했다. 그러나 19세기 중반부터는 베트남의 요청으로 청의 사신이 푸쑤언, 즉 후에로 와 왕을 만났다. 청의 힘이 예전 같지 않음을 상징적으로 보여준 사건이다. 청과의 우호관계로 북쪽 국경이 안정되자 베트남은 남서쪽으로 세력 확장에 나섰다. 이 같은 팽창정책으로 베트남은 인도차이나의 또 다른 강국인 태국과 충돌하지 않을 수 없

었다.[4]

베트남이 통일전쟁에 휘말려 있는 동안 이웃 캄보디아는 베트남의 영향권에서 멀어져 태국에 신복했다. 드디어 응우옌푹아잉이 전쟁을 끝내고 베트남의 국력이 신장하자 캄보디아는 다시 베트남 쪽으로 기울기 시작했다. 이를 못마땅히 여겨온 태국은 캄보디아 낙옹쩐(Nac Ong Chan)왕의 동생들이 왕좌를 빼앗기 위해 지원을 요청하자 개입해 수도인 프놈우동(Phnom Udong)을 점령했다. 1812년, 낙옹쩐왕은 베트남 쟈롱으로 피신해 도움을 호소했다. 당시 쟈롱 총진은 명장 레반주옛이었는데, 레반주옛은 과거 태국 망명 시절 캄보디아 왕실과 우호적인 관계를 맺었었다. 베트남은 대규모 파병 준비를 갖추며 태국에 엄중 항의했다. 일촉즉발의 위기였지만 전면전을 벌일 자신이 없었던 태국은 고민 끝에 베트남의 종주권을 인정하고 철군했다. 레반주옛은 직접 1만3천 명[5]의 병력을 이끌고 낙옹쩐왕을 귀국시켰다.

이 사건으로 캄보디아는 베트남의 속국에 가까운 처지로 전락했다. 캄보디아 조정에 베트남 고위관리가 파견돼 국정을 감시했고, 캄보디아 왕은 한 달에 두 번씩 베트남 관복을 입고 새 수도인 프놈펜 부근 베트남 사원에 가서 베트남 왕의 위패에 절을 해야 했다. 그럼에도 불구하고 낙옹쩐왕에게는 굴욕을 강요하는 외세를 배격하는 일보다 국

4) 태국은 1767년에 아유타야 왕조가 멸망한 뒤 새로 짜끄리 왕조가 일어나 미얀마 점령군을 몰아내고 혼란을 수습했다. 미얀마가 청나라 최정예군의 침략을 격퇴하고 인도 쪽으로 공세를 펼치다 당시로서는 불가항력의 강적이었던 영국과 정면충돌하며 무너진 탓에 태국으로서는 오랜만에 서부 국경의 압력에서 자유로울 수 있었다. 더구나 미얀마 남부를 점령한 영국 세력권을 넘볼 수는 없는 상황이어서, 태국은 신흥왕조의 넘치는 국력을 동부 캄보디아와 라오스 쪽으로 쏟아 부을 수밖에 없었다.
5) 당시 베트남의 상비군 규모에 비해 캄보디아 파견 병력 수가 지나치게 많은 것으로 기록돼 있다. 이는 캄보디아 파견군 속에 정규군 외에 다양한 지원 인력까지 포함됐던 것이 아닌가 추정된다.

내의 경쟁세력을 제압하는 게 급선무였다. 그는 베트남군의 도움을 받아 서북 지역의 친태국 영주들을 공격했다. 그리고 베트남이 남부에 거대한 운하를 만들며 캄보디아인 수천 명을 강제노역에 동원했다 반란이 일어나자 이를 진압하는 데 협조했다. 낙옹쩐왕은 반대파가 태국군을 끌어들이자 다시 베트남으로 피신했는데 이번에도 레반주옛이 군대를 끌고 가 프놈펜을 탈환했다. 베트남의 군세에 밀린 태국은 또다시 캄보디아에 대한 베트남의 종주권을 인정하고 철군할 수밖에 없었다. 그 대가로 톤레삽 호수 주변 영토를 얻었지만 태국으로서는 체면을 구긴 일이 아닐 수 없었다.

레반주옛은 캄보디아와의 국경인 쩌우독(Châu Đốc)에서 태국만까지 약 40㎞가 되는 빈떼(Vĩnh Tế) 운하를 1823년 완공했다. - 위키피디아

절치부심하던 태국에게 반격의 기회가 왔다. 지긋지긋하게 태국 서부 국경을 위협하던 미얀마가 원방의 강국 영국에 패해 영토 확장을 멈추고 오히려 식민화의 길을 걷게 되었다. 태국의 라마 3세는 한결 여유가 생긴 군사력으로 동쪽 캄보디아에 개입했다. 20년에 걸친 베트남의 점령에 대한 캄보디아인들의 반감이 최고조에 달했고, 베트남은 국내의 대규모 반란으로 고전하고 있었다.

1832년, 태국군은 캄보디아에 들어가 낙옹쩐왕의 군대에 연승을 거두었다. 잔뜩 자신감에 부푼 태국은 베트남에서 반란을 일으켰다 수세에 몰린 레반코이(Lê Văn Khôi)가 지원을 요청하자 이를 세력 판도를 뒤집을 좋은 기회로 여겼다. 1833년, 태국은 수륙 양군을 동원해 베트남 남부와 중부를 동시에 공격했다. 먼저 태국 수군은 베트남 남부 하티엔(Hà Tiên)에 상륙한 뒤 북상해 쩌우독(Châu Đốc)을 점령하고 빈롱(Vĩnh Long)까지 진격했다. 빈롱은 하티엔에서 쟈딩까지의 중간 지점으로 과거 태국군이 응우옌후에게 참패를 당했던 곳 부근이었다. 이번에도 태국군의 진격은 거기까지였다. 베트남은 매섭게 반격했다. 베트남군은 약 한 달간의 격전 끝에 태국군을 빈롱 하티엔 쩌우독에서 차례로 몰아냈다. 라오스 산악 지대를 통해 베트남의 수도 후에를 노리고 들어왔던 태국 육군도 격퇴되었다. 베트남군은 승세를 몰아 캄보디아에서 태국군을 모두 밀어낸 뒤 낙옹쩐왕을 복위

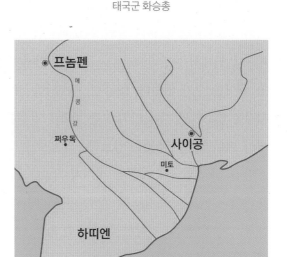

태국군 화승총

19세기 중반 남부 베트남

시켰다.

베트남은 그후 프놈펜에 성을 쌓는 등 캄보디아 지배를 공고히 하려 노력했지만, 끈질긴 저항에 시달려야 했다. 대다수 캄보디아 백성들은 메콩델타의 거대한 영토를 빼앗아 간 베트남에게 깊은 반감을 가지고 있었다. 낙옹쩐왕이 죽자 베트남은 그의 딸을 왕으로 앉히고 캄보디아를 베트남의 일개 지방으로 편입하려는 야욕까지 드러냈다. 그러자 낙옹쩐의 동생 낙옹돈(Nac Ong Don)이 태국의 지원을 받아 거병한 것을 비롯해 각지에서 저항군이 들고 일어섰다. 태국이 다시 직접 개입을 결심해 캄보디아 안에서 태국군과 베트남군이 충돌했다. 베트남군은 선전해 태국군을 프놈우동(Phnom Udong)에 몰아넣고 포위하는 데 성공했다. 그러나 캄보디아인들의 반(反)베트남 투쟁이 끈질기게 계속되고 베트남 안에서 농반번(Nông Văn Vân)의 반란까지 일어나자 더 이상 전쟁을 끌어갈 수가 없었다. 1847년, 베트남은 하는 수 없이 태국과 평화협정을 맺고 캄보디아 안의 모든 병력을 철수할 수밖에 없었다. 협정에 따라 베트남은 낙옹돈을 캄보디아의 왕으로 인정했고, 캄보디아는 베트남과 태국 양국에 조공을 바치게 되었다. 3국의 이 같은 관계는 인도차이나 반도가 프랑스의 식민지가 될 때까지 유지되었다. 베트남은 프랑스의 식민지로 전락한 뒤 응우옌 왕조 때 점령한 캄보디아의 영토를 모두 돌려줘야 했다.

베트남과 태국의 경쟁은 라오스에서도 벌어졌다. 라오스 중부의 비엔티안(Vientiane) 왕국은 태국의 지배를 받으면서도 베트남과 우호 관계를 맺으려 애를 썼다. 비엔티안 왕국은 응우옌푹아잉이 떠이썬 형제와 싸울 때 군대까지 파견하며 지원했고 통일 후에는 축하사절을 보내기도 했다. 베트남은 이 같은 관계 때문에 비엔티안 왕국의 아노(A No)왕이 라오스 남부 참파삭(Champasak) 왕국과 힘을 합쳐 독립전쟁을 일으켰다. 태국군에 패해 베트남으로 도피했을 때 그에게 동정심을 보이며 적극적으로 지원했다. 베트남 밍망제는 군대를 파견해 아노왕을 도왔지만, 아노는 태국군에게 또다시 참패했다.

아노는 라오스 중동부 쩐닝(Tran Ninh)으로 달아났는데 현지 부족장은 베트남에 신복하고 있었지만 태국의 보복을 더 두려워해 그를 태국군에 넘겨주었다. 베트남은 이를 개입의 명분으로 삼았다. 베트남은 즉각 군대를 출동시켜 쩐닝의 부족장을 붙잡아 후에로 압송했다. 그리고 비엔티안 왕국과 참파삭 왕국의 땅 대부분을 점령해 자국 영토로 삼았다. 베트남은 이곳에 6개의 부를 설치했는데, 산악지역이라 직접 지배가 쉽지 않았다. 이 때문에 각 부족장들의 지배를 인정하되 요지마다 군대를 파견해 감시하는 간접지배 방식을 선택했다. 베트남의 라오스 점령지 역시 자신들이 프랑스의 식민지가 되면서 모두 반환했다.

5) 막을 수 있었던 프랑스의 침략

서구인이 베트남에 처음으로 발을 디딘 것은 1523년이다. 인도 항로를 발견한 포르투갈 인들이 말레이시아 말라카를 점령한데 이어 베트남과의 무역을 위해 찾아온 것이다. 그러나 후레 왕조 말기의 극심한 혼란 때문에 도대체 누구하고 통상협상을 해야 하는지조차 찾지 못하고 돌아가야 했다. 다시 10년 뒤 포르투갈 선교사가 베트남에 들어왔지만 역시 낯선 이방인 취급만 받고 아무런 성과도 거두지 못했다. 그래도 16세기 중반부터는 마카오를 근거지로 한 포르투갈 상인들이 베트남 남부 지역과 활발히 교역하며 무기 제조 등 서구 문물을 전했다.

프랑스의 베트남 진출은 이보다 훨씬 늦게 시작됐다. 양국의 공식 통상관계는 1749년 아시아 선교사로 와 있던 쁘와브르(Poivre)가 베트남 남부를 지배하는 응우옌 쭈어에게 프랑스 왕의 국서와 선물을 바치면서 시작됐다. 그러나 프랑스의 무역은 지지부진했고 천주교 선교만 활발하게 이루어졌다. 당시 베트남에 주재하던 한 영국인이 "프랑스의 지사는 상업을 위한 것인지 선교를 위한 것인지 도대체 분간이 안 된다"라고 기록했을 정도였다.

유럽 선교사들의 포교 활동은 온갖 역경 속에서도 끈질기게 계속됐다. 초기에 베트남 정부와 지식층은 천주교에 반감을 갖지 않았다. 선교사들이 서구의 학문을 소개하고, 대포와 총을 만드는 데 협력했으며, 외교나 의료 분야에 봉사했기 때문이었다. 선교사들은 별다른 제재 없이 때로는 정부의 지원까지 받으며 교세를 확장할 수 있었다.

그러나 천주교 신자가 늘어나고 영향력이 확대되면서 베트남 전통과 충돌하자 천주교에 대한 지배계층의 인식이 싸늘하게 변했고 정부의 박해가 시작되었다. 1631년에 남부 응우옌 쭈어는 유럽 선교사의 포교 활동을 금지했고, 1663년에 북부 찡 쭈어는 더 나아가 선교사들을 추방하고 자국민의 천주교 신앙을 금지했다. 그럼에도 불구하고 천주교 세력이 줄지 않자 남북 베트남 정부는 천주교 신자들을 죽이고, 이마에 학화란도(學和蘭道)라는 문신을 새겼으며, 성경과 교회를 불태웠다. 이 같은 가혹한 조치가 100년 넘게 계속됐지만 천주교 교세는 오히려 더 커져갔다. 그리고 박해에 맞서 천주교 신자들이 여러 반란에 가담하고 일부는 외세의 침략에 협조하기도 했다.

뻬뇨 주교의 헌신에 대한 보은 차원에서 천주교 선교를 어느 정도 눈감아 주었던 쟈롱제와는 달리 2대 밍망제 이후 역대 응우옌 왕조

천주교 신부 순교
- alphahistory

천주교 신부 순교(1838년)
- wikiwand

왕들은 서구 세력에 대단히 배타적이었다. 특히 밍망제는 개방파였던 형 타잉 태자에 대한 경쟁심 때문이었는지, 서양인들을 이권만 챙기는 야만인이자 절대 가까이 해서는 안 되는 존재로 치부했다. 베트남의 쇄국 정책이 상당 기간 지속될 수 있었던 것은 서구 세력 침략이 소극적으로 진행됐기 때문이기도 하다. 베트남 진출에서 우위를 점하고 있던 프랑스가 자국의 거대한 내수시장 덕에 해외무역이 절박한 상황이 아니었고, 식민지 경쟁에서 영국에 연이어 패배한 여파로 팽창 의지도 많이 위축돼 있었다. 그리고 무엇보다 거듭된 혁명과 전쟁으로 외부에 눈을 돌릴 여력이 없었다. 이 때문에 베트남은 응우옌 왕조의 통일전쟁 과정에서 이어졌던 서구와의 관계마저 점차 끊어져 갔다.

밍망제. 그의 치세부터 천주교에 대한 박
해가 시작되었다. - 위키피디아

그러나 베트남의 쇄국은 당시 조선과는 달리 외국과의 통상을 완전히 단절한다는 의미가 아니었다. 밍망제조차 서구의 무기와 배를 구입했고, 그 자금을 마련하기 위한 최소한의 무역은 허용했다. 당시 베트남의 무역선들은 청나라의 광동과 마카오, 인도네시아, 말레이시아, 싱가포르, 인도 등에 드나들었다. 밍망제는 청이 아편전쟁에서 영국에 패하자 놀라 유럽에 사절단을 보내 국제 정세를 살피도록 조치하기도 했다. 그는 천주교를 가혹하게 탄압하면서도 천주교 신부들을 관리로 등용해 통역과 유럽에서 구입해 온

19세기 베트남 관리의 행차

서적의 번역을 맡겼다. 쇄국도 명분에만 집착하지 않는 대단히 실용적인 쇄국이었다 할 것이다.

　민주체제를 뒤엎고 황제가 된 프랑스의 나폴레옹 3세는 국민 불만을 무마하기 위해 강력한 국가의 영광이 필요했다. 여기에 선교사들이 베트남 정부의 탄압을 보고하며 이를 무력으로 제지해 줄 것을 계속 호소해 오자 베트남에 대한 침략을 결정했다. 프랑스는 결렬될 것이 뻔한 통상협상을 벌이며 명분을 쌓은 뒤 1858년 9월에 무력 침공을 시작했다. 즈누이(Genouilly) 중장이 이끄는 프랑스군 병사 2,500명과 전함 13척이 베트남의 중부 항구도시 다낭을 공격했다. 스페인도 자국 선교사가 처형된 데 대한 보복으로 필리핀인들로 구성된 450명의 병력을 지원했다. 다낭은 밍망제가 서구와의 통상을 금하면서도 유일하게 교역을 허용한 곳으로 당시 베트남에서 가장 번영하던 항구였다. 프랑스군은 전함을 해변 가까이 대고 맹렬한 포격을 가했다. 상업도시인 다낭의 방어력은 함포 사격으로 거의 와해됐고 프랑스 병사들은 별다른 저항 없이 상륙했다. 다낭은 전투 개시 당일에 함락됐다.

프랑스군의 다낭 공격(1858년)

즈누이 중장

프랑스군 병사들 - Military Wiki

　그러나 다음부터가 문제였다. 다낭에서 수도 후에까지 걸어서 사흘이면 닿는 거리였지만 그 사이에 높은 고개들이 있다. 이곳을 베트남의 충신 응우옌찌푸엉(Nguyễn Tri Phương, 阮知方, 1800~1873)이 단단하게 막아섰다. 응우옌찌푸엉은 당시 베트남에서 대규모 전투 경험이 있는 몇 안 되는 현역 장군 중 한 사람이었다. 그는 탁월한 전략가는 아니었다 해도 뛰어난 지휘관의 면모를 갖추고 있었다. 적은 수의 병력이었지만 응우옌찌푸엉의 열정적인 독려 속에 지형을 이용해 결사적으로 버티는 베트남군을 프랑스군의 우세한 화력으로도 뚫을 수 없었다. 오히려 프랑스군은 몇 차례 공격에 실패한 뒤 다낭으로 물러나 포위되는 형세가 되었다. 프랑스군이 육로 대신 수로를 이용하려고 해도 베트남 중부의 강은 너무 얕아 전함이 움직일 수 없었다. 여기에 이질과 콜레라, 괴혈병 같은 풍토병이 나돌았고 우기는 바짝바짝 다가왔다. 선교사들이 공언해 온 천주교 신자들의 봉기도 끝내 일어나지 않았다.

응우옌찌푸엉은 1800년 후에 인근에 사는 가난한 목수의 아들로 태어났다. 엄격한 신분사회였던 베트남에서 제대로 교육도 받지 못한 그가 관리가 된다는 것은 꿈꾸기 힘든 일이었다. 그런데도 그는 20대 중반 우연한 기회에 밍망제의 눈의 띄어 등용되었고 타고난 재능과 충성심으로 차근차근 관직을 높여갔다. 특히 1833년 태국이 베트남을 침략해왔을 때 이를 격퇴하며 군 지휘관으로서 명성을 얻었다. 당시 태국은 캄보디아의 왕위 다툼에 개입했다가 베트남이 레반코이의 난으로 혼란스러운 것으로 보고 내친 김에 캄보디아의 옛 영토였던 베트남 남부로 진격해 들어왔다. 베트남은 즉시 반격했는데, 응우옌찌푸엉은 국경의 서쪽 끝 해변도시인 하티엔을 탈환한데 이어 동쪽으로 진격해 쩌우독에서 태국군을 대파하는 전공을 세웠다. 그 뒤 응우옌 왕조의 네 번째 왕인 뜨득제의 수석 고문으로 일하던 응우옌찌푸엉은 프랑스가 침략하자 최일선에서 맞서 싸우다 전사했다. 후대의 베트남인들은 그를 '만고의 충신'이자 '의로운 이의 표상'으로 칭송하고 있다.

응우옌찌푸엉

프랑스군 내에서 여러 가지 전황 타개책들이 논의됐는데, 북부 탕롱을 공격하면 그곳의 40만 천주교 신자와 옛 후레 왕조 지지자들이 호응할 것이라는 주장과 남부 곡창지대인 쟈딩을 점령해 응우옌 왕조의 식량 공급을 차단하자는 주장이 맞섰다. 즈누이 중장은 그 중 남쪽을 선택했다. 즈누이는 다낭에 수백 명만 남긴 채 나머지 병력을 이끌고 해로를 이용해 쟈딩으로 향했다. 쟈딩의 성벽은 70년 전 프랑스 장교들이 설계하고 감독해 처음 세웠는데 다시 이를 프랑스군이 공격한다는 것도 아이러니였다.[6]

19세기 후반 쟈딩 지도

쟈딩성 설계도

쟈딩성을 지키던 베트남 대포들 - Wikiwand/Panoramio

6) 쟈딩성은 삐뇨 신부의 제안을 응우옌푹아잉이 받아들여 용병으로 와 있던 프랑스 장교들에게 축조를 맡겼고 1790년에 완공되었다. 대포의 시대를 맞아 유럽의 성들이 대변화를 겪은 뒤였으므로 두 프랑스 장교는 이를 쟈딩성 건설에 고스란히 반영했다. 1835년, 지긋지긋했던 레반코이의 난을 진압한 뒤 밍망제는 보복으로 쟈딩성을 허물었다 다시 지었는데 처음 성보다 구조가 단순해지면서 강쪽으로 포격에 제한이 생겼고 이것이 1859년에 프랑스군에게 패하는 한 원인이 되었다. 쟈딩성을 점령한 프랑스군은 베트남군에게 포위된 뒤 소수의 병력으로 전 성곽을 방어하기가 어려워지자 노획한 화약으로 쟈딩성을 완전히 파괴하였다.

1859년 2월 10일, 프랑스군의 일제 함포 사격으로 쟈딩에 대한 공격이 시작됐다. 프랑스 전함들은 엿새 동안 집중포화를 퍼부어 사이공 강 어귀의 베트남군 요새 12개와 차단벽 세 개를 부수었다. 그리고 강을 수십km 거슬러 올라가 쟈딩성 바로 앞까지 접근했다. 사실 무모한 시도였다. 세계에서 가장 먼저 증기범선을 도입한 프랑스 해군은 당시 과도할 만큼 자신감에 차 있었다.[7] 범선에 증기기관을 단 프랑스 전함들은 바람의 방향이나 세기에 구애받지 않고 고속으로 어디든 항해할 수 있었다. 그리고 전열함[8]에 범선 시절에는 최대 42파운드 포를 실었던 것에서 항속력이 강해진 증기선에는 68파운드 대구경 포까지 장착할 수 있었다. 그러나 프랑스는 쟈딩성에 포진한 베트남군의 무기에 대해서는 거의 정보가 없었고 알아보려는 노력도 하지 않았다. 쟈딩성에는 비록 구식이지만 대포가 200문이나 있었고, 프랑스 전함들은 아직 철갑선이 아닌 목선이었다. 좁은 강에 갇혀 수십 문의 대포가 쏘아대는 포탄 세례를 받는다면 프랑스 전함은 산산이 부서진 나뭇조각 신세를 면치 못했을 것이었다. 프랑스로서는 위기였고 베트남에게는 프랑스의 침략을 물리칠 다시 안 올 기회였다.

2월 17일, 프랑스 전함들은 쟈딩성의 남동부 모서리를 향해 집중 사격을 가했다. 과거 프랑스 장교들이 축조했던 첫 쟈딩성은 별 모양을

---

7) 프랑스는 1850년 범선에 증기기관을 장착한 대형 전열함 나폴레옹 호(Le Napoleon)을 진수시켰다. 이로서 증기선 도입을 망설이던 영국과 한동안 세계 제해권을 놓고 경쟁을 할 수 있었다.

8) 전열함(戰列艦, ship of the line)은 배 양측에 줄지어 대포를 장착하는 형태의 전함을 말한다. 50문에서 140문까지 대포들을 여러 층의 갑판에 탑재했다. 보병들이 상대방 배에 넘어가 전투를 벌이는 방식에서 포격으로 적함을 격침시키는 방식으로 유럽의 해전이 바뀐 17세기에 등장해 19세기까지 활약했다.

한 완벽한 보방요새[9]였고, 훗날 다시 쌓은 쟈딩성도 정사각형에 가깝기는 했지만 네 모서리에 능보[10]를 설치하는 등 기본 개념을 유지했다. 프랑스군과 전투가 벌어졌을 때 쟈딩성 베트남군은 사이공강 하류와 접한 남동부 능보 주변에 대부분의 대포를 배치해 놓았다. 상업도시인 다낭과는 달리 응우옌 왕조의 발흥지이자 남부 베트남의 통치 거점인 쟈딩은 막강한 군비를 갖추고 있었다. 성 안에는 정규군만 수천 명에 총검 2만 정, 탄환 100톤과 막대한 양의 화약이 비축돼 있었다. 또 장기 농성에 대비해 1만 명이 일 년간 먹을 쌀도 쌓여 있었다. 그러나 전쟁의 승패는 병력과 군비보다 이를 운용하는 능력에 달려있음이 이곳에서 다시 입증되었다.

최초의 증기추진 전함 나폴레옹 호

9) 보방 요새(Vauban fortification)는 17세기에 프랑스인 보방이 개발한 군사 요새의 형태이다. 적의 대포 공격에 대비하고 이를 효과적으로 반격하기 위해 성벽을 비스듬히 쌓고 여러 개의 돌출부를 만들어 아군 대포들이 다양한 각도를 겨냥할 수 있도록 설계했다.
10) 능보(稜堡, bastion)는 성벽의 모서리 등에 마름모꼴로 튀어나오게 만든 부분으로 성벽 중앙부의 방어를 강화하기 위한 목적으로 지어졌다.

프랑스군의 함포 사격에 맞서 베트남군도 일제히 발포를 시작했다. 그러나 장교들이 사격 고도를 너무 높게 잡아 포탄이 모두 프랑스 전함 위로 넘어가버렸다. 당황한 베트남 포병은 제대로 포격 제원을 수정하지 못한 채 포탄만 거듭 낭비했다. 아침 10시, 데 팔리에르(Arnaud des Pallieres) 대위가 이끄는 프랑스 보병 300명이 은밀히 접근해 대나무 사다리를 타고 성벽을 기어올랐다. 곳곳에 포탄이 작렬하는 가운데 갑자기 성 위에 프랑스 병사들이 나타나자 놀란 베트남 병사들은 무기를 버리고 달아났다. 그러나 흩어졌던 베트남 병사들은 쟈딩성 동문 앞에 다시 집결해 대오를 갖췄고 뒤쫓아 온 프랑스 병사 500여 명과 백병전을 벌였다. 프랑스군은 즈누이 중장의 직접 지휘 아래 압도적인 화력을 이용하고도 무려 7시간 만에야 베트남 병사들의 저항을 제압할 수 있었다. 쟈딩성 동문에서 마지막 항전이 벌어지는 동안 프랑스군은 나머지 지역을 차근차근 접수해 나갔다. 오후 늦게 프랑스군은 쟈딩의 통제권을 완전히 확보했고 즈누이 중장이 쟈딩을 프랑스군의 새로운 본부로 선언했다. 쟈딩성 방어에 실패한 베트남군 지휘관은 성 밖으로 달아났다 스스로 목숨을 끊었다.

프랑스 군의 쟈딩성 점령(1859년 2월) - wikiwand

6) 제국의 막을 내리다

쟈딩성의 상실은 응우옌 왕조에게 헤아리기 힘들 만큼 큰 경제적 타격이었다. 남부의 메콩강 삼각지는 지금도 '베트남의 빵 바구니'라고 불릴 정도로 필수적인 식량 공급지이다. 이곳을 잃은 데다 때마침 중부지방의 가뭄까지 겹쳐 응우옌 왕조는 당장 기근을 걱정해야 하는 처지가 되었다. 프랑스군은 서서히 북쪽으로 압력을 가하면서 선교와 통상의 자유를 요구하는 협상안을 제시했다. 그러나 그것이 식민화로 가는 길임을 알고 있는 베트남 조야는 강력히 반대했으며, 수정안을 제시해 통상을 일부 허용하려던 뜨득제의 뜻마저 신하들에게 저지될 정도였다.

이때 전쟁의 흐름을 잠시 뒤바꾸는 상황이 벌어졌다. 청나라가 애로우호 사건으로 영국, 프랑스, 러시아, 미국과 싸워 패한 뒤 체결한 톈진 조약(天津條約)을 어긴 것이다. 1860년 3월, 4개국은 즉각 연합군을 다시 결성해 베이징으로 쳐들어갔는데, 프랑스가 다급한 김에 베트남에서 전쟁 중이던 병력의 상당부분을 차출했던 것이다. 쟈딩성에는 프랑스군 병사 800명만 남아 잔뜩 웅크린 채 방어 준비에 들어갔다. 이때를 노려 베트남은 대대적인 반격을 준비했다.

뜨득제는 다낭에서 선전 중이던 응우옌찌푸엉에게 쟈딩으로 이동해 성을 탈환하라고 명령했다. 응우옌찌푸엉은 각지의 정규군과 밀려드는 자원병들로 1만2천 대군을 조직한 뒤 쟈딩성을 포위했다. 남부의 지주들은 기꺼이 곳간을 열어 군량을 대고 각종 물자를 제공했다. 그러나 베트남 인들이 할 수 있는 일은 거기까지였다. 높은 사기만으로 전세를 돌리기에는 역부족인 시대가 되어 있었던 것이다.

프랑스군이 가져온 신형 대포는 사거리도 월등히 길었을 뿐 아니라, 목표를 향해 날아가다 폭발하는 작열탄(炸裂彈, explosive shell)을 사용했다. 30여 년 전인 1823년에 프랑스가 개발한 작열탄은 유럽의 전장에서도 먼저 채택한 측에 승리를 보장하는 결정적 병기 역할을 하고 있었다. 이에 비해 베트남군의 구식 대포는 쇠공을 날리는 수준에 머물러 있었다. 더욱 치명적인 무기는 프랑스 보병에게 지급된 강선소총(腔線小銃, rifle)이었다. 총열 안에 나선형 홈이 있으면 정확도가 높아진다는 사실은 수백 년 전부터 알고 있었지만, 금속가공 기술이 이를 뒷받침하지 못했다. 그러다 1848년에 프랑스군이 유선형의 미니에탄(minie ball)을 개발하고, 산업혁명으로 총열 내부에 정밀한 강선을 새길 수 있는 선반이 발달하면서 소총은 획기적인 발전을 맞았다. 총열이 매끄러운 이전의 활강소총(滑腔小銃, musket)은 총알이 제멋대로 날아가 표적이 수십 미터만 떨어져 있어도 명중을 장담할 수 없었던 데 반해, 강선소총은 수백 미터까지 조준사격이 가능했다. 활강소총을 든 베트남 병사들과 강선소총으로 무장한 프랑스 병사들이 정면 대결하는 것은 권총과 소총의 대결만큼 무모한 싸움이었다.

프랑스군은 800명의 병력으로 쟈딩성을 모두 방어하는 것은 무리라고 판단하고 노획한 화약을 이용해 성벽을 파괴했다. 그리고 밀집 방어진을 짠 뒤 긴 사거리를 보장하도록 주변의 엄폐물들을 모두 제거했다. 이제 베트남군 병사들이 프랑스군을 공격하려면 아군 야포의 지원도 없이 적의 조준사격과 비산하는 포탄 파편을 뒤집어쓰며 수백 미터를 달려가 방책을 넘어야만 했다. 응우옌찌푸엉으로서도 도무지 공격

할 방법을 찾을 수 없었다. 언덕 위 진지에 몸을 숨기고 있다 프랑스
군이 다가오면 벌떼처럼 일어나 총을 난사할 수 있었던 다낭에서의 전
투와는 조건이 너무 달랐던 것이다. 베트남군은 이따금 순찰하는 프랑
스 병사들을 공격하는 것 외에는 쟈딩을 넓게 포위하고 프랑스군이 지
치기를 기다리는 게 전부였다. 그리고 그들이 예상했던 것보다 훨씬
빨리 중국에 갔던 프랑스군이 돌아왔다.

프랑스군의 신형 대포 - 위키피디아

청나라에서의 전쟁은
불과 몇 달만에 청의 완
패로 끝이 났다. 이권을
두둑히 챙긴 프랑스는
곧바로 교전 중인 베트
남으로 병력을 돌렸다.
샤르네(Charner) 제독이
이끄는 3,500명의 프랑
스 병사와 200명의 스
페인 병사들이 전함 6척과 부속선 30여척에 나누어 타고 남하했다. 이
들은 쟈딩 인근에 상륙한 뒤 성을 포위 중이던 베트남군의 배후를 공
격했다. 전황이 다급했지만 후에 정부는 북부 통킹에서 일어난 반란을
진압하느라 적절한 지원을 하지 못했다. 1861년 2월, 베트남군은 응우
옌찌푸엉의 아들이 전사하는 등 수많은 인명피해를 입고 퇴각했으며
응우옌찌푸엉 자신도 부상을 당했다. 이로써 베트남이 무력으로 프랑
스의 침략을 물리칠 수 있다는 희망은 사라지고 말았다.

19세기 베트남 기병대

프랑스 병사 - Pinterest

　프랑스군은 차근차근 점령지역을 늘려나가 다음해 봄까지 남동부 3개 성을 장악했다. 중부로의 식량공급이 차단되고, 북부의 반란은 여전히 계속되자 응우옌 왕조는 더 이상 전쟁을 지속할 힘을 잃었다. 결국 응우옌 왕조는 프랑스와 굴욕적인 통상조약을 맺을 수밖에 없었다. 천주교 선교의 자유를 인정하고, 세 개 항구의 무역을 열며, 기존 점령지 외에 콘썬(Con Son, 崑山)섬을 프랑스에 양도하고, 은 400만 량을 배상금으로 지급한다는 내용의 이른바 '임술조약'이었다.(1862년 6월)

응우옌 왕조 말기의 내각 대신들

1863년 파리에 파견한 외교대표단

조약은 체결했지만 프랑스나 베트남 모두 이를 오래 지킬 생각이 없었다. 프랑스는 가급적 빨리 전 베트남을 식민지로 만들려는 욕심을 가지고 있었고, 후에의 응우옌 왕조도 북부의 반란만 진압되면 실지를 다시 회복하려는 의지가 있었다. 1867년 6월, 프랑스 점령지 안팎에서 저항 운동이 계속되자 프랑스는 후에 정부가 이를 부추기고 있다고 비난하고 군대를 동원해 남서부 3성을 공격했다. 당시 이 지역을 다스리고 있던 판타인쟌(Phan Thanh Giản, 潘清簡)은 저항하면 베트남 군민의 희생만 따를 뿐이라고 판단하고 관리들에게 항복을 권한 뒤 자신은 자결했다. 후에의 조신(朝臣)들은 싸워보지도 않고 침략군에 무릎을 꿇은 그의 처사를 맹비난했지만, 판타인쟌

판타인쟌 - 위키피디아

은 젊은 시절 싱가포르 등 동남아의 영국군 점령지들을 돌아보았고 임술조약 체결 뒤에는 조약의 폐기를 청원하기 위해 유럽에 파견되면서 서구 열강의 힘이 이미 저항할 수 있는 한계를 넘어섰다고 뼈저리게 느꼈기 때문이었다.

프랑스의 의도가 개항과 각종 이권에 그칠 것이라는 베트남의 애처로운 기대와는 달리 프랑스의 탐욕은 멈출 기미를 보이지 않았다. 이번에는 임술조약 체결 때 고려의 대상도 아니었던 북부 홍강의 개방이 문제가 됐다. 홍강을 통해 중국 운남과 교역할 수 있게 해달라고 프랑

스 상인이 요구해오자, 후에 정부는 응우옌찌푸엉을 탕롱에 보내 프랑스 상인과 군대를 설득하도록 했다. 프랑스군에서도 대표적인 매파였던 가르니에(Garnier) 대위가 170명의 병사들을 데리고 탕롱에 왔고, 베트남군이 경계를 했음에도 불구하고 탕롱을 기습 점령했다. 이때 응우옌찌푸엉이 격렬한 전투 끝에 중상을 입고 포로로 잡혔는데 프랑스 군의관이 응급조치를 하려 하자 그는 "내가 너희들의 도움으로 잠시나마 목숨을 연명한다면 내 안의 정의감은 그 순간 영원히 죽을 것"이라며 치료를 거부해 기꺼이 죽음을 맞았다. 응우옌찌푸엉의 전사 소식을 듣고 뜨득제는 땅바닥에 엎드려 대성통곡했다고 한다. 충신을 잃은 슬픔에다 이제 나라의 운명이 다하여 감을 느꼈기 때문이었을 것이다. 1874년 3월, 가르니에 대위는 얼마 뒤 유영복(劉永福)이 이끄는 흑기군의 공격에 의해 사망했지만, 베트남은 프랑스에게 홍강을 개방하고 대외정책을 프랑스의 정책에 맞추겠다는 내용을 담은 갑술조약을 체결해야 했다. 이 조약으로 베트남은 사실상 외교권을 잃었다.

가르니에 대위

흑기군의 가르니에 사살 - Alchetron

유영복의 흑기군

유영복 - gakushuin.ac.jp   흑기군 - gakushuin.ac.jp

　청나라에서 태평천국의 난[11]이 진압되자 그 잔존·세력이 베트남 북부로 쫓겨 들어왔다. 이들은 청나라 팔기군을 모방해 스스로를 흑기군(黑旗軍), 황기군(黃旗軍), 백기군(白旗軍)이라 칭하며 각지에 세력근거지를 마련하고 약탈을 일삼았다. 이미 쇠약해질 대로 쇠약해진 응우옌 왕조는 이들을 몰아낼 힘이 없어 청나라에 상황을 알리고 토벌군을 요청했다. 그러나 베트남에 들어온 청나라 군대는 전투에는 관심이 없고 국경 지대 영토를 차지한 뒤 농민들을 약탈하는 데만 골몰했다. 후에 정부는 고민 끝에 태평천국 패잔병의 한 갈래인 흑기군의 유영복(劉永福)에게 벼슬을 내리고 응우옌 왕조에 대한 충성을 서약 받았다.

　유영복의 흑기군은 기대 이상으로 선전했다. 먼저 베트남 정부군과 합세해 백기군을 토벌했고, 홍강의 국경무역 중심지인 라오까이

---

11) 기독교도였던 홍수전(洪秀全, 1813~1864) 등이 '멸만흥한(滅滿興漢)'과 평등사회 건설을 기치로 내걸고 1851년 중국 남서부 광서성에서 일으킨 반란이다. 한때 수십만 명의 병력으로 난징을 점령하는 등 세력을 떨쳤지만, 청나라 군대와 이홍장 등이 이끄는 한족 의용군, 유럽인들의 상승군(常勝軍)에 의해 1864년 진압됐다.

(Lào Cai)를 차지하고 있던 황기군을 몰아냈다. 베트남 북부로 침입해 오는 프랑스군에 맞서서는 베트남 정부군보다 오히려 더 많은 전과를 거두었다. 베트남군이 성곽에 의지해 요새전을 고집하다 프랑스군의 화력에 번번이 무너진데 반해, 흑기군은 게릴라전을 섞은 야전으로 병력 수가 열세인 프랑스군을 괴롭혔다. 1873년 가르니에 대위를 사살해 탕롱성을 탈환했고, 1888년 역시 탕롱성을 점령했던 리비에르 대령과 그의 병력을 기습해 섬멸했다. 흑기군은 훗날 청나라로 돌아가 청일전쟁 때 대만에서 일본군과 싸우다 소멸되었고, 유영복은 탈출해 1911년 신해혁명 때까지 활약했다.

호앙지에우

19세기 하노이(탕롱)성

중국에서 넘어온 여러 군사집단들이 난립한 베트남 북부 지방은 후에 정부가 거의 통제권을 잃은 상태가 되었는데도, 중국계 군사집단 중 하나인 흑기군 병사들이 프랑스인의 홍강 통행을 막는 사건이 발생하자 베트남에 파견된 프랑스 관리들은 책임을 후에 정부에게 돌리며 완전한 식민 지배를 위한 구실로 삼으려 했다. 현지 주둔 병력이 탕롱을 기습해 다시 함락시키고 북부 베트남 각지로 점령지를 넓혀갔다.

1882년에 벌어진 탕롱성 공방전은 베트남과 프랑스의 사실상 마지막 전투였으며, 이후 응우옌 왕조는 더 이상 저항할 힘을 잃었다.

응우옌 왕조 제4대 뜨득제. 쇄국 정책으로 서구열강의 침략을 막으려 했지만 끝내 망국을 눈앞에 두고 사망했다.

당시 탕롱 성주였던 호앙지에우(Hoàng Diệu, 黃耀, 1829~1882)는 항전의 방식을 바꿔 성채를 버리고 산에 들어가 장기전을 벌여야 한다고 전부터 뜨득제에게 주청해왔지만 받아들여지지 않았고, 결국 성을 빼앗길 때 스스로 목숨을 끊었다. 뜨득제와 후에 정부는 과거 떠이썬군이 청나라군을 정규전을 통해 이기고, 그 떠이썬군을 응우옌 왕조군이 꺾었다는 화려한 기억에 매달려 전략의 유연성을 잃었던 것이다. 그리고 캄보디아와 태국군을 연파한 자부심은 현실을 직시하는 데 방해가 되었다. 호앙지에우가 주장했던 비정규전은 곧바로 흑기군에 의해 구사돼 프랑스 주둔군 지휘관인 가르니에 대령을 기습 사살하는 전과를 올리기도 했다. 또한 훗날 베트남이 프랑스와 미국을 상대로 오랜 전쟁에서 승리한 역사는 호앙지에우의 외로운 외침이 옳았음을 입증해 준다.

흑기군의 공격으로 프랑스군에 많은 인명피해가 발생하자 프랑스 정부는 호전적인 아르망(Harmand)을 판무관(辦務官)으로 임명하고 추가 파병을 결정했다. 베트남 파견 병력이 16,500명에 이르는 전례 없는 대규모 침공이었다. 그러는 사이 후에의 궁정에서는 뜨득제가 죽은 뒤 후

계를 둘러싼
갖은 음모와
권신들의 전횡
이 벌어져 무
너져가는 왕
조의 운명을
재촉했다.

아르망 판무관

쿠르베 제독 - 위키피디아

홍강을 둘
러싼 갈등이 침공의 명분이었던 만큼 프랑스의 증원군은 베트남 북부
에 투입됐지만, 얼마 안 돼 응우옌 왕조의 수도인 후에를 향해 진격했
다. 아르망 판무관과 쿠르베(Courbet) 제독이 이끄는 프랑스 군은 후에
에서 15km 떨어진 투언안(Thuận An) 해변에 상륙했다. 이를 저지할 아
무런 방법이 없었던 후에 정부는 강화를 요청했다. 이렇게 맺어진 아르
망조약[12]에 따라 베트남은 프랑스의 보호국임을 인정하고 모든 외교
는 프랑스를 통해 하기로 약속했다. 그리고 나라를 셋으로 나누어 남
부 코친차이나는 프랑스 속령으로 삼고, 중부 안남은 후에 정부의 자
치권을 인정하며, 북부 통킹은 공사를 두며 프랑스군이 진주하기로 합
의했다. 후에 조정에도 프랑스 관리가 파견돼 언제든지 베트남 황제를
알현할 수 있도록 했다.

뜨득제의 요청으로 베트남 북부에 들어와 수년째 주둔하고 있던 청

12) 1883년 8월 체결, 제1차 후에조약 또는 계미조약이라고도 부른다.

19세기말 후에

프랑스군의 투언안 공격(1883년)
-위키피디아

나라군을 철수시키기 위해 프랑스는 청나라의 권신 이홍장과 담판해 이를 관철시켰다. 북경에 사신을 보내 조공을 올리고 스스로 신하라고 낮추며 어떻게든 청의 도움을 얻어 보려던 베트남의 가냘픈 희망마저 꺾어버린 것이다. 그리고 1884년 6월 청나라 주재 프랑스 공사인 파트노트르가 응우옌 왕조와 다시 협상해 "후에 조정의 자치권은 프랑스의 보호 아래 있다"라는 조항을 집어넣었다.[13] 이 파트노트르 조약 또

베트남 식민정부군 병사들

는 갑신조약으로 베트남은 완전히 프랑스의 식민지배 아래 들어갔고, 베트남 국민들은 그로부터 긴 암흑과 치열한 독립투쟁의 시간을 이겨내야만 했다.

---

13) 1884년 파트노트르 조약은 제2차 후에조약 또는 갑신조약이라고도 부른다.

리 태조가 1010년 호아루에서 천도하고 탕롱(Thăng Long, 昇龍)이라
는 새 이름을 붙인 뒤 이곳은 무려 700년 간 베트남 수도로서 수많
은 영광과 좌절의 역사를 함께 했다. 리 태조가 쫓기듯 수도를 옮겨
왔던 만큼 급히 궁궐과 성벽 건축에 착수해 불과 10년 만에 탕롱성
을 완공했다.

처음 탕롱성은 세 겹으로 이루어져 있었다. 가장 바깥쪽은 당시
시가지를 에워싼 거대한 벽으로 라탄(La Thành, 羅城) 또는 낀탄(Kinh
Thánh, 京城)이라 불렀다. 외적이 쳐들어 왔을 때 효율적인 방어를 위해
성벽 폭이 30m나 되었고 홍강 물을 끌어들인 해자는 깊이가 4m였
다고 한다. 두 번째 벽은 황탄(Hoàng Thành, 皇城)으로 그 안에 정부기
관들이 밀집한 공공구역이었다. 오랜 세월로 인한 붕괴와 왕조 교체

시 의도적인 철거 그리고 식민지 시절 프랑스의 파괴로 이 라탄과 황
탄 두 성벽의 유적은 거의 남아있지 않다.

가장 안쪽의 성이 왕과 왕비 등 왕실 가족의 거처였다. 이름이 뜨
깜탄(Tử Cấm thành), 즉 자금성(紫禁城)으로 중국 자금성의 위용에 버금
가겠다는 의지의 표현이었다. 처음 지었을 때 면적이 300헥타르로 서
울 여의도 면적과 거의 비슷한 광대한 규모였다.

왕궁 남쪽의 단문(Đoan Môn, 端門)은 하노이성의 상징과도 같다. 왕
조시대에는 오직 왕만 출입할 수 있었던 문이었다. 석조 아치 등 건
축양식으로 보아 리 왕조 초기에 건축되어 응우옌 왕조 때 수리된
것으로 보인다. 성문 위에 세워진 전각은 오문루(五門樓)이다.

하노이성은 베트남 사람들에게도 관광명소이다. 필자가 이곳을 찾
은 날 대학생 수십 명이 전통의상과 양복을 차려입고 졸업사진을 촬
영하러 왔다. 커플끼리 기념사진을 찍는 모습이 이채로웠다.

하노이성 단문 뒤편으로는 계단으로 통해 오문루에 오를 수 있다.

베트남 커플   단문 뒤편

성문 위에서 멀리 공원 너머로 깃발탑이 보인다. 반대편 왕궁 안에
서는 발굴 작업이 한창이었다. 근래 베트남 정부는 민족 자긍심을 고
취하기 위해 유적지 복원에 힘을 기울이고 있다.

깃발탑   발굴 작업

하노이 왕궁에서 가장 아름다운 유적이다. 프랑스 식민정부가 파
괴한 경천궁(Điện Kính Thiên, 敬天宮) 터 아래 돌계단이 남아 있다. 난간
에 장식된 용 조각이 당장이라도 하늘을 날아오를 것처럼 생동감 있
다. 용의 머리 뒤로 몸통이 위로 오를수록 가늘어지고 끝을 칼 모양
으로 매듭지었다. 1467년 후레 왕조 때 만들어졌는데, 가운데 계단은
왕을 위한 통로였고 신하들은 좌우 계단으로 다녀야 했다.

왕궁에서 발굴된 유물들을 작은 박물관에 전시해 놓았다.

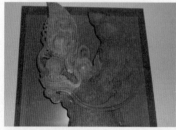

지붕 용마루 양쪽 끝에 붙였던 용 모양의
치미 (리 왕조)

기와지붕 처마 끝에 붙여 깔끔하게 마무리
하는 용도의 장식기와인 막새 (리 왕조)

용 모양이 부조된 타일 (후레 왕조)

발로 밀어 사용한 맷돌 (리 왕조)

하노이 왕궁은 효율적인 배수 시스템을 갖추고 있었다. 리 왕조
때 건축가들은 구운 벽돌로 2미터 높이의 하수관을 쌓고 유실을 막
기 위해 그 주위를 나무로 보강한 수로를 동서로 길게 연결해 왕궁
밖으로 물이 흘러나가게 만들었다. 흙 아래 1미터에서 깊게는 4미터

까지 묻혀 있던 하수관거는 그동안 잊혀졌다 2012년 우연히 발견돼 세상에 알려지게 됐다. 천 년 전 건축물에 이런 배수시설을 고안하고 만들었다는 사실이 놀라울 뿐이다.

하노이 왕궁에는 이밖에 응우옌 왕조 때인 1821년 지어 왕의 하노이 방문 시 왕비들이 머물렀던 누각인 후루(Hậu Lâu, 後樓) 또는 공주루(公主樓)가 다시 복원됐고, 역시 응우옌 왕조 때 지은 북문(Bắc Môn, 北門) 등 극히 일부 건물들이 남아 있다.

응우옌 왕조가 베트남 중부 후에를 수도로 정하면서 탕롱의 왕궁 건축재들을 후에로 가져다 쓰기도 하고 수도보다 성이 커서는 안 된다며 탕롱 성벽을 헐고 다시 쌓기도 했다. 탕롱에서 왕을 상징하는 용(龍) 자를 빼고 탕롱(昇隆)으로 개명했으며, 다시 1831년 행정구역 개편 때 도시 이름을 하노이(河內)로 바꿔 오늘에 이르고 있다.

그후 프랑스가 베트남을 침략하면서 경천궁과 후루 등 하노이 왕궁의 남은 부분들을 파괴했다. 인도차이나 3국을 모두 점령해 통합한 뒤 하노이를 그 수도로 정했기 때문에 여러 관공서와 군사시설들이 필요했다는 이유인데, 굳이 왕궁 안에 들어가 자신들의 건물을 지은 것은 피점령국 문화에 대한 의도적인 모욕이라고 생각된다.

이런 영욕의 역사를 묵묵히 지켜본 하노이 왕궁은 그래서 베트남인들에게 각별한 장소가 아닐 수 없다. 베트남 정부는 2010년 하노이 천도 천년을 맞아 대대적인 기념행사를 거행했고, 왕궁 안에 장수를 상징하는 거북이 상을 만들어 세웠다. 경천궁 돌계단 앞에 있는 이 거북이 상은 무려 2톤으로 블루 사파이어를 깎아 만들었다.

하노이 왕궁 밖의 깃발탑은 쟈롱제 때인 1812년에 축조됐으며 기단부, 탑신부, 상륜부를 포함해 높이가 60m나 된다. 나선형 계단을 통해 올라가면 8각형의 전망대에 이르는데, 계단 군데군데 통풍과 채광을 위해 역시 8각형의 아름다운 창문을 냈다. 프랑스군도 주변시설들을 파괴하면서 하노이 시 전체를 내려다 볼 수 있는 이 탑만은 남겨놓았다고 한다.

깃발탑 앞에는 응우옌 왕조 시대인 19세기 주조된 철제 대포들이 전시돼 있다. 안내판에 따르면 이 대포들은 1993년 베트남 중부인 꽝빈성 동허이(Đồng Hới)시에서 발굴돼 이곳으로 옮겨져 왔다.

깃발탑과 군사박물관 사이에는 6, 70년대 베트남전 때 사용했던 무기들이 야외 전시돼 있다. 전시물 다수가 불시착한 전투기 등 미군에게서 노획한 무기들이다.

군사박물관 길 건너편에 레닌 공원이 있다. 작은 공원 중앙에 서있는 레닌의 동상에서 베트남이 우리와 비슷하지만 다른 길을 걸어왔음을 새삼 느끼게 된다.

7

역사의 긴 그림자

7. 역사의 긴 그림자

2차 세계대전이 끝난 뒤 많은 나라들은 이웃과의 적대관계를 해소하고 새로운 출발을 다짐했다. 국가 간의 갈등을 해결하기엔 전쟁이 너무 치명적인 수단이 되었다는 사실을 깨달으면서 국제문제의 전쟁 비화가 이제는 예외적인 일이 되었다. 그러나 아직도 국민감정을 자극하는 영토 분쟁과 오랜 역사적 원한 그리고 이를 악용하려는 정치인들의 의도가 서로 증폭될 경우 당사국 모두에게 비극임을 알면서도 무력충돌로 치닫곤 한다. 1970년대 후반 인도차이나 반도가 그러했다.

1) 메콩델타와 캄보디아의 한(恨)

캄보디아 사람들은 호치민시와 주변 메콩델타를 '캄보디아의 아래 지역'이라는 뜻인 '캄푸치아 크롬'이라 부른다. 조상들이 천년 이상 터전으로 삼았고 지금도 150만[1] 캄보디아인들이 차별 속에 살고 있는 그 땅을 언젠가는 되찾아야 한다는 염원을 담은 표현이다.

베트남 남부와 캄보디아를 여행해 본 사람은 메콩델타의 가치를 피부로 느낄 수 있다. 티벳에서 발원해 장장 4,000km를 흐르는 메콩강은 라오스와 캄보디아를 지나 베트남에 들어서면서 9갈래로 나뉘어

---

1) 캄보디아 측은 메콩델타에 거주하는 캄보디아인 수를 8백만 명으로 추산한다.

거대한 삼각주들을 만든다. 사철 황톳물이 차고 넘치는 강줄기들은 거미줄 같은 지류들과 함께 주변 평야를 광활한 습윤지대로 만든다. 풍부한 물과 열대 태양이 있으니 농부가 부지런히 모를 심고 벼를 거두면 한해 세 번의 농사가 가능하다. 그 땅의 소출만으로 베트남은 전 국민이 먹고도 남아 세계 쌀 수출 1, 2위를 다툴 수 있다. 메콩델타가 '베트남의 빵바구니'로 불리는 이유이다. 반면에 국경을 넘어 캄보디아에 들어서면 전혀 다른 풍경이 펼쳐진다. 11월부터 무려 반 년 간 계속되는 건기에는 지평선까지 펼쳐진 들판이 온통 먼지밭으로 변한다. 큰 강과 호수 옆을 제외하고는 일 년에 한번 농사를 마치면 하염없이 다음 우기를 기다릴 수밖에 없다.

| 베트남 메콩델타 농경지 | 캄보디아 농업지대 |

캄보디아인들에게 '캄푸치아 크롬' 수복에 대한 의지는 정파와 이념을 초월한 것이다. 악명 높은 크메르루주의 폴포트 정권도 예외가 아니었다. 그들은 오히려 힘으로 옛 땅을 되찾을 수 있다는 망상에 빠져 만용을 부리다 '붉은 형제'인 베트남 공산정부의 침략을 받아 정권의 종말을 고해야 했다.

폴포트(Pol Pot)의 본명은 살롯사이며, 미국 정보기관들이 그에 대한 보고서를 쓸 때 폴리티컬 포텐셜 (Political Potential, 숨어있는 정치인)이라고 부르다 약어가 굳어진 것이라는 설이 유력하다. 왕족이자 부농의 아들이었던 폴포트는 프랑스 유학 중 공산주의 사상에 물들었고 귀국한 후 캄보디아 공산주의 운동에 가담했다. 폴포트는 캄보디아 공산당을

폴포트

지도해 온 베트남인들에게 강한 거부감을 보였다.[2] 그는 자본가 계급과 미국만큼이나 베트남을 증오했다. 폴포트에게는 베트남과 태국에 빼앗긴 영토를 회복해 찬란했던 앙코르 왕국의 영광을 되찾겠다는 민족주의적 야심이 공산주의와 전혀 어긋나지 않았다.

1975년 4월 17일, 크메르루주는 프놈펜을 점령해 캄보디아의 지배자가 되었다. 북베트남군이 사이공 외곽에서 남베트남군과 일진일퇴의 마지막 전투를 벌이고 있을 때였다.[3] 베트남보다 먼저 공산화에 성공한 크메르루주는 우쭐해졌다. 크메르루주의 승리는 론놀의 쿠데타로 실각한 시아누크와 중국의 지원이 있었기 때문에 가능했지만, 그들은 "미 제국주의를 자력으로 격파했다"고 선전하고 또 그렇게 믿었다.

---

2) 캄보디아 공산주의 운동은 호치민(胡志明)이 1930년 창설한 인도차이나공산당(ICP)의 일부로 시작됐다.
3) 사이공은 4월 30일 북베트남에 함락됐다.

크메르루주군은, 북베트남군이 사이공을 점령한 뒤 남베트남 곳곳을 접수하느라 분주한 틈을 타 5월 1일 베트남의 푸꾸옥(Phú Quốc) 섬을 기습해 점령했다. 푸꾸옥은 제주도의 3분의 1 정도 되는 큰 섬으로 베트남보다는 캄보디아 해안에 가까워 이전부터 캄보디아가 영유권을 주장하고 있었다. 크메르루주군은 며칠 뒤 먼바다로 나가 토추(Thô Chu)라는 작은 섬을 점령하고 그곳 주민 500명을 캄보디아로 끌고 가 학살했다. 크메르루주를 국제 혁명동지로 생각했던 베트남 공산정부로서는 기가 막힌 일이었다. 베트남군은 즉각 반격해 푸꾸옥과 토추를 탈환하고 캄보디아 병사들을 전원 사살했다. 그리고 침략에 대한 보복으로 캄보디아 포우로와이 섬을 점령했다 몇 달 뒤 돌려줬다.

베트남 푸꾸옥 섬

그 사이 폴포트의 크메르루주는 캄보디아를 생지옥으로 만들고 있었다. 폴포트가 이끄는 크메르루주의 최종 목표는 국가체제를 없애고 모든 국민이 농업에 종사하는 단순한 나라를 만드는 것이었다. 이를 위해 크메르루주는 공산주의의 창시자인 칼 마르크스나 그들이 추종한다는 마오쩌둥마저 고개를 돌릴 것 같은 엽기적이고 참혹한 일들을 저질렀다.

크메르루주는 화폐제도를 폐지하고 프놈펜 중앙은행을 폭파했다. 노동자 외에는 도시민들을 모두 농촌으로 내쫓아 집단농장에서 일하게 했다. 학살은 끝이 없었다. 지식인은 모두 죽어야 했다. 영어를 할 줄 알아도, 안경을 써도, 손바닥에 굳은살이 없어도 반동분자로 몰려 수용소에 끌려가 지옥 같은 고문을 당하고 처형됐다. 총알을 아끼려고 칼과 몽둥이로 치고 비닐봉지를 머리에 씌워 질식사시켰다. 반동분자의 아이들도 학살했는데, 큰 나무에 못을 박고 아이들을 들어 패대기쳐 죽였다. 나무에는 스피커를 달아 사람들이 이 소리를 듣도록 했다. 공무원이나 교수, 의사 같은 전문직 종사자들은 학살 1순위였고, 국제경기에 참가한 운동선수 2천 명과 전통 압사라 춤을 추던 무용수들도 모두 죽었다. 환속을 거부한 불교 승려들을 남김없이 학살하고, 기독교인 90%를 죽였다. 이렇게 죽인 숫자가 가장 적게 잡아도 80만 명이 넘었다.[4] 시체와 유골이 나뒹굴던 이때의 참상은 '킬링필드(Killing Fields)'라는 표현으로 외부에 알려졌다.

크메르루주는 국민의 삶 전체를 통제하려 했다. 모든 사람들은 검정 옷만 입어야 했다. 어디서 살고, 무엇을 먹고, 언제 잠을 잘지도 정부가

---

4) 크메르루주가 200만 명을 죽였다는 주장도 있다.

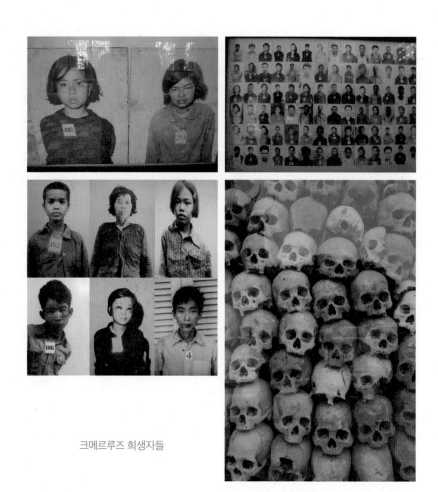

크메르루즈 희생자들

결정했다. 결혼 배우자를 정부가 지정해 합동결혼식을 올렸다. 사회주의 공화국에서는 아이들을 국가가 맡아 키운다며 떼어놓고 부모는 생산에만 전념하라고 했다. 일주일에 두 번씩 자아비판을 강요했는데, 이것이 가장 힘들고 위험하기도 했다. 모든 사람들은 죽지 않기 위해 서로를 경계하고 고발해야 했다.

사람이 기계가 아닌데 이런 체제가 잘 작동할 리 없었다. 전 국민이 농민이 되었는데도 수확량이 줄어 기근이 일어났다. 억압받는 국민들의 마음속에는 절망과 분노가 이글거렸다. 불온한 분위기를 느낀 폴포트는 학살을 계속 자행하면서도 사회 통제를 조금 늦춰 가족끼리 식사를 허용하고 다양한 색깔의 옷도 입을 수 있게 했다. 그러나 근본적인 해결책은 되지 못했고, 폴포트는 외부의 적으로 국민의 관심을 돌릴 절실한 필요가 생겼다.

당시 크메르루주 지도부는 미 제국주의를 자력으로 이겼다며 근거 없는 자신감에 차 있었다. 미국도 이겼는데 베트남 정도야 상대가 안 되는 게 당연했다. "한 명의 캄보디아 병사는 베트남 병사 30명과 맞먹는다. 캄보디아 인구 800만 명 가운데 200만 명을 군대로 만든다면 베트남 인구 5,000만 명을 쓸어버리고도 남는다." 자멸을 부른 그들의 셈법이었다. 베트남 침공을 앞두고 폴포트는 병사들에게 "적들을 마음대로 죽여라. 하찮은 베트남 놈들을 정글 속 원숭이처럼 깩깩거리며 죽게 하라"고 격려했다. 캄보디아 병사들은 그 말 그대로 베트남에서도 양민들을 학살했다.

인도차이나공산당(ICP)을 창설했던 베트남 공산주의자들은 자신들이 동남아시아의 마르크스-레닌주의 혁명을 이끄는 것이 당연하다고 생각했다. 반면에 크메르루주 지도부는 이를 봉건시대 베트남 왕국들이 캄보디아를 침략했던 것과 본질적으로 다를 바 없다고 여겼다. 푸꾸옥섬 쟁탈전 이후 양국 정부는 관계 개선을 위한 제스처들을 취했지만, 크메르루즈 지도부의 베트남에 대한 혐오와 불신은 더욱 깊어져 갔다. 크메르루주는 양국의 갈등을 무력으로 해결하기 위해 선제공격을 감행했다.

비밀리에 군대를 이동시킨 크메르루주는 1977년 4월 30일, 베트남 남서부 안장(An Giang)성의 국경도시 쩌우독(Châu Đốc)을 공격해 시민 수백 명을 죽였다. 양국의 휴전 협상이 결렬되자 캄보디아군은 그해 9월 베트남 국경지역을 포격하고 6개 마을을 점령한 데 이어 6개 사단으로 떠이닌(Tay Ninh)성을 공격해 10km 정도 진격했다. 그리고 그곳에서 천 명 이상의 베트남 민간인들을 또 죽였다. 분노한 베트남 정부는 8개 사단 6만 명을 소집해 12월 16일 공군의 지원 아래 반격을 가했다.

본격적인 전투가 시작되자 캄보디아군은 베트남 내 점령지에서 곧바로 축출됐다. 베트남군은 크메르루주를 협상 테이블로 끌어내기 위해 국경을 넘어 진격했다. 캄보디아군이 저항했지만 베트남군은 1978년 1월 초가 되자 프놈펜에서 불과 38km 떨어진 지점까지 도착했다. 그러나 크메르루주가 전혀 태도 변화를 보이지 않자 베트남은 협상을 포기하고 군대를 철수시켰다. 크메르루주 지도부는 이를 자신들이 대승을 거둔 것이라고 자찬했다.

전력의 열세에도 불구하고 자신감만 앞선 크메르루주는 철수하는 베트남군을 따라가 베트남 최남단 국경 마을인 하띠엔(Hà Tiên) 외곽을 점령했다. 이 무렵부터 베트남 지도부는 크메르루주 정권을 전복시키는 수밖에 없다고 판단했다. 베트남의 사주를 받은 캄보디아 동부국경 군부대의 반란을 진압한 크메르루주는 베트남에 조건부 휴전 협상을 제안했다 거절당하자 다시 안장성 국경마을들을 공격해 민간인 3천 명을 죽였다. 캄보디아군은 베트남군이 반격하면 자국 영토 안으로 퇴각했다 베트남군이 물러가면 다시 국경 너머를 공격하는 양상을 반복했다.

양국은 전면전을 준비하기 시작했다. 베트남 정부는 35만 명을 징집했고, 신병들을 훈련시키는 동안 10개 정예사단을 캄보디아 국경으로 이동 배치했다. 라오스에 주둔 중인 3개 사단도 라오스-캄보디아 국경으로 이동시켰다. 베트남의 캄보디아 침공 의도를 간파한 중국은 경거망동하면 응징하겠다고 강력히 경고했다. 그리고 그동안 캄보디아에 제한적으로 지원해오던 무기 공급을 대폭 확대했다. 야포와 대공포, 트럭, 탱크, 전투기까지 제공됐다. 이를 통해 캄보디아는 동부국경에 배치된 7만3천 명의 병력을 중무장시킬 수 있었다. 여기에 1만 명이 넘는 중국의 군사와 민간 자문단이 캄보디아에서 활동하고 있었다.

1978년 12월 21일, 베트남 2개 사단이 국경을 넘어 캄보디아군을 공격했다. 다른 사단들은 캄보디아 병참선을 압박해 이를 지원했다. 공격은 국경으로부터 북쪽 메콩강 오른편 끄랏쩻(Kratie)을 향해 진행돼 프놈펜과는 사뭇 다른 방향을 노렸다. 전력 탐색을 위한 전초전이자 주공격선 은폐를 위한 기만전에 불과했는데도 캄보디아군은 다수의 병력 손실을 입었다.

마침내 12월 25일, 베트남군은 13개 사단 15만 병력과 야포 전투기까지 동원해 대대적인 공격을 시작했다. 폴포트에 반대해 베트남에 망명해 있던 헹삼린과 전직 크메르루주군 병사들도 '캄보디아 구국민족통일전선'이라는 이름으로 전투의 일익을 맡았다. 중국의 지원으로 전력을 강화했다고 자부하던 캄보디아군은 베트남군에 정면으로 맞섰지만 방어선이 곳곳에서 허무하게 무너졌다. 2주일 만에 캄보디아군은 병력의 절반을 잃고 끝없이 퇴각을 거듭했다. 캄보디아 국민들은 베트남에 대한 역사적 원한을 가지고 있었지만 크메르루주의 학정이 얼마나 심했던지 이번만큼은 두 손을 들어 침략자인 베트남군을 환영했다.

캄보디아군의 붕괴와 패퇴 속도는 국제사회의 예상을 훨씬 뛰어넘는 것이었고, 크메르루주 지도부마저 언제 프놈펜이 함락될지 가늠조차 할 수 없는 상황이 벌어졌다. 크메르루주 지도부가 허겁지겁 달아나면서 프놈펜에 각종 기밀문서와 함께 뚜얼슬렝 형무소 같은 수용소들을 파괴하지 못하고 남겨둬 대학살의 비극이 외부에 알려지게 되었다. 베트남군은 이듬해 1월 7일 프놈펜에 입성해 다음날 헹삼린을 수반으로 하는 새로운 캄보디아 정부를 세웠다.

캄보디아 국민들을 돕는 베트남 군인들 -베트남 국방부

이렇게 베트남과 캄보디아의 전쟁은 막을 내리는 듯 했다. 그러나 베트남의 팽창을 우려한 태국 정부가 서부 국경으로 달아난 폴포트의 크메르루주를 따뜻하게 맞아 저항 장소까지 제공했다. 또한 폴포트에 의해 연금돼 있던 시아누크가 중국을 거쳐 북한으로 망명했으며, 캄보디아 국내에도 무장 세력을 확보했다. 여기에 시아누크왕의 총리 출신으로 태국 국경에서 반 폴포트 게릴라 활동을 하던 손산도 새로운 지배자인 베트남에 맞서 저항을 계속했다. 한때 캄보디아 주둔군을 20만 명까지 늘렸던 베트남은 끝내 이들 세 개 저항세력을 소탕하지 못하고 점증하는 국제사회의 압력과 캄보디아인들의 반 베트남 정서 부활 속에 1989년 훈센 정부를 남겨두고 철군했다. 또한 베트남은 캄보디아 침공의 대가로 중국과 전면전을 치러야 했다.

2) 다윗과 골리앗의 싸움, 중월전쟁

북베트남이 프랑스와 미국을 상대로 힘겹게 싸우던 동안 중국은 베트남을 위해 지원을 아끼지 않았다. 중국의 무기와 돈이 없었다면 북베트남은 결코 두 강대국을 이길 수 없었을 것이다. 그러나 호치민 주석이 중국의 병력 지원 제안을 한사코 거부했던 것처럼 베트남인들의 중국에 대한 경계심은 여전히 내재돼 있었다. 중국도 그 사실을 잘 알고 있었다.

1975년 4월, 사이공이 함락될 때 차이나타운의 화교들은 환영의 뜻으로 마오쩌둥 초상화와 중국 국기를 문 앞에 내걸었다. 그러나 시내로 쏟아져 들어온 북베트남 병사들은 싸늘한 표정으로 "즉시 치우라"고 지시했다. 그리고 그날 중국 인민일보의 1면 제목은 소련의 패권주의를 경계한다는 것이었고 베트남 통일은 그 다음 기사였다.

갈등은 곧 표면 위로 드러났다. 1978년 초부터 양국은 국경에서 소규모 충돌을 빚기 시작했다. 그리고 5월, 베트남 정부는 남베트남에 살던 120만 화교들을 자본주의의 첨병으로 몰아 재산을 몰수하고 국외로 추방하기 시작했다. 중화민족은 세계 어디에 있든 중국인으로 여겨온 베이징 정부는 격분했다. 중국과 소련의 분쟁에 대해서도 베트남은 소련을 공개 지지하고 캄란의 해군기지를 소련 해군에게 빌려주는 등 반중친소 노선을 분명히 했다. 여기에 중국의 경고에도 불구하고 캄보디아를 침공해 친(親) 베트남 정권을 세운 것은 중국을 더 이상 참을 수 없게 만들었다.

중국 입장에서는 베트남의 통일 이후 행태가 배은망덕하기 짝이 없었다. 더구나 베트남의 숨은 목적이 라오스, 캄보디아에 이어 태국, 미얀마까지 아우르는 인도차이나 공산권의 맹주가 되는 것이라고 생각했다. 자신의 국경과 맞닿은 소(小)패권주의의 부상을 중국은 좌시할 수 없었다.

베트남과의 전쟁이 임박한 시점에 덩샤오핑(鄧小平)은 동남아시아 국가들을 방문해 중국의 입장을 설명했는데, 리콴유 싱가포르 수상을 만난 자리에서 베트남을 '왕바단(王八蛋)'[5]이라고 욕하며 분노를 드러냈다. 덩샤오핑은 미국을 방문해서는 카터 대통령에게 "작은 친구가 말을 안 들으면, 엉덩이를 때려야 한다(小朋友不聽話 該打屁股了)"고 말했다.

중국은 캄보디아를 침공한 베트남군을 철수시키기 위해 베트남 북부를 공격하기로 결정했다. 베트남군 주력이 캄보디아에 가 있으니 손

---

5) '왕바단'은 '거북이가 뱀과 교미하여 낳은 알'이란 뜻으로 중국에서 가장 심한 욕설이다.

쉽게 전쟁에 이길 것으로 생각했다. 반면에 베트남은 중소(中蘇)국경에 병력을 증강하고 있는 소련군의 위협이 전쟁을 막아줄 것으로 기대했다. 그러나 둘 다 예상이 빗나갔다.

1979년 2월 17일, 중국 인민해방군의 보병 29개 사단 20만 명이 국경을 넘어 베트남으로 침공했다. 탱크 200대와 항공기 170대가 이들을 엄호했다. 중국군은 국경 전역에 공격을 퍼부었지만, 진격 방향은 광서성과 맞닿은 베트남 북동부의 랑선(Lạng Son), 베트남 북부의 까오방(Cao Bằng), 그리고 운남성과 맞닿은 베트남 북서부의 라오까이(Lào Cai)에 집중됐다. 주요 교통로를 따라 전개된 것으로 과거 왕조시절 중국의 공격 루트와 정확히 일치했다. 중국은 공격이 시작된 뒤 이것이 자위반격(自衛反擊)의 한정전쟁(限定戰爭)이라고 발표했다.

중국군에 맞서는 베트남의 전력은 초라해 보이기까지 했다. 정규군은 대부분 캄보디아에 가 있고 베트남 북부에는 6개 사단만이 주둔해 있었다. 그나마 이 알토란같은 병력을 하노이 외곽에 집중 배치해 최후의 일전에 대비했다. 수도를 빼앗기면 이번 전쟁은 그것으로 끝이었기 때문이다. 따라서 국경의 전투는 10만 명의 민병대에게 맡길 수밖에 없었다. 이런 전력 차이 때문에 중국 정부는 당장 하노이까지 점령할 수 있다고 호언장담했다. 그러나 전장의 상황은 뜻밖의 양상으로 전개됐다.

베트남 북부는 아열대 산악지대이다. 여기를 통과하면 남쪽으로 하노이까지 홍강 평야가 펼쳐져 의지해 싸울 지형이라고는 없게 된다. 베트남군은 국경지대에서 최대한 버티며 중국군의 전력을 소모시킨다는 전략을 세웠다. 베트남군은 산의 북쪽 능선을 따라 깊은 참호를 파고 저항했다. 중국군은 우세한 병력을 최대한 활용하려 했다. 숲이 앞을 가로막으면 나무를 베고 길을 만들어 뚫고 나갔다. 그렇게 맞닥뜨린 베트남군 진지에 한 부대가 돌격했다 실패하면 다음 부대가 밀고 들어가는 제파공격을 가했다.

그러나 베트남군의 저항은 완강하고 효율적이었다. 미군이 남베트남군에 제공한 장비들을 노획한데다 소련이 중국을 견제하기 위해 제공한 최신무기들도 많았다. 베트남군은 소련제 대전차 미사일로 개전 하루 만에 중국군 탱크 13대를 파괴했다. 오랜 실전 경험이 있는 베트남군 장교들의 지휘 능력도 중국군을 능가했다. 베트남군은 미제 M113 장갑차를 이용해 병사들을 필요한 지점으로 빠르게 이동 배치했다. 중국군의 공격을 받아 거점을 빼앗길 상황에 놓이면 부대를 재빠르게 빼내 후방의 새로운 방어선에 투입했다. 이 과정에서 일부 병력을 남겨두어 적의 진격을 막고 아군의 재배치 시간을 벌었는데 여러 곳에서 전멸할 때까지 싸우며 임무를 완수했다.

문화대혁명의 혼란에서 이제 막 벗어난 중국은 군대를 현대화할 여유가 없었다. 한국전쟁 이후 기본 장비와 전술에 큰 발전을 이루지 못했다. 군대의 계급까지 폐지했는데 예를 들어 소대장, 중대장이라는 직책은 있지만 장교가 아닌 사병과 동등한 지위여서 통솔력을 발휘하기 힘들었다.

당황한 중국군은 베트남군 진지를 향해 엄청난 포탄을 퍼부었지만, 참호 속에 숨은 베트남 병사들에게 큰 피해를 입히지 못했다. 나흘 동안 목표 지점을 거의 돌파하지 못한 중국군은 현지 사령관을 교체하고 10만 명의 병력을 더 투입했다. 인해전술에 가까운 대공세로 중국군은 2월 24일 동당(Đong Đang)과 몽카이(Móng Cái)라는 베트남 국경 마을들을 점령할 수 있었다. 동당은 교통의 요충지인 랑선(Lạng Sơn)으로 가는 길목이었고, 몽카이는 국경에 접한 해변 마을이었다. 첫 성과를 거둔 중국군이 보급을 위해 잠시 진격을 멈추자 베트남군이 즉각 반격에 나섰다. 2월 28일, 베트남군은 중국군을 기습해 동당을 탈환했다. 이 소식은 베이징 지도부에게 엄청난 충격을 안겼다.

중국은 랑선 전역(戰域)에 한국전쟁 때 파병했던 정예 325사단과 338사단을 투입했다. 이들은 동당을 다시 점령한 뒤 랑선을 향해 강력한 돌격전을 감행했다. 랑선에는 베트남 1개 연대가 배치돼 있었을 뿐인데, 이들은 도시 방어를 위해 결사적으로 저항했다. 사흘 동안 집에서 집으로 이어지는 격렬한 시가전이 벌어졌고, 중국군은 3월 6일에야 도시를 완전 장악할 수 있었다.

중국은 랑선을 점령해 하노이로 가는 길을 열었으니 베트남에 교훈을 주는 목적을 달성했다면서 철군을 선언했다. 베트남도 휴전에 동의했다. 중국이 전쟁을 끝낸 데는 소련이 유격대를 국경 너머로 보내겠다고 협박한 것도 큰 영향을 미쳤다. 중국은 철군에 앞서 랑선과 라오카이를 철저하게 파괴해 분풀이를 했다.

중국과 베트남은 모두 승리를 주장했다. 그러나 양국의 인명피해는 정확한 통계는 알 수 없지만 거의 비슷했던 것으로 보인다.[6] 중국군이 방어선을 뚫고 베트남 영토 수십km 안으로 들어왔으니 전술적으로는

---

6) 베트남 정부는 중국군 전사자가 62,500명이라고 발표했고, 중국 언론들은 베트남군 전사자가 최대 7만 명이었다고 보도했지만 과장된 주장으로 평가된다. 최근 공개된 중국군 군사자료로는 중국군 전사자가 6,954명으로 나와 있고, 중국의 인민일보는 베트남의 군인과 민간인 사망자가 1만 명 이상이었다고 보도했다.

승리했다고 볼 수도 있지만, 베트남도 캄보디아 주둔군 철수라는 중국의 목표를 무위에 그치게 했다는 점에서 서로 무승부였다는 게 더 정확할 것이다. 더구나 중국군이 고전했던 베트남 군대가 정규군이 아닌 민병대였다는 점에서 중국의 망신이 아닐 수 없었다. 베트남 정부는 아주머니들이 총을 들고 중국군 포로를 감시하는 사진을 외신에 배포해 중국군을 비웃음거리로 만들었다.

이 전쟁으로 베트남은 군사력에 대한 신화를 만들었고 한동안 인도차이나의 맹주 자리를 굳게 다질 수 있었다. 반면에 중국은 낙후된 기술 수준을 뼈저리게 느꼈고 이것이 군을 넘어 국가 현대화를 위한 개혁개방에 박차를 가하는 계기가 되었다. 중국이 오늘날 경제대국으로 성장하는 데 중월전쟁의 아픈 교훈이 밑거름이 되었다고 할 수 있다.

맺는 말

　지금까지 장구한 베트남의 역사를 숨 가쁘게 내달리며 살펴봤다. 국가의 태동부터라면 2,700년이고, 바익당강 전투에서 지긋지긋한 식민 지배를 끝낸 뒤 본격적인 대중 항쟁의 역사만도 천년이다. 그 오랜 세월을 관통해 온 외적의 침략과 저항의 역사를 접하면서 또 다른 의문을 갖게 된다. 중국의 역대 왕조들은 왜 그토록 집요하게 베트남을 정복하려 했으며, 국력의 차이로 보면 도저히 불가능해 보이는 전쟁에서 베트남은 어떻게 매번 승리할 수 있었는가?

　수많은 외침을 겪어온 우리와 비교해도 베트남의 수난은 훨씬 더 깊고 잦았다. 중국에 통일 왕조가 들어서면 한반도 역시 즉시 위협에 노출되는 것은 마찬가지였지만, 우리는 여러 번 사대교린 외교로 충돌을 피했고 중국이 침략했을 때에도 관리들을 보내 직접 지배한 경우는 한나라 때 이후에는 없었다. 이는 우리와 베트남의 경제 및 지정학적 차이에서 연유한 것으로 풀이된다. 중국 북부와 기후가 비슷한 한반도의 산물들은 대부분 중국 것과 별 차이가 없어 이를 힘들게 약탈해 수송할 필요가 크지 않았다. 그러나 베트남의 아열대 동식물과 이를 이용한 수공예품들은 중국인들의 소유욕을 자극하는 호사품들이었다. 또한 유라시아 대륙 동쪽 끝인 한반도는 격렬한 저항을 겪으며 직접 지배하느니 무력으로 굴복시켜 변방의 위험 요소를 제거하는 정도로 충분하다 여겨졌지만, 중국에게 베트남은 남방으로 가는 통로이며 팽창을 위해 반드시 확보해야 할 교두보였다. 베트남에 군대와 관리를 주둔시키면 당장 라오스와 캄보디아, 참파까지 사실상 지배하에 둘 수 있고, 남중국해를 거쳐 인도양으로 나가는 발판으로 이용할 수 있었다. 그래서 중국의 침략은 한 번의 패배로도 자칫 영구지배와 민족소멸을 가져올 수 있는 위기였고, 따라서 베트남은 언제나 온 백성이 힘을 모아 기적과 같은 승리들을 일구어냈다.

예나 지금이나 베트남 사람들은 단결력이 좋다는 평을 받는다. 스스로 자신들의 민족성이 근면하고 인내하며 용감하다고 생각하는데, 이는 필요할 때 공동체를 위한 희생정신으로 발현될 수 있는 미덕이다. 민족성이란 생래적이 아니라 사회경제적인 조건 속에서 형성되어 가는 것이며, 베트남 역시 그렇게 분석할 수 있다.

베트남 북부는 험한 산악과 좁은 평야 그리고 긴 해안으로 이루어져 있다. 이곳에 수십 개의 소수민족들이 흩어져 산다. 열악한 생산력과 약탈의 위협 속에 자신과 가족을 지키려면 촌락 공동체에 절대적으로 의존해야 했다. 최근까지도 베트남 농촌 사회의 기본단위는 두꺼운 대나무 울타리를 둘러친 서너 개의 함렛으로 구성된 촌락이었다. 촌락의 중앙에 일종의 공회당인 딩(Dinh)이 세워져 있고 여기에 원로들이 앉아 주요 안건을 논의했다. 법과 제도보다 촌락의 관습과 결정이 우선이었다. 오죽하면 '황제의 칙령도 마을 울타리 앞에서 멈춘다'는 속담이 있을 정도이다. 촌락이 외부와 갈등에 휩싸였을 때 이를 외면하고 피한다 해도 촌락이 무너지면 개인의 생존은 어차피 보장받을 수 없었다. 국가가 아닌 촌락 중심의 공동체 의식은 베트남이 우리와는 비교할 수 없을 만큼 많은 반란에 시달린 한 원인이 되었다.

그러나 동시에 베트남 북부의 지형은 각 촌락들이 독립해 살아갈 수 없는 조건이기도 했다. 약간의 잉여 생산물이 나오면 이를 가지고 산간

마을은 쌀과 소금을 구하고, 평야마을은 농기구를 만들 쇠와 소금을 구하고, 해안마을은 배를 만들 나무와 쌀을 구해야 했다. 이런 촌락 간의 교환과 상호의존이 오랜 세월 이어지면서 그들 사이에 깊은 신뢰가 형성되었다. 이 같은 유대가 강대한 외적이 침입할 때는 촌락이나 지역을 넘어 전국으로 확대되면서 총력전이 가능했던 것이다.

베트남과 중국의 관계는 1979년 전쟁 이후 상호 협력과 공동 번영을 추구하는 평화기를 누리고 있다. 그러나 양국 국민들의 서로에 대한 불신이 완전히 해소된 것은 아니며, 특히 남중국해의 황사(Hoàng Sa, 중국어로 西沙, 영어로는 Parace) 군도와 쯔엉사(Trường Sa, 중국어로 南沙, 영어로는 Spratly) 군도 등을 둘러싼 영토 분쟁은 언제라도 무력충돌로 비화될 가능성을 안고 있다.

이 때문에 베트남은 강대한 중국에 맞서기 위해 가능하면 다른 적을 만들지 않고 나아가 우군으로 삼기 위해 많은 노력을 기울이고 있다. 수십 년간 총부리를 맞대고 싸웠던 미국과 해군합동훈련을 실시하는 등 군사협력을 강화하는가 하면, 남베트남 편에서 참전했던 우리나라와도 돈독한 우호관계를 쌓아 왔다.

폐쇄적인 약소국으로 전락해서는 국가의 생존을 담보할 수 없다는 절박감은 경제정책의 유연성으로도 나타났다. 1975년 통일 뒤 강력한 사회주의 정책을 실시했던 베트남은 경제난과 심지어 아사 사태까지 벌어지자 집단농장을 철폐하고 사유재산 제도와 외국인 투자 유치를 근간으로 하는 도이모이(doimoi)정책을 도입해 위기에서 벗어났다. 이후 고도성장을 구가하며 동남아시아의 새로운 경제 강국으로 발돋움하

려 노력하고 있다. 지난 천 년간 어떤 고난에도 무릎 꿇지 않고 승리를
일구어왔던 베트남이 또 어떤 모습으로 기적을 이루어낼지 지켜보아야
할 것이다.

하노이 Kham Thien Street 전경

무릎 꿇지 않는 베트남-중국 **천년전쟁**

초판 1쇄 출간 2017년 4월 10일 | 초판 6쇄 출간 2017년 5월 8일 | 저자 오정환 | 펴낸이 임용호 | 펴낸곳 도서출판 종문화사 | 편집·기획 곽인철 | 디자인·편집 디자인오감 | 인쇄 (주)두경 | 제본 우성제본 | 출판등록 1997년 4월 1일 제22-392 | 주소 서울시 은평구 연서로34길2 3층 | 전화 (02)735-6891 팩스 (02)735-6892 | E-mail jongmhs@hanmail.net | 값 17,000원 | ⓒ 2017, Jong Munhwasa printed in Korea | ISBN 979-11-87141-25-9 03910 | 잘못된 책은 바꾸어 드립니다.

이 책은 관훈클럽 신영연구기금의 지원을 받아 저술·출판되었습니다.